保护与传承：

大运河

遗文遗产

BAOHU YU CHUANCHENG
DAYUNHE
WENHUA YICHAN
HEBEIPIAN

（河北篇）

肖潇 安娜◎著

中国出版集团

研究出版社

图书在版编目（CIP）数据

保护与传承 ：大运河文化遗产. 河北篇 / 肖潇，安娜著. -- 北京 ：研究出版社，2022.12

ISBN 978-7-5199-1258-1

Ⅰ.①保… Ⅱ.①肖… ②安… Ⅲ.①大运河—文化遗产—保护—研究—河北 Ⅳ. ①K928.42

中国版本图书馆 CIP 数据核字(2022)第 112552 号

出 品 人：赵卜慧
出版统筹：张高里 丁 波
责任编辑：陈侠仁

保护与传承 ：大运河文化遗产（河北篇）

BAOHU YU CHUANCHENG ：DAYUNHE WENHUA YICHAN（HEBEI PIAN）

肖潇 安娜 著

研究出版社 出版发行

（100006 北京市东城区灯市口大街 100 号华腾商务楼）

北京建宏印刷有限公司 新华书店经销

2022 年 12 月第 1 版 2023 年 1 月第 1 次印刷

开本：710 毫米×1000 毫米 1/16 印张：17.25

字数：246 千字

ISBN 978-7-5199-1258-1 定价：88.00 元

电话（010）64217619 64217612（发行部）

目录

第一章 绪 论

第一节 研究背景和意义

一、研究背景

中国大运河是一项伟大的水利工程，是世界上最长的人工河。大运河作为人类改造自然的壮举，是沟通中国五大水系、八个省市的大动脉，对促进中国古代的经济沟通、文化交流、政治稳定、民族融合等发挥了重大的历史作用。大运河南北贯通数千里，修建历史逾千年，在流经区域内塑造了丰富的历史遗存，积淀了深厚的人文底蕴，从中也可窥见古代科技、政治、经济、军事、民生等信息，综合价值极高。它不仅是中华民族的珍贵文化财富和人类共同的文化遗产，而且直到今天仍然发挥着难以估量的积极作用。

在新时期，如何更好地保护、传承、利用运河文化遗产，弘扬运河文化，传承中华文明，成为社会各方关注的焦点。我国历来重视对文化遗产的挖掘整理，近年来，随着大运河申遗的成功，大运河文化遗产的相关研究和实践工作越来越深入人心。自 2017 年、2018 年习近平总书记两次对大运河文化保护、传承、利用问题做出重要指示之后，运河沿线八个省市陆续展开研讨和谋划，推进大运河文化带建设。2019 年，《大运河文化保护传承利用规划纲要》颁布实施，鼓励运河沿线省市因地制宜、科学规划、突出保护、强化传承、优化布局、合理利用，高质量建设大运河文化带，有效地落实大运河文化遗产的保护、传承、利用工作。

　　河北省作为中国大运河的重要流经区段，连接了隋唐运河和京杭大运河，构成一个特殊的体系，在大运河发展史上具有举足轻重的地位，也因运河的惠泽而产生了丰富的文化遗产。自大运河申遗工作开展以来，河北省委、省政府高度重视大运河文化遗产的保护、传承、利用工作。大运河文化带建设在沿运河区域陆续展开，廊坊、沧州、衡水（见图 1-1）、邢台、邯郸等地进行了一些积极探索，取得一系列重要成果。目前各地已经基本厘清了本区域的文化遗产种类和数量，对重要的文化遗产采取了必要的保护措施，但是从文化遗产的传承利用效果、社会综合效应上来说，还有一定的发展空间。随着国家和社会对于大运河文化的繁荣发展愈加重视和期待，河北段大运河文化遗产的保护、传承、利用工作应当秉持高质量的标准，探索更加科学、合理、有效的路径。

图 1-1　大运河河北衡水段航拍图

二、研究意义

　　在理论和学术层面，由于各地对运河遗产的实施效果不尽相同，学术界对大运河的研究也各有侧重。目前，以大运河江苏段为对象的研究成果最多，且质量高、影响力大；其他如浙江段、北京段、山东段等也涌现了可观的研究成果，研究视角较为广泛。学界更多地着重于经济发展水平高、文化产业具有优势、品牌和知名度较好的省市地区进行研究，对于经济水平相对较低、文化产业尚不成熟、品牌和知名度一般的地区，理论研究成果则稍显薄弱。本书选取河北段大运河为研究对象，在一定程度上展现了北方运河的自然和人文风貌，也分析探讨经济文化不占优地区的部分现状和症结，并从文本上阐明河北运河的前世今生，厘清河北运河的文化遗产；从理论研究的探索上，丰富河北段运河文化遗产的保护利用模式，以填补相关研究空白，拓宽大运河河北段的理论研究范畴。

在现实和应用层面，河北大运河的自然和人文景观可观，文化遗产种类多、内涵丰富，具有巨大的保护、传承、利用价值，若采取合理措施，则能够产生良好的经济、文化、生态、社会效益。本书在全面梳理和系统介绍河北运河文化遗产的基础上，着力普及运河文化，分析当前河北省在大运河文化遗产保护、利用方面的现状和不足，对区域社会文化和价值功能进行深入挖掘，力图使大运河文化得以科学有效的保护、传承、利用。这不仅能够完善地域资源空间布局，改善生态环境和民生质量，而且能够践行文化自信，建设文化强省，传承优秀文化，统筹推进冀中南地区和雄安新区、京津等地的经济、文化、生态、社会文明协调发展事业，对于塑造"千年运河"品牌，高质量建设大运河文化带，打造绿色生态带、璀璨文化带、缤纷旅游带具有重要意义。

第二节　国内外研究综述

一、基于大运河文化视角下的前人研究

国外学者较早关注运河文化问题，有学者从运河文化资源功能转化角度，重视开发运河文化资源、发展休闲旅游产品。米勒（Millar ）（2004）以英国凯尼特埃文运河作为研究对象，通过研究运河的维护与开发对当地经济社会产生的影响，得出其助推地方旅游配套产业发展的结论。鲁克·布兰德斯（Rooke Beadles Thurau）（2007）以巴拿马运河为研究对象，对运河内乘坐游轮的游客进行调研，分析运河旅游的市场发展前景，将其分为文化旅游、生态旅游、探险旅游等类型。韦恩（Wayne）（2008）在《英格兰的运河历史》一书中认为，随着时间推移和运输方式的变化，英格兰运河基本完成从最初的运输到今日的休闲旅游的功能转变。霍利·M. 多诺霍（Holly M. Donohoe）（2012）选取加拿大的里多运河，以科学的旅游开发理念，结合里多运河的资源赋存情况，因地制宜地提出了发展运河文化旅游的对策。苏珊·L. 斯洛克姆（Susan L. Slocum）、詹姆斯·M. 克里夫顿（James M. Clifton）（2012）等人则从市场营销学、社会学角度对运河文化资源利用的可持续性、生态性、跨区域性进行更为系统的研究。有学者从运河保护案例出发，提出相应的保护措施。例如，卡贝丝（Card Beth）（2014）在《联合国教科文组织与运河城市历史和文化遗产保护》中将运河文化视为文化遗产的一种形式，并提出通过实施相应举措推动其保护与传承的建议。此外，日本的安野光雅著有随笔画集《中国的运河：苏州/杭州/绍兴/上海》，由苏州开启中国大运河写生之旅，以 40 幅水彩画作品配以细腻文字，展现江南水乡的温婉闲适和质朴民风，描绘中国传统文化之美。

近年来，我国将大运河文化带建设作为一项重大的国家战略来推进。2014 年 6 月，中国大运河申遗成功，国家颁布多项方针、政策以支持大运河文化多角度发展。2017 年 2 月 24 日，习近平总书记指出："要古为今用，深入挖掘以大运河为核心的历史文化资源。保护大运河是运河沿线所有地区的共同责任。"2019 年 2 月，中共中央办公厅、国务院办公厅印发《大运河文化保护传承利用规划纲要》，指出要加强运河品牌文化产业的建设与传播途径。基于此，学界对大运河的研究热情日益高涨，学术论著与日俱增，成果涉及历史、地理、政治、经济、社会、文化、文学、艺术、考古、旅游、工程、环境、传媒等诸多领域，研究内容涉及运河漕运史、运河文化遗产保护、运河景观设计、运河旅游规划、运河生态保护、运河文化传播等。在社会活动中，以贯彻落实习近平总书记关于大运河文化带建设的重要讲话为契机，政府部门、学术科研团体、民间商业组织共同参与大运河文化遗产的建设与保护、大运河环境的整治与开发、大运河旅游的投资与开发等诸多方面，大运河相关的会议活动持续保持高热度。

关于大运河的综合性研究著作：朱偰的《大运河的变迁》（1961），内容囊括大运河的历史沿革、地理特点和综合利用情况，记述大运河对历代经济、政治和文化的影响及其在经济建设和交通建设上的重要意义；单霁翔主编的《大运河遗产保护》（2013），具体考察大运河沿线各省市的运河遗产和大运河遗产保护工作，全面介绍大运河遗产的内容和价值，关注线性文化遗产，呼吁加强大运河文化遗产保护工作，积极推进大运河保护与申报世界遗产工作；吴欣主编的《中国大运河蓝皮书：中国大运河发展报告（2018）》，系首部中国大运河年度发展报告，全面分析中国大运河年度发展现状，深入探讨未来中国大运河发展趋势，为中国大运河沿线各省市的发展建设提供了有价值的理论指导和实践对策；李泉主编的《运河学研究》，系首部以运河学研究为主题的综合性学术辑刊，共分理论研究、研究综述、新书评介、文献研究专题、河工河政与漕运研究专题、运河城市文化研究专题、大运河文化带研究专题等七个版块；姜师立的《京杭大运河历史文化及发展》《京杭大运河遗产监测技术及应用》《中国大运河百问》《中国大运河遗产》《中国大运河文化》《中国大运河·扬州》《大运河文化的传承和创新》等作品，全方位、多角度回顾大运河开凿、运行的历史，反映大运河承载、传播、发扬中华优秀传统文化的重要作用和重大价值，注重文化遗产的保护、传承和利用，探究大运河在新时代的新使命；夏锦文主编的《大运河文化研究》，选编 2018 年关于大运河文化带建设研究的专家文章 30 余篇，分 8 个专栏，从理论指引、实践经验、文化遗产、历史文脉、生态环境、区域经济等角度，在辨明概念、厘清脉络、深入研究历史、充分调查现状的基础上，围绕国家与江苏的大运河文化带建设工作建言献策，富于明确的资政功能和浓厚的学术色彩。

关于大运河文化遗产保护、传承、利用等方面的学术论文十分丰富，如：阮仪三、王建波《京杭大运河的申遗现状、价值和保护》，刘勇、陶梦真《运河文化的历史品格及其文学书写》，连冬花《文化自信视阈下中国大运河世界遗产的保护创新》，高晨旭、李永乐《适应性再利用视域下工业遗产保护与开发——以运河工业遗产为例》，秦红岭《论运河遗产文化价值的叙事性阐释——以北京通州运河文化遗产为例》，尤晓娟《"一带一路"背景下洛阳运河遗产廊道的开发与利用研究》，梁留科、余汝艺等《隋唐大运河遗产的保护性开发》，张帆、邱冰《大运河物质文化遗产属性的再认知与实践反思——基于文化公共物品的视角》，王薇《申遗成功后的大运河文化遗产可持续保护研究》，徐苑琳、孟繁芸《后申遗时代运河文化遗产的保护与开发》，陶莉《京杭大运河江苏段文化遗产产业化开发研究》，刘庆余《京杭大运河遗产活态保护与适应性管理》，姜师立、张益《基于突出普遍价值的大运河文化遗产保护和利用》，姜师立《大运河活态遗产保护与利用探析》《大运河文化遗产基于OUV 的保护和利用》《论大运河文化带建设的意义、构想与路径》，杨昀《大运河遗产廊道的保护传承与活态利用——以苏州段运河为例》，朱季康《大运河文化带沿线城市非物质文化遗产保护与传承工作的现状分析和提升策略》，范周、言唱《大运河文化活化利用的协同创新网络构建研究》，言唱《大运河非物质文化遗产的活态保护与活化利用》，肖琪、许孟巍《大运河文化带江南地区手工艺非遗的活态传承与创新发展》，等等。

关于大运河旅游发展方面的学术论文：侯兵、张慧《基于区域协同视角的大运河文化旅游品牌体系构建研究》，张慧、侯兵《基于空间结构理论视角的大运河江苏段遗产旅游协同发展研究》，邓绍鸿、李悦铮等《京杭大运河沿线主要城市旅游竞争力研究》，张秉福《京杭运河非物质文化遗产保护与旅游开发互动模式研究》，王立君、李永乐《京杭大运河杭州段非物质文化遗产旅游开发适宜性评价》，黄开晶、孟祥彬《景观规划视角下运河文化的保护与发展——以香河县京杭大运河文化景观带规划为例》，姜师立《文旅融合背景下大运河旅游发展高质量对策研究》，言唱《大运河文化旅游品牌构建与传播研究》，秦宗财《新时代"千年运河"文旅品牌形象塑造》，等等。

　　针对大运河河北段各方面建设的学术论文：柴凌燕《运河资源非优区的旅游开发路径研究——以河北运河为例》，窦兴斌、何边《新媒体语境下大运河（河北段）非物质文化遗产数字化保护与传承策略研究》，吴秋丽、李杰等《河北省大运河文化带的内涵及建设路径》，徐宁、张丽云等《河北大运河文化旅游资源保护与开发对策研究》，吴秋丽、曹舒婷《多中心治理视域下河北大运河文化保护与传承策略分析》，石若琳、李阳《大运河文化带河北段建设路径的提升对策》，朱颖杰《河北大运河文化品牌形象塑造与传播策略研究》，肖潇、窦兴斌等《河北运河文化带非遗传承利用的现状和问题研究》《河北省运河文化带发展"旅游＋非遗"的制约因素和对策研究》，等等。

　　总的来说，学术界关于大运河文化的研究已经取得了丰硕成果，实践研究已完成了中国大运河部分重要河段（如江浙段、京津冀段、山东段、洛阳段等）相关遗产的普查与整理。学术界普遍认可将大运河文化划分为有形的物质文化遗产、无形的非物质文化遗产两大体系，探讨往往从这两个方面展开，对大运河的遗产构成进行分层次、分区段的调查、整理和研究，总体上以江浙地区的通航河段为关注重点。

　　至 21 世纪初期，我国有关运河的研究侧重于史料挖掘，较多地从历史学视角纵向梳理运河各历史时期的发展概况与演进脉络。运河申遗的筹备期（2012 年）前后，学界对大运河的研究热度迅速上升，各方学者不断拓展研究广度与深度，从历史学、地理学、城乡规划学、旅游学等不同的学科视角切入，交互促进了运河保护与发展的多元化探究。近年来，学界研究视角愈加广泛，或聚焦运河漕运、运河遗产廊道、运河景观设计等本体；或考察大运河历史、地理、环境变迁、民众生活等情况；或致力于大运河文化带建设与国家相关重要战略的贯彻落实；或着力谋划大运河文化遗产的现代化开发利用问题，比如与教育、文创、艺术设计、乡村振兴、运河旅游等事业进行融合发展，等等。

中国大运河遗产包括有形的物质文化遗产和无形的非物质文化遗产，现有研究对有形物质文化遗存（如水利工程设施、遗址、建筑、古镇和街区等）的价值梳理、保护修复与规划的研究成果较为丰富；而对民俗技艺、运河文化等非物质文化遗产的文化价值与应用价值的研究较少，高水平的研究成果较为稀缺。非物质层面的运河文化是运河文化遗产的重要组成部分，未来对其的关注度应当会持续提升。现实也确实如此，近年来，针对运河民俗、传统民间艺术等非物质文化遗产的保护传承研究逐渐兴起，学者在关注物质遗存保护利用的同时，逐渐将视角扩展到无形的运河文化的挖掘整理与合理利用方面。

二、基于文化遗产利用视角下的研究

学术界关于"文化遗产利用"的研究十分丰富，涉及文化遗产的定义、文化遗产的分类和特点、文化遗产合理利用的方式等方面。美国最早出现文化遗产廊道理论，这是一种保护大型线性文化景观的新型保护理念。21世纪初，美国学者格登（Gurdon）（2002）以伊利运河为例进行文化遗产廊道建设研究，促进沿岸的自然风光与人文遗产进行创造性的结合。另外，文化线路理论也是源于西方的、基于线性文化遗产保护利用的新理论，强调在线性文化遗产保护利用中突出其文化价值。玛丽亚（Maria）（2005）曾就文化线路的含义、可建设的种类以及宏观的保护原则进行深入剖析。

21世纪以来，文化遗产廊道和文化线路理论为我国众多的线性文化遗产保护提供了新的思路。俞孔坚、李迪华（2004）强调文化遗产保护的重要意义，分析文化遗产廊道理念。李德楠（2012）以文化线路为理论方向，提出将大运河线路及其构成部分作为一个整体进行统一保护，注重运河文化遗产的真实性、完整性与突出普遍价值。王晓晓、嵇彩凤（2018）介绍国外的文化遗产廊道理论，阐述该理论的实施原理，并以国内的江苏段大运河为例，分析文化遗产廊道构建的合理性及实施效果，并分析其中存在的某些问题。

如果涉及某一地区文化遗产的特色以及文化遗产的保护利用途径等问题，很多人认可对文化遗产进行创新性保护、活态传承和适度合理的旅游开发。其中，"遗产旅游"得到广泛关注。早在 2000 年，英国学者加洛德（Garrod）和费亚（Fyall）便发表文章《遗产旅游管理》（*Managing Heritage Tourism*）。他们用德尔菲法做了一个案例研究，探讨遗产管理应具备的相关限制因素和动力，认为遗产旅游是关注我们所继承的一切能够反映继承的物质与现象，包括历史建筑、艺术工艺、优美的风景等。2001 年，玻利亚（Poria）和巴特勒（Butler）有针对性地发表了一篇解释遗产旅游概念的文章，认为基于游客动机、感受到游客和遗产之间的关系的旅游才能被定义为遗产旅游，因此应基于动机对游客进行分类。20 多年来，学界在概念上对遗产旅游一直存在分歧和争议，有学者从供给的角度进行界定，认为到遗产地进行的旅游活动就是遗产旅游；有学者从需求的角度进行界定，认为那些去追寻遗产的旅游活动就是遗产旅游。近年来，泰勒·弗朗西斯出版社出版了多部学术专著，如迪帕克·查哈巴（Deepak Chhabra）的《复原力、真实性与数字遗产旅游》，萝斯玛丽·莱斯（Rosemary Rice）的《文化遗产旅游营销》，还有大量学者从文化遗产与民族发展之间的关系以及遗产旅游与政府的建设能力、执行能力的关系等角度进行研究。

2018 年以来，在我国文旅融合政策提出的背景下，文化遗产旅游的话题更加热门。骆高远、熊礼明有专著探讨农业文化遗产和工业文化遗产的保护与开发；朱德亮在《产业集聚视角下的非物质文化遗产旅游发展模式》一书中提出非遗的产业化保护传承与旅游发展的融合路径。由于遗产类型本身是丰富多样的，包括自然遗产、文化遗产、工业遗产、农业遗产、非物质文化遗产等，由此带来的游客需求和行为的差异非常大，形成的遗产旅游动机、模式和行为也存在着多样性特点。在 2021 年 7 月《旅游论坛》刊出的"重新认识遗产旅游"系列对话连载中，孙业红、邹统钎、张朝枝、张捷、苏明明等学界专家就遗产旅游研究的相关问题，展开了全面而深刻的讨论。苏明明认为，遗产旅游是以遗产资源作为旅游供给，提供具有教育性、学习性，能深刻理解遗产价值的旅游体验的旅游类型。邹统钎认为，遗产旅游更多的是以地点为基础，而在市场研究的时候，可以适当考虑以人的需求为基础，这样更容易区分遗产旅游和文化旅游。其中，文化旅游更多的是以人的需求为基础，强调个体在旅游过程中学习某种地方的传统文化或文明内涵；遗产旅游则很明确地表示要到一个遗产地旅游，其所蕴含的价值更为具体。张捷认为，遗产旅游这个概念中，很多学术观念都在讨论人文的、文化的遗产，早期是固定的、物质的遗产，后期是非物质的文化遗产。事实上，从联合国教科文组织的角度，还要思考遗产旅游要不要包括自然遗产，它与多个相关概念具有交叉性和相似性。张朝枝认为，尽管遗产的概念与内涵不断变化，人们对遗产的理解不断多元，但无论从哪种方式界定遗产，遗产旅游的内涵依然是指游客到访具有保护传承价值的地方进行的活动，遗产价值才是遗产旅游区别于文化旅游与生态旅游的核心。随着遗产类型越来越多样化，形式越来越丰富，社会对遗产价值的认识也日益多元化，这对遗产旅游研究来说是一种挑战，也是一种责任，我们更多地需要从遗产本质的角度去研究遗产旅游的一些共性规律。

在遗产利用方面，已有学者深入思考遗产价值及其与人的关系。因为遗产本身的真实性和文化传承性，遗产旅游研究更加关注旅游者的主观体验和身份认同，预示了其与文化遗产真实性在理论上出现一定程度的重合。但是现有的文化遗产领域的真实性概念和旅游领域中的真实性概念有不同的功能：遗产真实性用来描述一种存在于"遗产本体"中的原初的、历史的、集体构建的状态；旅游真实性用来描述一种存在于具身化的、当下的、由情感体验产生的状态。这两种真实性在功能上的分离反映了遗产领域和旅游领域真实性概念的复杂性。两者既有分离，也有重合。随着国内外学者对于文化遗产旅游研究的逐渐深入，针对两个领域中真实性的互动影响的探讨也逐渐增多。例如，苏俊杰《文化遗产旅游分歧与融合的理论基础：真实性》（2020），陈亨尔、蔡建明《旅游客体真实性与主体真实性集合式关系探讨——以文化遗产故宫为例》（2018），马庆凯、程乐《从"以物为本"到"以人为本"的回归：国际遗产学界新趋势》（2019），苏俊杰《文化遗产旅游中的真实性概念：从分离到互动》（2021）。总体来说，旅游领域的真实性研究相较于文化遗产领域更加活跃。旅游研究者们已经发现，不仅旅游者和旅游服务提供者对于真实性会有不同的认知，而且旅游者在参与文化遗产旅游中同样产生了不同维度的真实性认知。

如今，国际文化遗产和旅游学术界都逐渐开始重视各种真实性理论之间的互动关系，而这种互动关系的产生是因为学界认识到文化遗产旅游的利益相关者（遗产持有者和遗产受众）参与了真实性的构建。因此，文化遗产旅游的真实性概念涉及人（文化遗产的持有者和受众）、物件（遗产本身）和地方（环境）三个核心要素。在遗产旅游的规划和实践过程中，很多学者指出，遗产旅游存在跨部门、跨学科间的对话交流障碍问题，既有部门目标差异的原因，也有术语、方法、学科乃至范式差异等多方面的原因。对于遗产地社区而言，遗产的传承与创新的难点在于：怎样判断文化创新是有效地传承而非破坏遗产？尽管遗产旅游是文化交融与发展的重要方式，但在遗产旅游发展进程中，文化交融与发展的选择标准是什么？谁来决定文化遗产旅游方向？遗产旅游的重要操盘手——社区居民到底是把遗产当成一个承担保护和传承义务的包袱，还是一种身份认同与经济变现的战略资产？这些问题在理论研究和实践探索中都尚未有清晰而一致的路径，但对遗产保护与利用至关重要。邹统钎（2014）指出，决策是一个利益主体讨价还价的政治过程，在"资本逐利"与"社区短视"两股势力的挟持下，过度商业化与同质化成为很多文化遗产的注定结局。

随着"丝绸之路"和"大运河"的申遗成功，中国对线性文化遗产的关注度与日俱增。作为一种新型的遗产保护模式，线性文化遗产能够使遗产的保护对象从遗产单体扩展到区域，使遗产的保护单位从当地政府发展到地区合作，这些变化对提升世界级遗产的当代价值有着巨大作用。刘庆余（2012）对京杭大运河遗产旅游合作问题进行分析，阐述京杭大运河文化遗产旅游开发的合作机制和创新对策，如建立权威性运河旅游合作协调机构、界定遗产旅游合作主体的有效作用空间、充分发挥多种机制的协同作用、构建遗产旅游合作的公共制度平台和高效合作协调机制等；屠一帆（2016）以大运河浙东段为例，研究线性文化遗产构成及其旅游价值评价体系，由政府主导，与当地相关企业形成合力，与其他段落加强合作，整合大运河浙东段沿线周边的旅游资源，树立高品质、高知名度的旅游形象品牌；陈菲、孙倩（2017）提出扬州段运河文化遗产旅游发展对策；王立君、李永乐（2017）评价杭州段运河非遗旅游开发的适宜性问题；张慧（2020）研究大运河江苏段遗产旅游的利用模式；邓斌（2021）挖掘苏州段文化遗产的旅游意象；冷南羲（2021）提出应当按照资源现存情况、自身特性与发展潜力分析，将大运河遗产资源开发分为科学保护、活态传承、文旅开发三大类，在文旅融合视阈下注重挖掘大运河遗产资源的文化价值，进行分步骤、分类别开发；毛丹蕾、陈业玮（2018）研究遗产旅游目的地中主客关系三元化之间的关系，探讨遗产旅游目的地原真性与商业化之间的平衡关系，获得遗产旅游景区游客、旅游移民与当地居民三类人群各自的感受与体验，寻找平衡三者冲突的问题所在，就促进大运河遗产旅游目的地的未来可持续发展向政府提出建设性意见。

目前，我国部分学者关注到大运河文化遗产的开发利用问题，但总体研究还存在若干难点和空白领域；某些地域性的研究尚处于起步、探索阶段。有少量学者从大运河各区域的角度、各方利益相关者的角度或不同遗产类型的角度对大运河文化遗产的合理利用问题做出分析和研究，提出建立合作机制、区域协同发展、遗产活态传承、挖掘地方特色等观点。但学界目前对运河遗产包括哪些、运河遗产为谁传承和利用、由谁传承和利用、怎样传承和利用等问题尚未完全厘清。而且大运河各区域的遗产资源、景观赋存不一，如果进行文旅开发式利用，则其程度、效果和作用大不相同，大运河遗产开发利用模式尚未得到详尽透彻的阐述，这是一个值得深入研究的命题。

大运河是贯穿南北的巨型线性文化遗产，南北河段在社会经济发展以及自然地理环境上存在巨大差异性。现有研究多以某一城市或某一河段为研究对象，整体以南方河段为重点，而某些北方区段（如河北）的运河遗存梳理、保护路径等研究尚未充分展开，隋唐大运河的研究成果则更少，致使中国大运河全线的遗产研究问题仍不够全面。此外，分段普查虽然能较全面地梳理遗产现状，但更多的是基于历史文献学视角进行各时段的纵向思考，缺少对不同地理区段（如北方非通航区段、南方通航区段）的文化遗产进行形态、种类、作用等方面的详细梳理，缺少物质化的横向比较和实践性的传承和利用思路。

尤其是大运河以山东济宁为界，南北方运河存在通航、断流、佚失等不同状态，且存在政治、经济、环境、文化、生活方式等方面的显著区别。当前对大运河遗存的普查与梳理仍呈现片段式、孤立式的特征，对非重点河段的遗产梳理尚未展开，一些运河遗产由于关注度不高或价值认知偏差，在城镇化发展中面临着严峻的保护形势。相比其他大运河遗产地优势区域——杭州、扬州、苏州等地的文化与旅游规划起步早、经验足、效果好的形势，反观河北段大运河遗产的传承利用相关问题，无论是在产业发展方面还是在学术研究方面都相对薄弱。总之，大运河文化遗产的研究成果呈现出区段式、碎片化、不平衡的现象，存在一些被忽略的问题，未能整合形成较为全面综合的体系。

基于《大运河文化带建设规划纲要》中重点强调的"共抓大保护、不搞大开发"的方针，作为我国唯一在用的巨型活态世界文化遗产，大运河遗产资源具有类别多样、数量丰富、历史悠久、分布广泛等特点，对其开发需要兼顾保护、传承与利用的关系。再者，针对当前遗产研究成果碎片化、区段式的现状特征，在未来研究中应以整体、动态、综合的遗产保护与管理思路，对运河某一大区域（如河北段）的遗产现状和价值特征进行横向对比分析，对现有保护措施进行剖析，探索一些更加科学合理的保护、传承与利用方式。

三、研究思路和内容概述

相比目前江浙、京津等地区基于大大运河文化带建设和运河遗产的发掘保护工作已经做出特色、走在前列，我们应当看到河北运河文化带非遗的保护、传承、利用工作做得还不到位，基于大运河非遗资源的相关特色产业起步晚、起点低、基础弱的劣势突出。因此，大运河文化遗产问题不是一个简单、浅显的问题，也不是能够轻易下结论、盲目定路子的小问题。现阶段，将河北运河文化带建设与文化遗产传承利用结合起来的研究成果较为薄弱，绝大多数研究缺乏对河北运河遗产的全面调查、系统梳理和客观剖析，大部分只是泛泛地描述现状、简单提出问题后就开始提供一些发展路径或解决对策，将视角聚焦河北运河遗产旅游的实践尚属起步阶段，研究成果在深度、广度上存在不足。

如果要将大运河文化遗产进行有效的保护、传承和利用，必须专门针对本地区、本文化圈的地域特色、历史文化进行彻底的挖掘和整理。对于本研究来说，对河北段大运河文化遗产进行全面、细致的调查研究是必要的。大运河遗产包括大运河本体、自然环境、历史遗存等物质文化遗产，也包括各类传统文化在内的非物质文化遗产，因而呈现出不同于一般文化遗产的复合性与活态性特征。有形的大运河物质遗产与无形的大运河文化是大运河文化与记忆的重要组成部分，未来的发展方向是将二者进行有机结合，着重挖掘大运河非物质文化遗产的创造性转化和创新性发展，以大运河有形空间为载体，结合文本、展示、生产实践以及相关场景事件体验，将大运河非物质文化遗产全方位融入现代生产生活，达到运河遗产活化的效果。

本研究将通过文献资料、多形式社会调查、比较研究法、个案研究法、综合考察法等，全面梳理介绍河北段大运河的物质文化遗产和非物质文化遗产，挖掘其历史文化内涵，提炼遗产的当代价值，探讨河北运河文化遗产的保护、传承、利用的方式和现状，分析其中存在的问题，根据国家和省级有关大运河文化遗产的政策方针，探索符合河北省实际情况的大运河文化遗产保护、传承、利用路径，为开拓河北大运河文化带特色发展之路提供一些思路和对策参考。

第二章　河北省大运河概况

第一节　中国大运河及河北大运河基本情况

一、中国大运河简介

大运河是中国古代创造的一项伟大工程，是世界上距离最长、规模最大的人工运河。作为一部书写在华夏大地上的宏伟诗篇，2014 年 6 月，中国大运河成功入选《世界遗产名录》。中国大运河由隋唐大运河、京杭大运河、浙东运河三大部分、十段河道组成，总体分布于中国中东部地区，流经北京、天津、河北、山东、江苏、浙江、河南、安徽等 8 个省级行政区，北起北京、南至浙江杭州，重要点段包括 27 座城市的 27 段河道，全长 3200 千米（含遗产河道 1011 千米）。大运河沟通海河、黄河、淮河、长江和钱塘江五大水系，沿线 8 省（直辖市）以占全国不足 10％ 的土地面积，承载了全国三分之一以上人口，贡献了全国近一半的经济总量。[①]

中国大运河的开凿始于公元前 5 世纪春秋时期吴国开挖邗沟，至 7 世纪时隋朝完成第一次全线贯通，又至 13 世纪时元朝完成第二次大沟通，历经两千余年的持续发展与演变。在我国古代很长一段历史时期，它是连通中国南北的重要水上商道，直到今天仍然发挥着重要的交通与水利功能。

依据历史上的分段和命名习惯，中国大运河共包括十大河段：通济渠段、

---

①单霁翔：《城市化发展与文化遗产保护》，天津大学出版社 2013 年版，第 21 页。

卫河（永济渠）段、淮扬运河段、江南运河段、浙东运河段、通惠河段、北运河段、南运河段、会通河段、中运河段。申报的系列遗产分别选取了各个河段的典型河道段落和重要遗产点，共包括中国大运河河道遗产 27 段，以及运河水工遗存、运河附属遗存、运河本体相关遗产共计 58 处。这些遗产根据地理分布情况，分别位于 31 个遗产区内。在整个中国大运河流经区域范围内，包含的物质文化遗产超过 1200 项，世界文化遗产 80 余处，国家级非物质文化遗产 450 余项，世界自然遗产 1 处（黄渤海候鸟栖息地），世界自然与文化双遗产 2 处（泰山、黄山）。

中国大运河是世界上唯一一个为确保粮食运输（漕运）安全，以达到稳定政权、维持帝国统一的目的，由国家投资开凿和管理的巨大工程体系。它是解决中国南北社会和自然资源不平衡的重要措施，以世所罕见的时间与空间尺度，展现了中国在农业文明时期人工运河发展的悠久历史，代表了世界范围内、工业革命之前我国在水利水运工程方面的杰出成就。它实现了在广大国土范围内南北资源和物产的大跨度调配，沟通了国家的政治中心与经济中心，促进了不同地域间的经济、文化交流，在国家统一、政权稳定、经济繁荣、文化交流和科技发展等方面发挥了不可替代的作用。大运河涉及长江流域与黄河流域这两个中国古代文化、文明的核心地区，连接着夏文化、商文化、楚文化、燕文化、齐鲁文化、吴越文化等中国历史上重要的文化区域，是古代人类生活集中、文化遗址密集的地区。各个时代的大运河贯穿之地，都留下了丰富的文化遗产，被誉为"古代文化长廊""古代科技库""民俗陈列室"等，包含了历史、科学、艺术等各方面的价值，意义非同寻常。[①] 中国大运河由于其广阔的时空跨度、巨大的成就、深远的影响而成为中华文明的摇篮，对中国乃至世界历史都产生了巨大而深远的影响。

二、河北大运河基本情况

河北大运河上连京津，下接鲁豫，包括北运河、南运河、卫运河、卫河、

---

① 单霁翔：《城市化发展与文化遗产保护》，天津大学出版社 2013 年版，第 22 页。

永济渠遗址，总长 530 余千米（京杭大运河 490 千米，隋唐大运河 40 千米），约占中国大运河全长的六分之一，涉及河北省廊坊、沧州、衡水、邢台、邯郸等 5 市及雄安新区，包括香河、青县、沧州市运河区、沧州市新华区、沧县、南皮、泊头、东光、吴桥、阜城、景县、故城、清河、临西、馆陶、大名、魏县等 17 个县（市、区），以及白洋淀—大清河流经的安新、雄县、霸州、文安，共 21 个县（市、区）。[①]

河北段大运河始凿于东汉末年，是北方运河的肇始，经历代疏浚、整治，整体保存完好，遗址类型齐全，人工弯道密集，原生态景观风貌样态真实，融合京津、燕赵、齐鲁、中原等多元文化，是中国大运河独具北方特色的文化瑰宝。其中，南运河沧州—衡水—德州段、连镇谢家坝与华家口险工，合称"两点一段"，均为世界文化遗产。

（一）河道本体情况

1. 北运河。北运河是京杭大运河最北段，河北省涉及廊坊市香河县，上游为源于军都山南麓的温榆河，到通州北关与通惠河相汇合后称北运河，经北京通州杨家洼进入廊坊市香河县境内，沿香河县进入天津武清区，在天津大红桥汇入海河，干流全长 142.7 千米。北运河河北段长 21.7 千米（冀京界—冀津界），河道最窄处 540 米，最宽处 3200 米，平均宽度 2125 米，流域面积为 282（237.52）平方千米，设计流量 1330 立方米/秒，防洪标准为 20 年一遇，流经安平、淑阳、钳屯、五百户 4 个镇，涉及香河县的 70 个村庄。北运河香河县旧堤内原有 7 个村庄，束堤整治完成后，目前仅剩五百户镇吴打庄村仍在堤内，涉及村址搬迁问题。

北运河现河面宽度 40～170 米，平均宽度 105 米，河道底宽 30～160 米，水深 2～4 米。其北部通过牛牧屯引河与潮白河相连，右岸有支流凤港减河汇

---

①在河北大运河建设体系中，不单包含京杭大运河、隋唐大运河的两个部分，"河北省大运河文化带总体规划"还将白洋淀—大清河—赵王新河流经的安新、雄县、霸州、文安等区域囊括了进去，即今雄安新区的一部分。

入，下游由土门楼枢纽控制，土门楼泄洪闸以下为青龙湾减河，土门楼节制闸（木厂闸）以下仍为北运河干流。京冀界至木厂闸段长约15千米，木厂闸至冀津界段长6.7千米。北运河廊坊段现有三条减河（引河），即青龙湾减河（王家务引河）、凤港减河、牛牧屯引河；三座桥梁即王家摆桥、安运桥、双街桥。

2. 南运河。南运河起于山东省德州市四女寺枢纽，流经德州市德城区以及河北省故城、景县、阜城、吴桥、东光、南皮、泊头、沧县、沧州市区、青县等县市，于天津市静海区独流镇的十一堡节制闸与子牙河汇合止。河道全长309千米（以下被独流截断），其中河北省境内长度为242千米。河道最窄处45米，最宽处1660米，均宽216米。南运河流经区域2千米范围内有658个村庄，堤内有38个村庄，均不涉及搬迁。

十年来，南运河外引水流量范围在20～70立方米/秒，水深2～3米，水面宽度30～60米。除泊头、沧州、青县市区段景观内蓄水外，河道内均无水。2002—2020年共引水18次，年引水量0.57亿立方米（2019年南水北调东线一期北延试通水）～6.71亿立方米（2011年潘庄线路引黄济津）不等，一般年份在1.5亿立方米左右。1978年，由于缺乏水源，南运河航运全线中断，成为海河流域南部的排水河道及引水通道，引黄入津、引岳入津都是通过此河道。

南运河自隋代开凿至明清，一直是南北交通运输的命脉，明、清两代每年都有约400万石漕粮经沧州运至北京，至清末仍有一定的漕运能力。此外，还有大量瓷器、盐、煤等货物靠运河水路运输。漕运的繁忙和南北物资的融汇给沿河德州、沧州、吴桥、泊头、天津等城市带来了区域经济的繁荣，更有了大小不等的码头、摆渡等设施。

3. 卫运河。漳河、卫河于徐万仓汇流后至四女寺枢纽河道称为卫运河。河道长157千米，流域面积34362平方千米，属海河流域漳卫南运河系，是冀、鲁两省边界河道，以河道中心线为界，西侧属于河北，东侧属于山东，流经河北省馆陶、临西、清河、故城4县，流经区域河堤内无村庄，河堤外

2千米范围内涉及村庄308个。

卫运河河道最窄处100米，最宽处2500米，均宽1300米。一般年份有水河道（馆陶临西段）情况：河道最宽处为250米，最窄处为100米，平均宽度为180米；河道常水位平均深1.5米，丰水期平均深6米；河北省境内卫运河除馆陶临西段以外一般常年无水，仅引水期有水。

4. 卫河。发源于太行山南麓，流经河南、河北，于馆陶县徐万仓与漳河汇流后称卫运河。卫河流域面积15142平方千米，干流长321千米，河北省境内长61.3千米，流经魏县、大名。卫河（魏县段）始于北善村，终于北辛庄村，流经12村域，全长15.9千米；卫河（大名段）起始于大北张村，终于营镇乡北周庄村进入馆陶徐万仓村，全长约45.4千米，经过镇村68个，河堤内无村庄。

卫河河道两堤之间最宽处2200米，最窄处450米，均宽1350米。一般年份卫河河道最大行洪流量2000立方米/秒，河槽最宽处200米，最窄处24米，均宽74.8米。平均每年径流总量2.8亿立方米。水深最深9米，最浅7米，平均8米。

5. 永济渠遗址。永济渠整体呈西南—东北走向，局部有东西走向、南北走向以及西北—东南走向，有主渠、西渠两条线路，总体长度约105千米，宽度在60～300米不等，并非完全由人工开凿而成，而是充分地利用了当时既有河道来进行作业。主渠由河南省安阳县和内黄县交界处一带向北进入邯郸市域，最终在馆陶自新寨西进入临西县继续北流。西渠由双井一带起，流入大名后经大名县县城进入大名府故城遗址附近，后沿东北方向经刘安庄并入小引河，北向在营镇西与漳河、卫河合流。

大运河北段现调查发现多处永济渠遗址段落及节点，分别位于河北省邯郸市魏县、大名县及馆陶县。其中，路线较明确的段落约40千米，包括：从魏县双井镇至大名县老堤北段长约15千米永济渠遗址一处；从老堤北向北，经匡公堤（艾家口）、大名城东至大名府故城北门口段长约15千米永济渠遗址一处；魏县大康庄村北向东，经大名县白水潭、逯堤南，至现卫河长约 10 千米永济渠遗址一处。重要遗迹的节点有魏县双井镇河南村永济渠遗址、大名县南部三铺村永济渠遗址、馆陶县路桥乡木官庄村东北永济渠遗址等。

6. 大清河。大清河在历史上是大清河流域北支骨干行洪河道，新盖房分洪道开挖后，大清河新盖房枢纽至任庄子段主要承担灌溉输水任务；大清河在任庄子与赵王新河汇合后进入东淀，在天津第六堡入子牙河，后沿子牙河向北经过西青区入天津市区海河干流。河北省境内河长 18 千米（任庄子—冀津界），现行洪能力 450 立方米/秒左右。

大清河河道内村庄搬迁涉及文安县兴隆宫镇河北庄、沙窝、付王店以及史各庄镇杨庄子 4 个村，总占地面积 787.43 亩，4 个村已搬迁完毕。

7. 赵王新河。赵王新河始于白洋淀枣林庄枢纽，下至任庄子，全长 42 千米，为白洋淀的泄水出路，由枣林庄、赵王新河、赵王新渠三部分组成。现河底纵坡为 $\frac{1}{26600} \sim \frac{1}{8450}$，堤距 630～1800 米。右堤（千里堤）为主堤，顶宽 6～10 米，堤顶高程 8.9～13.2 米，为河北省一级堤防；左堤为次堤，顶宽 6～10 米，堤顶高程 8.6～13.1 米，史各庄至下河口为二级堤防，史各庄以上为三级堤防。

（二）运河流经河北省各行政区域情况

1. 大运河廊坊段。北运河在廊坊全境流程 20.378 千米，由香河县王家摆乡乔庄村西北入境后，南流在乔庄西北转为东西向，在王指挥庄村北转为西南东北向。廊坊段境内共发现王指挥庄清代宝庆寺、王家摆村墓群、红庙闸台基、清乾隆石碑、运河青龙湾三角区、谭庄基地等遗存十余处。

2. 大运河沧州段。南运河在沧州北起青县李又屯村，南至吴桥第六屯，全境流程 215 千米，流经青县、沧州市区、沧县、泊头、南皮、东光、吴桥 7 个县（市），几乎是整条大运河长度的八分之一。在沧州城划分的两个区中，有运河流过的地方被称为"运河区"，这也是中国大运河流经的所有城市中，唯一一个以运河命名的市区。在河北运河流经的五座城市里，沧州也是唯一一座大运河穿主城区而过的城市。这并非偶然，运河对于沧州来说意义非凡，运河的兴衰决定了这座城市的建置、布局和发展走向。经过千百年沧海桑田的变化，如今沧州市区位置的选择和城市布局，与大运河的兴修有着难以割舍的联系。隋代大运河的开凿使得沧州旧城成为南北往来的要冲、水旱两路的咽喉。自此，两岸商贾云集，沧州城依运河而兴旺昌盛。元末明初，位于运河东岸的沧州旧城开始衰败，毗邻运河西岸的长芦镇得益于漕运发达，逐渐成为新的地区经济、政治、文化中心。据《明史·地理志》记载："沧州洪武二年（1369 年）五月徙于长芦。"今天的沧州城就是在当时长芦镇的基础上发展而来。至 20 世纪 50 年代，沧州境内的南运河还有相当规模的航运能力，水运交通的繁盛使两岸兴起了一批以码头经济为主的城镇，也留下了丰富的文化遗存，如青县马场炮台暨军营遗址、捷地减河、泊头清真寺、东光码头等。

3. 大运河衡水段。大运河自山东武城县进入衡水故城县境内，河北、山东两省均以大运河为界，向北进入景县、阜城县，流程 120.2 千米。现存安陵城址、故城郑口险工、阜城戈家坟引水闸等多处文化遗存。

4. 大运河邢台段。自临西尖冢流入，沿临西、清河两县边界北去，于清河渡口驿出境，是冀鲁两省的边境河流，全境流程 58 千米。当地老百姓至今流传着"运河之水天上来，五十八公里过邢台""运河古渡数临清（指邢台临西、清河，而非山东临清）"等歌谣。在清河渡口驿至油坊码头段有古寺庙遗址、古村落遗址、古驿站、沉船遗址多处。

5. 大运河邯郸段。大运河在邯郸境内全境流程 93.9 千米，其中魏县 15.9 千米、大名 37.5 千米、馆陶 40.5 千米。东汉末，曹操控白沟、遏淇水，沟通洹、漳、淇、黄四河后，建都邺城，使邺城成为军事重镇。后来由于隋朝开发运河永济渠段，邺城的重要地位被地处运河要道的魏州（今大名）所取代。特别是邺城被焚毁后，魏州随着大河漕运的兴盛而更加发达。据考证，永济渠自河南内黄旧县城进入河北，横穿邯郸市魏县、大名、馆陶三县，经洹水（今魏县洹桥村）、魏城（今大名县城）、魏州（今大名东北大街乡）、馆陶县城，进永济（今馆陶）入山东。后来由于漳河南徙，河水改道，其中一段逐步形成现在横贯邯郸东南部的卫河和卫运河。现在该河已改由河南安阳市内黄县楚旺镇进入邯郸市，沿魏县与濮阳市南乐县交界进入大名，经大名龙王庙镇、金滩镇、红庙镇、营镇进入馆陶，沿馆陶与山东聊城界北行。

（三）河北段大运河的总体特色和优势

1. 河道遗址基本完整，价值特色鲜明。涵盖河道、分洪设施、险工、水闸、桥涵及码头等运河水利遗产 30 处，世界文化遗产 1 项 3 处（连镇谢家坝、华家口夯土险工、南运河沧州—衡水—德州段），全国重点文物保护单位 9 处，反映北方平原地域特色的水工设施保存良好，并有环境优美的"三弯顶一闸"。

2. 原生景观自然古朴，两岸风光优美。在全国范围内比较，两岸城镇建设干扰较少，基本保持漕运时期河道的景观原貌，原生生态环境基底良好，具有蜿蜒逶迤的姿态，从东光连镇谢家坝到德州四女寺枢纽的全长 94 千米的河道内就有 88 个弯，"河、滩、林、田、湖、草"的北方原生态景观雄浑优美。（见图 2-1）

图 2-1 河北段大运河的原生景观

3. 沿线遗产资源丰富，文化底蕴深厚。古城、古镇、码头、庙祠等文化遗存众多。以传统体育、游艺与杂技以及传统手工技艺、传统戏曲曲艺为代表的非物质文化遗产多样丰富，沿线约有国家级非物质文化遗产 27 项、省级非物质文化遗产 144 项，吴桥杂技与沧州武术驰名中外。

4. 区位优势明显，综合发展潜力巨大。大运河河北段是京津冀协同发展的重要纽带、雄安新区建设的重要支点。大运河沿线村镇密集（约每 2 千米就有一个村镇），产业基础较好，经济文化水平较高，综合发展潜力巨大。

第二节　河北大运河的历史演变及其文化遗产

一、河北运河的开凿历史和演变过程

河北大运河 530 多千米的河道不是同时建成的，它的建造是从东汉年开凿人工运河"白沟"开始，到 1293 年京杭大运河全线贯通为止，前后历经1000 多年。

秦汉以后，随着铁制工具的推广使用，生产力水平提高，人类活动区域逐渐由山麓地区向平原地区扩展。出于军事、商贸、交通的需要，运河的开凿越来越受到统治者的重视。东汉建安九年（204 年），曹操在河北屯田，"遏淇水入白沟，以通粮道"[1]。当时曹操为统一北方，向北征伐驻今河北临漳一带的袁尚势力，于河南淇口作堰，截取水量充足的淇水，兴建白沟水渠，流向东北，便于水上运输粮草。[2] 据水利专家徐登阶先生考证，白沟运河工程当在今临西西部一带南北纵贯。曹魏修治后，白沟水量增加，连同与它接连的

---

①（西晋）陈寿：《三国志》，中华书局 1959 年版，第 25 页。
②张秉政：《运河·中国：隋唐大运河历史文化考察》，北京时代华文书局 2019 年版，第 14 页。

清河，成为河北水运干线。建安十一年（206 年），为东征乌桓，曹操又开凿平虏渠与泉州渠，平虏渠从今沧州青县东北引滹沱河水北入泒水；泉州渠南起泉州县（天津市武清西南），上承潞河，下入鲍丘水，[①] 还从沟河口向东凿渠入濡水，称为新河。建安十八年（213 年），又凿渠引漳水，自今河北曲周南，东至大名西北，注入白沟，借以沟通邺城和四方的漕运，故名利漕渠。通过曹操在东汉末年对白沟、平虏渠、泉州渠和利漕渠的开凿，完成了贯通河北中南部的运河网工程，便利了河北平原的水道运输。[②] 河北地区第一次形成了纵贯南北的水路运输线，成为全国运河系统的一个重要组成部分。

隋唐大运河的开通是在地方性运河的基础上形成的，在东汉末年以至三国两晋南北朝的大分裂时期，地方政权大都开凿了一些地方性运河，这些运河从客观上来说为隋唐大运河做了准备。[③] 隋代大运河从南向北可分为四段，即江南运河、邗沟、通济渠、永济渠，大体从余杭（今杭州）经洛阳北上至涿郡（今北京西南）。其中，永济渠位于洛阳以北部分，南起黄河，北达涿郡，是大运河体系中的重要段落。隋炀帝大业四年（608 年），"诏发河北诸郡男女百余万开永济渠，引沁水，南达于河，北通涿郡"[④]，主要流经今天的河南、河北、山东、京津等地区。永济渠的南段自沁河口向北，经今河南省新乡、汲县、滑县、内黄，河北省魏县、大名、馆陶、临西、清河，山东省武城、德州，再经河北省吴桥、东光、南皮、沧县、青县，抵今天津市；北段自今天津折向西北，经天津的武清、河北的安次，到达位于今北京市境的涿郡。永济渠以曹魏旧渠（白沟）为基础，将渠道拓展成为大渠，即构成隋炀帝北征高丽修凿的军事要道。大业六年（610 年），隋炀帝兴兵征伐高丽，于涿郡集结兵力，大量的战舰、官兵及军队粮饷皆经永济渠北运。到了唐代，永济渠与隋基本一致，仍然是流经河北地区、通达北部边防的主要水道，经永济渠运河漕运，河北的储粮每年约有 20 万石以饷京师。严耕望先生在《唐

---

① (北魏) 郦道元：《水经注》，线装书局 2016 年版，第 144 页。
② 潘镛：《隋唐时期的运河和漕运》，三秦出版社 1987 年版，第 11—12 页。
③ 潘镛：《隋唐时期的运河和漕运》，三秦出版社 1987 年版，第 16 页。
④ (唐) 魏征等：《隋书》，中华书局 1973 年版，第 70 页。

代交通图考》一书中表述："永济渠自卫县以东，北至独流口约五百公里之流程，实亦与郦注之淇水、清河流程略相一致……"[1] 可见，隋唐时期的永济渠工程基本上沿袭了汉魏北朝所开凿的旧河道。

两宋时期，中国的经济、文化重心逐渐转移至江南，国都也先后确立为开封和杭州，这两个城市的漕运网络远比洛阳、长安发达，但主要并不是依托隋唐大运河体系，而是由汴河、惠民河、金水河、广济河与开封城外的河运系统相衔接，合称"漕运四渠"。北宋时，南方物资主要由东南六路运输到京师开封。河北地区的运河（时称"御河"）在北宋地处北疆前线，军事意义十分重大。北宋朝廷因水设险，实施"河曲水寨"的防御战略，运河水被作为战略资源而开发利用。然而宋代是御河水患的多发期，黄河曾多次决口，顺永济渠北流，造成巨大灾害。北宋徽宗崇宁元年（1102 年），下诏开临清坝子口，增修御河西堤，开置斗门，决大名、恩、冀、沧州及永静军积水入御河。崇宁二年（1103 年），又修御河西堤。南宋高宗建炎二年（1128 年），东京留守杜充为抵御金兵，决黄河南流入淮。从此，黄河北流之局基本结束。河北大运河流域在南宋沦为金朝异邦之地，政治经济地位日益萎缩。在金人势力下的中原运河体系遭到破坏，漕运无法维持，只有德州段运河通行时间较长，运山东之粮和诸地物资以充实京师。河北地区形成个别区段的"小运河"，如大名、景州、沧州等，很多运河段湮塞严重，最后不得不实行陆运。[2] 由于多年战乱，加之失去了上游来水的补充，以至于金宣宗迁都汴京（1214 年）之后，永济渠（御河）故道也随之湮废。

元代，大运河经历了一次"截弯取直"的重要改道。元世祖忽必烈至元十二年（1275 年），丞相伯颜和郭守敬决定开凿济州河、会通河、通惠河，利用一部分隋唐原有运河渠道和一些天然河道，把隋唐时代呈"弓"字形的南北大运河改为直线，不再绕道河南。这一区域的运河主航道东移至山东临清，不再从邯郸、邢台穿境而过，而是从淮北穿过山东，开凿新河道，使南方运

---

①严耕望：《唐代交通图考》，北京联合出版公司 2021 年版，第 1592 页。
②史念海：《中国的运河》，陕西人民出版社 1988 年版，第 261 页。

河直接进入华北平原，抵达大都（今北京）。1293 年，这条纵贯南北的大运河全线贯通，至此形成了今天大运河的基本形状，称"京杭大运河"。

表面看，河北境内的大运河线路变动不大，邢台临西至天津的永济渠，依然是后来京杭大运河的主线；临西上游的永济渠，变身为京杭大运河支流，依然是冀南通往京津的水上要道。但是，这次"微调"对河北却有着重大意义，它直接提升了河北段大运河的政治经济地位——因为京杭大运河最北端的城市北京，在元代从一个北部边塞重镇提升为一朝国都，而河北则成为拱卫京师的畿辅重地。于是，京杭大运河河北段就成为了沟通南北"黄金水道"的重要河段。

明清时期，中央政府在多个方面加强了"大一统"制度与措施的力度。由于在此时期的大部分时间里，中国大一统王朝的政治中心仍位于北京地区，为了保障漕运的持续畅通，政府不断对大运河进行整治修葺，陆续新建、改建多处河道和水工设施。明初，整修通惠河闸坝，恢复通航。明成祖永乐九年（1411 年），扩建改造会通河，引汶水入南旺湖，修建南旺水柜，解决了会通河水源问题。永乐十四年（1416 年），明成祖迁都北京，南北漕运成为定例，此后漕运河道与运输管理制度和机构被不断完善，基于大运河河道形成了完备而成熟的漕运体系。清代漕运沿袭明制，随着社会经济的恢复与发展，南北漕运也延续了明代的兴旺。清朝于康熙二十年至二十七年（1681—1688 年），在黄河东侧开中河、皂河近 200 里，使运河路线完全与黄河河道分开，不再受黄河肆虐的侵扰，保证南方漕粮在运河北段顺利流通。漕粮，在明清两代是大运河上最重要的货物。明清两代对大运河漕船的载重量有明确规定，明朝漕船载重吃水不得超过 3 尺，清代时不得超过 3 尺 5 寸，年漕运量均限定为 400 万石，于是每年都有数量庞大的漕粮经河北运往北京。除了漕粮运输的官方行为，南北民间物资的贸易往来也是激发大运河活力的重要力量。繁忙的运河航运上，大小不等的码头摆渡遍及两岸（见图 2-2），曾经通过大运河南下北上的物资种类繁多，除漕粮外，还有北方的水果、小麦、棉花、砖石、生铁、粪肥、皮毛、煤炭，南方的果蔬、丝绸、茶叶、瓷器、盐、竹器、木料，等等。明清时期漕运的繁忙和南北物资的融汇给两岸地区带来了普遍的经济繁荣，大运河这条"黄金水道"，在交通不便的古代，最大限度实现了中国南北方的互通有无，成为明清时期国家的经济命脉。由于运河一直受到明清统治者的重视，保持着维修和疏浚，漕运体系作为国家重要的政治措施和经济文化制度，与不断得到政府不惜巨大人力物力维护的中国大运河一起，一直沿用至 19 世纪中叶。[①]

图 2-2　繁忙的运河漕运码头场景复原图

事实上，在大运河修建的漫长岁月中，新修或加固大坝、修建水闸或泄洪的减河、清理河道淤泥，这些日常的运河维护工作从来没有停止过，以保障大运河的畅通。相比陆上运输，运河航运经济高效的优势突显出来：因古代没有柏油路，遇到雨雪天气，道路泥泞，车马难行，而恶劣天气对水运的影响较小。明代宝坻县令袁黄曾在《皇都水利》中写道："运白粮自苏松至张家湾凡三千七百余里，自湾抵京仅六十里，而水运之舟价与陆运之车价略相

①李德楠：《大运河》，江苏凤凰美术出版社 2019 年版，第 12 页。

当，是六十里之费抵三千七百里之费也。"粮食从苏州一带运至张家湾的运河水路是 3700 余里，而从张家湾陆运进北京城才 60 里，但两者运价几乎相当，水运的成本远低于陆路运输，而且运量大，受气候影响也更小。宋代和元初实行"海河并行，海运为主"的方略，但海运受季风和洋流影响很大，风险要大于漕运。因此，权衡海运和运河航运的利弊，加之明清采取封关禁海政策，运河航运彻底取代海运，成为中国南北水运大动脉。

清代咸丰五年（1855 年）以后，黄河改道入大清河，与运河交叉于章丘以南，运道被黄河冲断，水量渐少，加之黄河泛滥和外侵内战，京杭大运河积年失修。1911 年，随着津浦铁路全线通车，运河航运的优势被铁路所取代，加之山东境内河段水源不足，京杭大运河逐渐荒废，沿线城市的地位日益衰落。

中华人民共和国成立后，对京杭大运河进行了大规模整修，使其重新发挥航运、灌溉、防洪和排涝的多种作用，黄河以北的某些运河段落还可维持季节性通航。然而，20 世纪 70 年代，由于华北地区严重缺水等原因，大运河黄河以北段（山东济宁以北）彻底断航。但值得庆幸的是，大运河河道（包括河北段）还比较完整地留存下来，大部分河床和河堤依然保存较好，很多船闸和水利设施犹存，有些河段水深 1 米以上，如沧州城区及若干辖区。

二、河北大运河文化遗产概述

河北省境内大运河体系历史文化遗存丰富，具有较高的历史、艺术和科学价值，包括大运河河道本体及其相关的古城、古镇、码头、仓储、船坞、闸所、墓葬、庙祠、石窟、石刻、茶庄、会馆、寺庙等各类物质文化遗存 79 处，非物质文化遗产多项。

（一）河道本体水运工程情况

依据《中国大运河河北段遗产保护规划》梳理，大运河河北段有重要价值遗存本体 30 处，其中在用水利水运工程 25 处（南运河河道、北运河河道、卫运河河道、卫河河道、捷地减河、四女寺减河、马厂减河、青龙湾减河、凤港减河、牛牧屯引河、捷地分洪设施、周官屯穿运枢纽、安陵枢纽、肖家楼枢纽、北陈屯枢纽、东南友谊闸、连镇谢家坝、郑口挑水坝、华家口夯土险工、戈家坟引水闸、油坊码头遗址及险工、朱唐口险工、穿卫引黄枢纽、尖庄水工设施、土门楼枢纽），水利水运工程遗址5处（永济渠遗址、兴济减河遗址、红庙村金门闸遗址、东光码头沉船遗址、安陵桥遗址）。

其中，南运河沧州—衡水—德州段、连镇谢家坝、华家口险工"两点一段"（河北省境内约94千米）被列入世界文化遗产，成为河北省第四处世界文化遗产。北运河河北段、南运河河北段、华家口夯土险工、郑口挑水坝、朱唐口险工、红庙村金门闸、连镇谢家坝、油坊码头遗址及险工、捷地分洪设施被列入全国重点文物保护单位。

根据《中国大运河河北段遗产保护规划》，北运河（河北段22千米）、南运河（河北段242千米）总计264余千米河道为全国重点文物保护单位，保护范围为河道外堤脚外扩25米。卫河、卫运河总计260余千米河道为省级文物保护单位，保护范围为河道外堤脚外扩5米。

（二）各类物质遗存简况

大运河河北段遗产分布广泛，通过对大运河文物进行调查，发现各类文物遗存包括分洪设施、河道、险工、水闸、桥涵、码头及沉船点遗址等共300多处，其中56项被列入《中国大运河河北段遗产保护规划》，北运河（河北段）、南运河（河北段）、华家口夯土险工、郑口挑水坝、朱唐口险工、红庙村金门闸、捷地分洪设施、连镇谢家坝、油坊码头遗址及险工等9处已并入全国重点文物保护单位——京杭大运河，成为其重要组成部分。除此之外，运河流经区域的多处文物遗存，已被确立为不同级别的文物保护单位。

全国重点文物保护单位20处：京杭大运河、马厂炮台、沧州铁狮子、沧州旧城、纪晓岚墓地、登瀛桥、海丰镇遗址、泊头清真寺、封氏墓群、北齐高氏墓、开福寺舍利塔、庆林寺塔、邢窑遗址、贝州故城遗址、临清古城遗址、赵邯郸故城、邺城遗址、大名府故城、五礼记碑、大名天主堂。

省级文物保护单位 14 处：卫河、卫运河、永济渠遗址、胜芳张家大院、胜芳王家大院、正泰茶庄、青县铁路给水所、清真北大寺、孙福友故居、沧州文庙、八里圈清真寺、十二里庄教堂、大名古城墙、沙圪塔诚碑。

其他重要物质遗存 15 处：大名清真东寺、大名山陕会馆、金北清真寺、大名龙王庙、元侯祠、龙王庙石灰窑、宝庆寺、北留固石灰窑、齐堰窑址、水月寺遗址、幞头遗址、大名窑厂村窑址、陈窑窑址、拆堤开沟碑、泊头火柴厂早期厂房。

（三）非物质文化遗产简况

大运河河北段沿线非物质文化遗产类型丰富，包括民间文学、传统音乐、传统舞蹈、传统戏剧、曲艺、传统美术、传统技艺、传统医药、民俗以及传统体育、游艺与杂技等，沿线已经建立健全了国家、省、市、县四级非物质文化遗产代表性项目名录和代表性传承人名录体系。沿线有国家级非物质文化遗产 27 项、省级非物质文化遗产 144 项。其中，源起或流传于沧州的拳械门派多达 53 种，占全国武术门派拳种的 40.4%，是中华武术拳械门派富集地。吴桥杂技艺人沿大运河走出家乡，北上南下，远涉重洋闯世界，享誉国际。因大运河而生的科学技术、沿河物产、商贸移民、名人逸事、历史故事、文学作品、民风民俗等文化遗产，积淀了开放包容、重德尚义的深厚文化底蕴，形成了独具河北特色的大运河文化。

第三章　河北大运河物质文化遗产现状和问题分析

第一节　概述

任何文化遗产都是通过具体物质（实物、实体）作为载体来传承的，这种实物或实体是由人类群体、社区或个人创造的文化财富，以静态的物质方式被后代所认可和继承。根据《国务院关于加强文化遗产保护的通知》，文化遗产包括物质文化遗产和非物质文化遗产。"物质文化遗产"是指具有历史、艺术和科学价值的文物，包括古遗址、古墓葬、古建筑、石窟寺、石刻、壁画、近现代重要史迹及代表性建筑等不可移动文物，历史上各时代的重要实物、艺术品、文献、手稿、图书资料等可移动文物，以及在建筑式样、分布或与环境景色结合方面具有突出普遍价值的历史文化名城（街区、村镇）。

根据 2012 年 7 月中华人民共和国文化部第 54 号令《大运河遗产保护管理办法》的规定，"大运河遗产"包括隋唐运河、京杭大运河、浙东运河的水工遗存，各类伴生历史遗存、历史街区村镇以及相关联的环境景观等。近代以来兴建的大运河水工设施，凡具有文化代表性和突出价值的，也属于大运河遗产。国家对大运河遗产保护实行统一规划、分级负责、分段管理，坚持真实性、完整性、延续性原则。随着 2014 年 6 月大运河申遗成功，大运河本体成为世界文化遗产。作为庞大的线性文化遗产，大运河又派生出了多处物质文化遗产点，对此应当进行细致的调查、整理和保护工作。

为了对河北省大运河遗产进行全面考察挖掘，也为了完成申遗文本提交预审，早在 2006 年 3 月，由河北省文物局组织的大运河河北段文物资源调查小组即开始了行动，他们从廊坊市香河县与北京通州运河交界的杨洼闸和"0"点界碑处出发，揭开了田野调查的序幕。这是河北省首次针对大运河进行大规模、全方位的文物资源调查。调查组自北向南途经廊坊、沧州、衡水、邢台、邯郸等地，穿越河北段运河全线，进行拉网式徒步调查，行走里程长达 541.07 千米。每到一地，调查组首先组织当地干部群众召开座谈会，深入了解情况，同时采用勘测、绘图、文字记录、数码影像采集、卫星遥感技术、全站仪及全球定位系统等科学技术手段获取较为准确、翔实的信息资料。

自 2006 年至 2014 年，河北段大运河文物资源调查取得丰硕成果，新发现文化遗存 290 处，使河北的大运河文化遗存从过去的 19 处增加到 309 处。在这些文化遗存中，遗址、墓葬、沉船点占了一半以上，其他还包括渡口、石刻、码头、寺庙、窑址、城址、古民居等 20 余种类型，充分体现了大运河文化的复杂性和多元性。调查发现，河北省境内运河没有遭受过度保护和进一步开发，因而保持了古代京杭大运河的历史面貌，反映出历史上大运河在南粮北运、商旅交通、军资调配中发挥的重要作用，充分体现了中国古代文明的精粹。

在运河本体方面，大运河河北段沿线河道、减河、分洪设施、险工、水闸、桥涵、码头及沉船遗址等遗产丰富，有重要价值的运河本体遗存遗址 30 处，南运河沧州—衡水—德州段、连镇谢家坝和华家口夯土险工"两点一段"被列入世界文化遗产。此外还有河道遗址类全国重点文物保护单位 9 处，省级文物保护单位 11 处。特别是大运河河北段夯土加固和弯道代闸两项技术凝聚了中国古代水利工程科技的最高成就，沧州市东光县连镇谢家坝和衡水市景县华家口夯土险工是"糯米砂浆"古法铸造运河大坝技术的典型代表；南运河在平面布局上设计了众多弯道，具有"三湾抵一闸"的功能；一系列减河和水闸用于保障航运和泄洪排洪，成为河北段大运河水利工程的独特创举。

在运河景观的保护方面，经过十余年对大运河河道本体的持续治理，运河本体生态及遗产保护中原先存在的一些问题得到了显著改善。例如，原有河段污染严重、堤上非法建筑、堤岸破口、植被稀少等状态被有效整治；某些地段遗址、墓群被严重破坏以及村民挖地取土等问题得到明显解决，在此基础上采取一系列措施对大运河遗产进行保护和抢救。目前，大运河依然是沟通河北省内几大水系的重要通道，在防洪排涝、输水供水、生态景观、农业灌溉等方面仍发挥着重要作用。

第二节　河北大运河物质文化遗产举要

一、廊坊

（一）红庙村金门闸遗址

地点：廊坊市香河县红庙村

年代：清

红庙村金门闸遗址，位于廊坊市香河县红庙村南（现土门楼泄洪闸南侧），为全国重点文物保护单位。（见图3-1）

历史上的北运河狂放不羁，特别是在汛期，经常冲毁堤坝、

图 3-1　红庙村金门闸

肆意改道，一直是生活在运河两岸人们的梦魇。《香河县志》记载，雍正七年（1729年），在今香河境内红庙村南，北运河与青龙湾减河交汇处，利用运河

大龙湾、小龙湾、青龙湾减河以泄洪，并在减河口设置滚水石坝一座；乾隆三十七年（1772年），改滚水石坝为可调节水量的石闸，在两岸增建闸台，并御赐名为"金门闸"。因工程宏伟，泄洪蓄水功能巨大，乾隆题诗称赞："金门一尺落低均，疏浚引河宣涨沦。通策例同捷地闸，大都去害贵抽薪。"2010年6月，该题诗残碑被当地村民发现，石碑为汉白玉石质，细润坚致，宽1米，残高1.3米，厚0.33米。此碑原有碑座，碑首有蟠龙纹，正面涂水泥灰浆，碑上有诗句，依稀可见款识，四周环绕云纹，雕刻精美，仅剩文字为"尺落低均疏浚引河宣"，恰好与《香河县志》文献记载内容"弘历《御题金门闸》"①相符，为研究北运河区域内河流和河流治理的历史提供了重要佐证。

1925年，在清代基础上改建、扩建金门闸，闸板改为进口钢制。1974年5月，完成新建土门楼泄洪闸工程，清代旧闸废弃，现仅存南北两侧夯土闸台基址。其中，北闸台保存较为完整，平面略呈梯形，外壁为条石，内填夯土，夯土层厚20厘米，南北长约30米，东西宽约26米，高4.4米。南闸台上迎水、由身、下分水等各部位条石无存。

金门闸的主要作用是在汛期调节北运河洪水的下泄流量，南北两处闸台是北运河上现存的重要遗址，对研究运河史、水利史有重要价值。南闸台脱落土层得以修补，依然采用乾隆时"糯米与灰土"工艺，保持其本真一面；北闸台脱落石头得以修补和加固，观赏价值得以提升。红庙金门闸是北运河上第一个减河闸，它的营建是我国传统科学技术与运河两岸劳动人民智慧的集中反映，是天人合一、因地制宜、因势利导、宜疏不宜堵的中国古老哲学思想在水利工程上焕发出的智慧光芒。香河县红庙村抓住水利要害，经过精准选址、精细施工，建水闸、修减河，将大运河的航运、泄洪兼灌溉功能发挥到极致，把一个泄洪工程巧妙地转化为生产工程、生态工程，迄今仍惠泽当地百姓。

---

①香河县志地方志编纂委员会：《香河县志》，方志出版社2017版，第339页。

（二）胜芳张家大院

地点：廊坊市霸州市胜芳镇

年代：清

张家大院位于廊坊市霸州市胜芳镇中山街南侧，是一座清代的民居建筑，为河北省重点文物保护单位。（见图 3-2）

图 3-2　胜芳张家大院正门

张家大院占地面积 1648 平方米，建筑面积 1015 平方米，建于清道光十年（1830 年），原房主为胜芳八大家之一的聚兴堂张家，时任二品官员的张镒。宅院从设计到施工都是由北京工程技术人员负责。共分为四个四合院，西侧两院为清式木构架硬山建筑，东侧两院为欧式建筑，中间有穿堂鸳鸯厅，为一厅四室，四个小院均有小门，回廊连通。这座院落也具有一定的军事和防御功能，四周的高大院墙上的垛口和女儿墙昭示了建筑的时代特征和主人的防御心理——如遇战乱，这里可以作为一座居高临下的坚固堡垒，易守难攻。这所大宅院的原貌基本完好，从中可以领略传统民居建筑的精妙，包含着美学、民俗学、建筑学、历史学等深厚的文化内涵。有关专家考证后认为，这是一座中西结合、南北结合、官民结合的北方水乡典型的清代民居建筑，与江南"一颗印"式的建筑风格异曲同工，它的开发和利用价值不亚于山西的乔家大院。

张家大院还是一处重要的革命历史文化遗存。1947年4月，张家大院作为平津战役中的指挥部所在地，由冀中分区司令员孙毅同志为总指挥，在这里进行了历时七昼夜的胜芳保卫战。1948年，天津解放前夕，在这里开办了接管天津市的干部培训班，培训了大批进津接管的干部。当时从中共中央华北局、华北人民政府、石门市委、渤海区党委、冀鲁豫区党委等部门抽调的干部共7400余人，此外，之前为保存力量而从天津撤到胜芳的地下党员、各区党委党校干部和大学生及少数工人积极分子集结胜芳，进行接管天津的各项准备工作。其中有天津市人大常委会原副主任石坚、天津市食品家协会刘子川等人。另外，天津电台也在此院诞生，天津广播电台的第一个声音、新华社天津分社的第一张报纸均发自这里。

此后，张家大院多次被影视剧组作为古建房屋拍摄外景用，如电影《小兵张嘎》、电视剧《血溅津门》《燕子李三》《龙嘴大铜壶》等。张家大院现为省级文物保护单位，也是当地的老年人文艺体育协会所在地，还在发挥着自身的作用。

二、沧州

（一）马厂炮台

地点：沧州市青县

年代：清

马厂炮台，位于沧州市青县县城东北15千米处，始建于1871年，是近代中国新军事变革及袁世凯小站练兵的源头，为全国重点文物保护单位。（见图3-3）

图 3-3 青县马厂炮台航拍图

马厂炮台占地面积约 3.5 万平方米，呈圆形，共三层，通高 8 米，现存中央炮台一座及 13 座炮台遗址，军营遗址现存土圩残垣两段，它是河北段大运河沿岸现存较为完整的唯一一座军事设施。

青县马厂镇是我国近代史上一个很特殊的地方，它位于县城北部，再向北行约 60 公里即为天津市，是"地近畿辅、拱卫攸关"①的军事重镇。1840 年之后，因列强侵略、一系列不平等条约签订，作为紧靠运河、守望京津的马厂镇的战略地位愈加重要，开辟了晚清新式陆军的筹建之路。

清同治九年（1870 年），直隶总督兼北洋大臣李鸿章向朝廷提议，在马厂设防，并很快获准。同治十年（1871 年）二月，李鸿章命自己的淮军部将周盛传率部屯驻马厂兵营，后人称为"盛字军"。

"盛字军"当时有 2 万多人，兵营在运河两岸分设两个营区，以东为主，以西为辅，隔河相望。两个营区均有土围子，围墙上有巡城马道，城角设有岗楼，日夜守望。兵营不仅利用运河作为屏障，还在上面常设军事渡船，遇到战事，可灵活机动地变为移动的浮桥。

①青县地方志编纂委员会编：《青县志》，方志出版社 1999 年版，第 471 页。

"盛字军"所部的骑兵、步兵 23 个营，唐仁廉步兵两个营，在大运河两岸分设营区。东营区炮台 9 座，西营区炮台 14 座，屯兵 25 营，2 万余人。中日甲午战争后，清军在此编练新军，购置西洋武器，聘德国教习，根据德国的陆军操典进行训练，被后人评论为"中国第一批近代化军队"。

当时共建炮台 14 座，现仅存 1 座，在兵营正东 200 米处。炮台共有 3 层，通高 11 米，呈圆形。第一层是土筑的，高 4 米，直径 120 米；第二层外有青砖包墙，内为夯土结构，高 3.5 米，直径 100 米，有 24 个砖券顶的洞室；第三层外有青砖包墙，内为三合土夯筑结构，高 3.5 米，直径 30 米，是中心炮台，炮台外围有城墙围护。

2009 年，马厂炮台被定为京杭大运河 A 类遗产点之一，参与申报世界非物质文化遗产，已列入全国重点文物保护单位名录，此后逐步开始文物修缮工作。

（二）沧州铁狮子

地点：沧州市东南郊区

年代：后周

沧州铁狮子，又称"镇海吼"，位于河北省沧州市东南郊，距沧州市区 16 千米，铸成于后周广顺三年（953年）。沧州铁狮子身长 6.26 米，体宽 3.17 米，通高 5.78 米，重约 50 吨，为中国现存最大、最早的铸铁文物，为第一批全国重点文物保护单位。（见图 3-4）

图 3-4　后周年间所铸的沧州铁狮子

明代沈德符《万历野获编》一书写道："今北方谚语云：'沧州狮子景州

塔，真定府里大菩萨。'为畿南三壮观。"意即至迟在明代，沧州铁狮子与景州开福寺舍利塔、真定隆兴寺铜菩萨像，并称为"河北三宝"。此外另有"华北四宝"之说，指的是"沧州狮子定州塔，正定菩萨赵州桥"。沧州的别称"狮城"也由此而来。

关于其来历有多种说法：一说是后周世宗柴荣北伐契丹时，为镇沧州城而铸造；另一说则认为铁狮位于沧州开元寺前，腹内有经文且背负莲花宝座，故应为文殊菩萨的坐骑；还有人根据铁狮的别名"镇海吼"，推测是当地居民为镇海啸而建造的异兽。

根据《沧县志》中的记载，铁狮在旧州城内开元寺前，高一丈七尺，长一丈六尺，背负巨盆，头顶及项上各有"狮子王"三字，右项及牙边皆有"大周广顺三年铸"七字，左肋有"山东李云造"五字。其腹内、牙内外字迹甚多，然湮灭不全，后有识者谓是《金刚经》文。头内有窦田、郭宝玉字，曾见拓本，意系冶者姓名，字体为古隶。相传后周世宗北征契丹，罚罪人铸此铁狮，以镇州城。后有考据学家考证，周世宗素不信佛，罚罪之说不足信。另有当地民间流传广泛的传说为：古时沧州一带濒临沧海，海水经常泛滥，海啸为害，民不聊生。当地人为清除水患，自动集资捐钱，请山东铸造师李云铸铁狮以镇遏海啸水患，并取名"镇海吼"。狮身外面铸有捐钱者的姓名和捐款数字，一般认为此说比较可信。

沧州铁狮子为研究中国古代的冶金、雕塑和佛教史提供了珍贵的实物资料。铁狮是古人采用一种特殊的"泥范明铸法"分节叠铸而成，铁狮腹内光滑，外面拼以长宽三四十厘米不等的范块，逐层垒起，分层浇铸，共用600余范块拼铸而成。沧州铁狮子身披障泥（防尘土的垫子），肩负巨大莲花盆，莲花盆底部直径1米，上口直径2米，通高0.7米，可以拆卸下来，相传这是文殊菩萨佛像的莲座。整个狮身向南，头向西南，狮身毛发呈波浪状披垂至颈部，胸前及臀部飘有束带，两左脚在前，两右脚在后，呈前进状，姿态雄伟，昂首阔步，栩栩如生。此外，狮身内外则有许多铸文，有铸造者、捐钱者姓名，腹腔内则有以秀丽的隶书写就的《金刚经》文，具有重要价值。

沧州新铸"沧州铁狮子"于 2011 年被安放到沧州市区狮城公园，体量约 120 吨，体积是原沧州铁狮子的 1.32 倍，设计"寿命"2000 年。

（三）沧州旧城

地点：沧州市沧县

年代：唐宋

沧州旧城，位于河北省沧州市沧县旧州镇东关村西，始建于西汉高帝五年（前 202 年），为全国重点文物保护单位。

沧州旧城是现今沧州市的母体，是明初迁移到长芦新城前的沧州治所所在地，也是历代比较有影响的政治、经济、文化中心，曾取名狮子城、卧牛城。

沧州旧城有沧州铁狮子、沧州铁钱库、石雷石馆、毛公甘泉井、皇宫台和城墙等古建筑遗址，出土瓦片多为唐宋时期（7—12 世纪）的筒瓦和板瓦，陶片种类很多，主要是红陶和灰陶，原是陶盆、陶罐等器皿上的部件。沧州旧城内的沧州铁狮子是中国早期最大的铸铁艺术珍品之一，对研究中国冶铁史、雕塑史等具有重要价值。沧州铁钱库出土的大量铁钱，或可印证宋代的北方不但有铁钱流通（宋代，铁钱流通多发生在经济相对较好的南方），且具备了铸造铁钱的能力，对研究中国货币流通史具有重要的文物价值。

沧州旧城是华北地区为数不多的保存完整的古代大城，城墙周长实测 7345 米，面积约 500 万平方米，城内文化层丰厚，城墙残缺不全，只剩下西、南两侧的几段断墙。皇宫台（俗称"皇上台子"，即后周世宗柴荣北伐契丹驻跸歇脚之地），坐落在沧州旧城内的中部偏北位置，呈土丘状，共三座，东西一字形排列。三座台子大致相似，台子土层中夹杂着许多残砖碎瓦和碎骨，是由土砖瓦、陶瓷片等堆积而成，尤其有厚厚的草木灰炭，有灼烧破坏的迹象；下部则为深达数米的夯土层，台地周围 6~11 米以内也有坚硬的夯土层。三座古台的高度都在 5 米左右，周长 64~112 米不等。

2013 年 5 月，沧州旧城被列入全国重点文物保护单位名录。2017 年，对沧州旧城进行考古勘察与试掘，勘探范围为沧州铁狮子南侧 120 余米、西侧 600 余米、北侧 400 余米。2021 年 12 月 24 日，在河北省田野考古汇报会上，备受关注的河北百年百项重要考古发现正式揭晓，沧州旧城遗址入选。

（四）纪晓岚墓地

地点：沧州市沧县

年代：清

纪晓岚墓地始建于清代嘉庆年间，南北长 300 米，东西宽 100 米，坟墓 1194 座，墓碑 136 块，坐落在河北省沧州市沧县崔尔庄镇北村村南约 300 米处的枣林中。（见图 3-5）

图 3-5　沧县纪晓岚墓地

纪晓岚，清乾隆时著名学者，《四库全书》总编纂，墓前石碑刻有"皇清太子少保协办大学士礼部尚书纪文公神道碑"。

墓地东、南、西南侧是茂密的枣林，北、西北侧是打谷场。数株高大的椿树、榆树、槐树下有一丘封土为纪晓岚坟茔。坟茔向口朝东，往东约 3 米处竖立墓碑，墓碑为纪晓岚下葬时所立原物，墓碑上刻有嘉庆皇帝御制碑文。

墓碑再往东 15.6 米处竖一通神道碑，神道碑为纪晓岚六代孙纪钜臣于 1920 年重立。据当地村民和纪氏后人说，当年纪晓岚为选择筑墓之处，特地从南方请来风水先生，遍寻纪氏庄园，最后确定北村新阡。当时墓地占地数十亩。据老人们记忆，1920 年所立的那通神道碑，原来的位置距纪晓岚坟丘约 150 米，立于墓地东方一条南北通道的路边，俗称"下马碑"，有"文官下轿，武官下马"之意。此碑为重立之碑，原碑毁于何年已无人知晓。

（五）登瀛桥

地点：沧州市沧县

年代：明清

沧州杜林桥原名登瀛桥，是一座横跨于滹沱河上的三孔敞肩拱形石桥，为全国重点文物保护单位。（见图 3-6）该桥坐落于沧州西 15 千米处，沧县杜林镇中心，处于旧沧河路与滹沱河故道交会处，始建于 1594 年。

图 3-6　沧县登瀛桥

该桥桥体由三大拱、两小拱组成，两小拱悬卧于三大拱连接处的拱肩上，两个流线型的大桥墩支撑着桥身。桥长 66 米，桥面宽 7.8 米，每孔跨径 11.3 米。左右两大拱之上各有一石雕狮子头，神态凶猛；两小拱的拱顶各有一摇头探尾的神水兽；桥面石栏、石柱上是目不暇接的浮雕画面和姿态各异的石猴、石狮等动物，精雕细镂，栩栩如生。

据长芦盐运使阮尚宾《新建登瀛桥记》和王荫桐《重修登瀛桥记》载，杜林镇原名登瀛镇，跨滹沱河两岸，顺河行北可抵京、津，由此往来之商贾行旅摩肩接踵，自古虽有舟渡，但客货往来十分不便。明万历年间善人刘尚有建议修建石桥以行旅利盐运。盐运使阮尚宾、瀛州太守刘毓宽慨然捐助，在地方绅商和乐善好施之士的捐资帮助下，于明万历二十二年（1594 年）耗白银两万两建成此桥，从此登瀛路履若坦途。清光绪年间，滹沱河水泛滥，冲陷桥两端大小两孔，不能通行。14 年后，乡人王荫桐不辞辛劳重修登瀛桥，多方筹措修桥款，历经 6 年修复完工，但王荫桐也因此债台高筑，随僧道募捐化缘以还桥债。

（六）海丰镇遗址

地点：沧州市黄骅市

年代：金

海丰镇遗址，位于沧州市黄骅市东 25 千米处，羊二庄回族乡海丰镇村南至杨庄村之间，是一处重要的滨海遗址，也是金元时期重要的盐业生产、经营之处。1986 年，海丰镇遗址首次被发现，成为重要的考古发掘项目，2006 年被列为全国重点文物保护单位。

1986 年，黄骅县博物馆进行全县文物普查时首次发现，该处遗址为一中间高、四周渐低的台地，遗址地表砖、瓦、瓷片随处可见，断崖上文化层连绵不绝，主要区域的文化层厚 2~4 米，是一处保存较好的古文化遗址。海丰镇遗址南北约 1200 米，东西约 1900 米，占地面积 228 万平方米。2000—2017 年，考古工作者对海丰镇遗址进行了 4 次考察发掘，出土大批完整和可复原器物，以瓷器居多，出产于定窑、磁州窑、龙泉窑、景德镇窑等南北方不同窑口；品种丰富，不仅有碗、盘、碟、俑、枕、瓶、罐、盆，还有娱乐玩具如骰子、围棋子，此外还有装饰品如白瓷的南瓜子；釉色有白瓷、黑瓷、酱瓷、青灰瓷、双色瓷、绞胎瓷等；装饰手法有印花、刻花、剔花等；纹饰有鸳鸯、鱼、牡丹、荷花、山石等。

据《盐山新志》载："沧盐之极盛启于五代金辽，南场之盐犹复偏给北方泉州（时海丰场属南场）。至金代，海丰镇一带盐业更盛……海丰镇在天津未兴之前，为海口第一繁荣之区……至元盐业不振，渐为废墟。海丰镇为繁盛之区皆以行盐故也……"① 唐、宋、辽、金时期都是海丰镇盐业的兴盛时代。唐代以前，海丰镇盐民煎盐为一家一灶或数家合灶，官府派吏监督收税。唐中叶，盐铁恢复专卖；设度支盐铁转运使，理财专家刘晏整顿盐法畅运。高宗时，重开浚无棣河，海丰镇一带盐运繁忙，往来经商的船只经常阻塞了河道，当时得名"通商镇"。辽金之际，沧州司设盐场九处，进献十六州始得河间煮盐之利，于是塞北各州尽食沧盐。

海丰镇遗址在金代是集水陆交通为一体、以瓷器为主的贸易集散地和重要的运输口岸，应为宋金时期"海上丝绸之路"的北方起始点，在国外特别是东亚国家出土的相当一部分宋金时期的瓷器应该是从海丰镇运出。海丰镇与宁波、扬州等地遗址一起搭建了中国古代瓷器贸易的地缘架构，提供了难得的实物资料，对研究东亚地区古代瓷器贸易具有重要意义。海丰镇遗址的发现与发掘，见证了黄骅海滨繁盛之区的兴衰历史。2021 年 12 月，海丰镇遗址在河北省田野考古汇报会上被纳入"河北百年百项重要考古发现"名单。

（七）南川楼

地点：沧州市南

年代：明清

南川楼曾经坐落在沧州市南，濒临运河，为明清时期沧州的名胜之一。南川楼是"过客登临即胜游"的沧州运河一大名楼，今运河区南川楼社区便因此楼而得名。明朝中期，在古元龙楼的废墟上建新楼，始称南川楼，至乾隆初成为废墟后未闻重建和修复，衰废已近三百年。

南川楼为明清建筑风格。据《长芦盐法志》记载，南川楼的建造者为明代嘉靖年间的长芦盐运使郭五常，于嘉靖十一年（1532 年）冬开工，次年七月完工，面阔三间，高十丈，匾额题词为"南川胜览"。南川楼作为长芦盐运司的官方建筑，最初建造的目的是用于盐运司官员闲暇登眺、会聚宴饮，后

---

① 贾恩绂：《盐山新志》，民国五年（1916 年）铅印本，第 36 页。

毁于清代战火。

南川楼因酿酒而闻名。乾隆初《沧州志》记载："南川楼在南关昊天观后，今废；又大南门外从街西，由南柴厂通南川楼渡口；还记沧州，酿用黍米，曲用麦面，水以南川楼前者为上味。醇而洌，他郡即按法为之不及也。陈者更佳。"① 民国《沧县志·古迹》载："南川楼，在城南昊天观，今废。南川地通暗泉，泉甘而水深，昔郡人岁取用以造酒，酒佳甚，所称沧酒，即此水所造也。"②

清代沧州著名乡贤、《四库全书》总纂官纪晓岚在《阅微草堂笔记》中写道："水虽取于卫河，而黄流不可以为酒，必于南川楼下，如金山取江心泉法。"（《滦阳续录》卷四）"南川楼水所酿者，虽极醉，膈不作恶，次日亦不病酒，不过四肢畅适，恬然高卧而已。其但以卫河水酿者则否。"（《滦阳续录》卷五）纪晓岚还曾在《罗酒歌和宋蒙泉》一诗中写道："沧州亦有麻姑酒，南川楼下临盘涡。河心泉水清冷味，小槽滴滴浮黄鹅。"由此可见，南川楼确为古时南来北往的官商过沧州饮沧酒的客居之处，如云佳客乘兴留下诸多吟咏，表达对这一丽景的赞颂。

图 3-7　沧州南川楼复建工程

①徐时作：《沧州志》，清乾隆八年（1743 年）铅印本，第 381 页 。
②张坪：《沧县志》，沧县志书局民国二十二年（1933 年）版，第 924 页。

2021 年 5 月，备受沧州市民关注的南川楼复建工程开工。（见图 3-7）新建的南川楼，延续明清建筑风格，建设范围占地 20.5 亩，建筑面积约 5400 平方米。此次新建南川楼将恢复其览胜功能，成为新的运河文化交流中心。

（八）沧州文庙

地点：沧州市沧县捷地镇西南

年代：明初

沧州文庙，位于沧州市沧县捷地镇西南，明初创修，现存大殿三座及东西廊，是沧州仅存的明代梁架斗拱结构古建筑，为沧州市重点文物保护单位和河北省重点文物保护单位。（见图 3-8）

图 3-8　沧州文庙

文庙即孔庙，南北长 1105 米，东西宽 37.2 米，坐北朝南，共三进院。门前原有 7 米长的照壁，东为礼厅，西为义路。进厅向北是一座单孔石拱桥——泮水桥，西侧有省牲所（现已改为现代砖混结构的办公用房），再向后便是悬山顶戟门，中院东西两侧为廊屋，正中是文庙的主体建筑大成殿，东西18米，南北9米，正面五门，殿内立柱24根，出檐2米，顶为绿釉。建筑雄伟，为歇山顶，五踩重昂斗拱，面阔五面，进涉三面，明柱八根，格扇门，黄绿琉璃瓦盖顶，后院正北面为硬山顶明住堂。

沧州文庙主体建筑至今仍保留着明代建筑风格，其建筑布局和建筑形式都体现了儒家思想的主流和精髓，是研究明代建筑史和儒学发展史的实物资料，也是地方建筑中的精华。沧州文庙从2009年启动了沧州历史上规模最大的一次古建修缮工程，力争延续这传承了600余年的历史脉搏。工程完成了大成殿主体和屋面苫背；戟门、乡贤祠、名宦祠、一进院东西厢房、二进院东西庑房、三进院东西厢房、明伦堂东西配房、配电室的主体和屋面；棂星门、礼门、仪路主体结构。

在文庙工程施工过程中，屡有重要考古发现。2010年3月，在开挖一进院西厢房地基时，在距地面1米处发现一尊赑屃和一通石碑。碑青石质，正面镌刻楷书20行，每行42字，碑额篆刻"新建沧州乡贤祠记"。关于此碑，万历《沧州志》、康熙《沧州志》、乾隆《沧州志》无载，仅见于民国《沧县志》之《金石》，然仅存碑目，而未录碑文，故此碑文应为首见。碑文载："造土以弘治乙丑三月朔日，以四月之朔告功成。正德二年丁卯正月吉日立。"由此可知：沧州乡贤祠于弘治十八年（1505年）三月十五日开工，四月十五日竣工建成，正德二年（1507年）正月择吉日而立。该碑的发现出土，不仅丰富了沧州志书的典藏，而且提供了乡贤祠最初所祀乡贤名单，为了解沧州文庙明代建置的增减情况提供了准确的实物资料，具有较高的历史研究价值。

（九）捷地分洪闸设施

地点：沧州市沧县捷地镇西南

年代：明清

捷地分洪闸设施位于沧州市沧县捷地镇西南，南运河右岸，主要包括捷

地减河、捷地分洪闸及明代滚水坝龙骨石、德国造分洪启闭机设备等，为全国重点文物保护单位。（见图 3-9）

图 3-9　捷地分洪闸设施

捷地分洪闸设施由泄洪闸和分洪闸组成，为研究沧州水利工程发展史提供了资料，具有重要的历史、水利研究价值。捷地分洪闸设施主要承担南运河水系的水利枢纽防汛工作，主要包括"三廊、三园、两河、两闸、两碑、一柳、一墙"。三廊即大运河碑廊、历史长廊和大运河捷地碑廊（捷地御碑苑），三园即宪示碑园、垂钓园和治水园，两河即大运河、捷地减河，两闸即捷地分洪闸、捷地泄洪闸，两碑即捷地兴济坝工纪事诗碑（乾隆碑）和捷地减河宪示碑（同治宪示碑），一柳即百年小叶垂柳，一墙即古石闸墙。捷地分洪闸设施文物存有乾隆题写碑文的捷地兴济坝工纪事诗碑、同治年间所立的捷地减河宪示碑。捷地减河宪示碑上刻有关于保护减河源头的告示，内容涉及不能砍伐沿河树木、不能盗取铁钉等，碑刻两面都有字（因石碑质量较好，清代光绪年间在沧州包公祠重修时被二次利用）。捷地兴济坝工纪事诗碑碑文记录着捷地分洪闸设施分洪的功效："治闸缘营流，设坝因减水，其用虽为殊，同为漕运起。弱则蓄使壮，盛以减其驶。"

捷地分洪闸设施是捷地减河的渠首工程，是南运河段发挥重要作用的分洪闸之一，为研究沧州水利工程发展史提供了资料。捷地分洪闸设施依托大运河，既是历史古迹，又有水利枢纽工程和乾隆碑等风光，具有重要的历史、水利、人文研究价值和旅游、休闲价值。2008 年 10 月，捷地分洪闸设施被河北省人民政府列为省级文物保护单位。2012 年 8 月，《中国大运河河北段遗产保护规划》经国家文物局同意并由河北省人民政府批准公布实施，捷地分洪闸设施被列入世界文化遗产预备名单。

（十）泊头清真寺

地点：沧州市泊头市清真街南端

年代：明

泊头清真寺，位于沧州市泊头市清真街南端，运河西岸，是一座木质结构古建筑群，为全国重点文物保护单位。（见图 3-10）

图 3-10　泊头清真寺

相传元朝末年，丞相脱脱之子率船队运载建筑元大都的建材由南方沿运河北上，当船队行至泊头时，元朝政权已被推翻，押运船队的元朝士兵、工匠等无家可归，便在泊头住了下来，并遵从明政府的命令，指"石"为姓，沿袭汉姓。明代永乐二年（1404 年），其后人与当地穆斯林一起，把运载的石材、木材用于修建清真寺。这座清真寺历经明万历年间的修缮、崇祯年间的扩建，以及清康熙、嘉庆、光绪年间的重修，逐渐形成了今天的宏大规模。

泊头清真寺是泊头当地穆斯林进行宗教活动的主要场所，作为建筑主体的大殿可供 1600 人同时进行礼拜活动。寺院建筑规模宏大，楼台殿阁配置齐全，有着鲜明的明清宫廷式庭院风格，还体现了一些官署衙门的特点，如有上马石、下马石等，为一般同类建筑所无。寺内存有清康熙四十一年（1702 年）重修时的匾额，乾隆四十九年（1784 年）的"清真寺恩功记"碑，另有光绪三十四年（1908 年）、1930 年重修的砖刻。

泊头清真寺坐西朝东，是一座木质结构古建筑群，既有阿拉伯风格，又有中国明清建筑特点。该寺占地面积 15000 平方米，房屋近 200 间，建筑面积 5000 多平方米，主殿建筑面积 1595 平方米，采用卷棚式建筑形式，中间高、前后低，殿内被金丝楠木的柱子分割成不同的空间，北配殿陈列百鸟松条几。主体建筑为三进庭院，坐落在东西向中轴线上。三进庭院分为前院、中院和大殿，前院有南北义学堂，中院为南北配殿，大殿有南北讲堂。三进院分设正步、正冠和静步三块石头。寺内角亭对立，重重院落相套，横向配以门道、石桥；正门门楼阔三间，高 10 米，单檐歇山，古棚出厦，琉璃瓦顶，朱门铜饰，门楣楷书"化肇无极"，"清真寺"黑底金字悬于上方，另两侧各有便门一个，继之青砖布瓦、雕花围墙，门脸建筑颇有气势。寺内另有清真女寺一座，独门独院。

泊头清真寺是华北地区占地面积和建筑规模较大且配置齐全的建筑群，风格独特，既有阿拉伯风格，又有中国建筑特点，集建筑、雕刻、彩绘、书法等技艺于一体，具有重要的历史价值和艺术价值。1982 年 7 月，泊头清真寺被河北省人民政府列为省级重点文物保护单位；2001 年 6 月，泊头清真寺被国务院列为全国重点文物保护单位。

（十一）连镇谢家坝遗址

地点：沧州市东光县连镇

年代：清末民初

连镇谢家坝位于东光县连镇运河五街、六街交界处，南运河东岸。南运河河北段多弯道，致使险工险段众多，连镇谢家坝为险段之一，历史上洪水曾多次在此处决口。清朝末年，当时连镇乡绅谢家捐资从南方购进大量糯米，组织人力用糯米熬粥加灰土与泥土混合筑堤，故名"谢家坝"。（见图 3-11）2006 年 5 月，连镇谢家坝被国务院批准列入全国重点文物保护单位名单。2014 年 6 月 22 日，通过第 38 届世界遗产委员会会议，我国大运河被正式列入世界文化遗产，连镇谢家坝为大运河遗产点之一。

图 3-11　连镇谢家坝遗址

谢家坝为南运河河北段仅存的两处夯土坝之一，站在运河河道内，长 218米、高 5 米、厚 3.6 米的谢家坝，给人一股坚不可摧的雄伟气势。谢家坝，也被称为糯米大坝，它的坝体是由灰土加糯米浆逐层夯筑而成，夯土以下为毛石垫层，毛石垫层下面的地基要打入柏木桩，使大坝牢牢抓住大地。堤坝整体稳定性好，筑成后，再没有出现决堤状况，沿用至今。在运河水势震天的年代，谢家坝对防御洪水起到了重要作用，保护了沿岸居民的生命财产安全。大坝是人民群众智慧的结晶，是中国考古的一个重大发现，再现了中国近代在漕运水利设施中夯筑的先进工艺。大坝主体修缮完工，坝体平整、光洁，新修部分与传统修筑工艺保持了高度一致，新旧坝体风格统一。

距离谢家坝不远处，是新建成开馆的谢家坝水工智慧博物馆。馆中一张谢家坝坝体剖面图，清晰展示了大坝的内部构造。谢家坝一带，地处运河急弯险段，水流湍急，历史上曾多次决口，但自从清末修筑谢家坝后，这一河段再也没有出现决堤。

（十二）东光码头遗址与沉船点

地点：沧州市东光县连镇码头桥北侧

年代：北宋

沧州段运河 215 千米，自东汉末年曹操始开，到隋代炀帝扩挖，再到元代被京杭运河收纳，直至明清时期兴盛，如此大的长度和时间跨度，长眠于这几百里河道内的船只数量不少。2006 年，进行河北省运河文物资源调查时，在沧州段运河内共发现沉船点 27 处，均在现河道内，多数是运输瓷器、食盐、油、粮食等的载重货船。年代从宋、金延续到民国，其中元、明两个时期的较多，证明元代以后这段运河河道基本上没有大的变动。

1998 年 6 月，东光镇码头村运河段发现宋代沉船。经沧州市文管处与东光县文保所对宋代沉船进行抢救性挖掘，共出土文物百余件。在提取文物后，对船体进行了就地掩埋保护。经对挖掘的出土文物进行鉴定，此船为北宋政和年间的码头运输船。此船出土时船底完好，船帮已残，船长 10 米，宽 3

米。在此船被发现之前，北宋古船在河北从无出土记录。船内出土了大批成莴的磁州窑白釉划荷花、梳篦纹大碗，另外还发现磁州窑缸胎大盆四件、白釉器盖四件、铁锅一件、石锚一件、压舱石一件和 75 枚北宋时期的钱币。在古沉船的发掘中，遗址各地层出土有多个窑口的瓷器和标本、红陶擂钵、金代铁权、元代铜权、骨刷柄、铁钩、铁刀等遗物。随着东光码头宋代古沉船的挖掘，出土了大量一、二、三级文物，这些出土文物不但具有很高的文物研究价值，而且是东光悠久历史文化的写照。

沧州市东光县码头村原是运河漕运古码头、商品集散地。诗句"官船贾舶纷纷过，击鼓鸣锣处处闻""城中烟火千家集，江上帆樯万斛来"，形象地描写了大运河上千帆竞渡的繁忙情景。东光码头村沉船遗址已被列入大运河重点文物保护项目。沉没的商船，载着历史的积淀和千年运河的漕运"密码"，深深地埋藏于此。

三、衡水

（一）封氏墓群

地点：衡水市景县

年代：北魏—隋

封氏墓群，又名封家坟，俗称"十八乱冢"，位于衡水市景县前村乡后屯村北一带。（见图 3-12）现墓群保存有封土的有 15 座，最大者高约 7 米，墓群占地面积 2000 余亩。1961 年，国务院公布封氏墓群为第一批全国重点文物保护单位。

墓地原有封土墓 18 座，现存 16 座，曾出土铜器、青瓷器、彩绘陶俑、墓志等文物 300 多件。墓志有北魏正光二年（521 年）、北齐河清四年（565 年）、隋开皇三年（583 年）和隋开皇九年（589 年）等 5 合。墓主人分别为封魔奴、封延之、封延之妻崔氏、封子绘、封子绘之妻王氏，均为死后归葬原籍族氏茔地。

图 3-12 景县封氏墓群

出土的青瓷器中，四件仰覆莲花尊，最高的达 40 厘米，造型优美，纹饰华丽。胎浅灰，含三氧化二铝和氧化钛较高，釉匀实，近艾叶色，开片细而不鲜，与南方青瓷明显不同，有人认为是北方青瓷的代表作。出土陶俑的衣冠，具有鲜卑族和汉族衣冠样式的特点。其中，文吏俑的巾帻与汉代的不同之处是帻后加高，中呈平型，体积逐渐缩小至顶，时称"平上帻"或"小冠"，上下兼用，南北流行，反映了北魏拓跋鲜卑汉化前后衣冠制度的变化。

景县封氏是南北朝时期北方的名门望族之一，极盛时期在北魏，上可追溯至后汉及魏晋，下延续到北齐、隋和唐。据《魏书》《北齐书》《北史》《隋书》《新唐书》宰相系表和《景县志》记载，见于史传的，有官位者就有六七十人之多。南北朝时期注重门第门阀，景县的封氏是当时的名门望族之一，其官位之高、人数之多，在当时也是少有的。

这里埋葬的封氏族人，最晚的是隋代。那么唐代以后的封氏人物是否也长眠在这里呢？封氏墓群俗称"十八乱冢"，而这里不止 18 座古墓，其他古墓因年代久远无法辨识，它们的主人又是谁呢？他们又有着怎样的地位和身份呢？我们期待在不久的将来，随着考古工作的新发现、新进展，这片沉睡了一千多年的古墓群将以新的面容和姿态出现在世人面前。

（二）北齐高氏墓

地点：衡水市景县

年代：北朝—隋

北齐高氏墓群，位于衡水市景县城南约 15 千米的王瞳镇、杜桥乡一带，被当地人称为"高氏祖坟"或"皇姑陵"，是北朝时期的望族渤海高氏族墓，为全国重点文物保护单位。（见图 3-13）

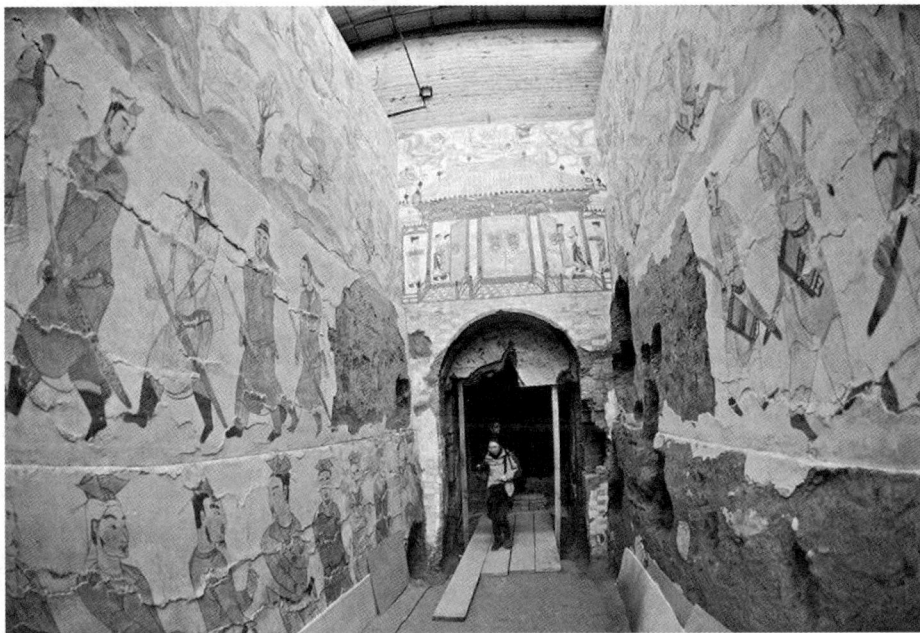

图 3-13　景县高氏墓群内部

1973 年 4 月，当地村民在耕地中发现古墓葬，河北省博物馆和文管处立即派人调查，发掘高六奇（北齐雍州刺史高长命之子）墓，并收集到出土文物多件（有墓志二方），证实了这一批墓葬确系南北朝时期渤海高氏族墓，便将有封土的墓葬做了统一编号，加以保护。墓群南向砖室墓，砌法基本相同，形状大小不一，葬式不同，有的较为罕见。

一为东魏天平四年（537 年）高雅夫妇及子女合葬墓，编号为 M13，由主室、后室和东室构成。墓前有仿地面建筑的墓门，顶部楞砖起脊，下砌飞檐，墓内共有尸骨四具。高雅，字兴贤，北魏末年官至定州抚军府长史，死于北魏熙平三年（518 年），东魏天平四年追赠散骑常侍、冀州刺史，"诏书"改葬。这是一座按封建礼制埋葬的标准的贵族墓，该墓出土的器物最多，也最珍贵，共有 115 件，制作精细，造型优美，而且排列有序、组合清楚。

二为东魏武定五年（548 年）高长命墓，编号为 M1。这座墓破坏严重，器物仅存陶、瓷两种，无一完整。棺木劈成碎块，尸骨全无，墓志砸碎，仅存"大魏□故"两个半字。前后室间的甬道和过门，墓门甬道和里外层封门砖均被拆除或捣毁，室内壁画全被铲掉。这座墓很可能是在死者入葬后不久即被捣毁，从墓的位置和残存器物来看，推测为北齐雍州刺史高长命的墓。该墓可复原的不及十分之一的陶瓷器碎片中，应有陶俑和动物模型等 80 多件。

景县北齐高氏，是当时北方的名门望族之一，在历史上繁衍年代久远，上起于后汉，下至隋唐。在《晋书》《三国志·魏书》《北史》《魏书》《北齐书》《隋书》《新唐书》等史书的记载中，景县高氏位高权重。北魏至北齐年间，高氏发展到鼎盛时期，因为此时的高氏不仅是望族，而且成了皇族。在高欢及其子高澄、高洋等人从北魏做官到灭魏建齐的过程中，景县高氏兄弟立下了汗马功劳。于是，高欢父子对高氏兄弟大加封赏，仅见于史传有官位的就有 100 多人，其中封王拜相的有 30 多人。

（三）开福寺舍利塔

地点：衡水市景县

年代：北宋

开福寺舍利塔原名"释迦文舍利宝塔"，俗称"景州塔"，为全国重点文物保护单位。（见图 3-14）

图 3-14　景县开福寺舍利塔

　　开福寺舍利塔位于衡水市景县县城西北角，是开福寺的主要建筑之一。开福寺舍利塔相传始建于北魏时期（386—534 年），以后历代均加以修缮。寺院中原有的无梁殿、千佛殿等建筑在"文化大革命"中已毁，仅存此塔，属于宋代建筑特色风格。千年古塔，备经风雨。齐、隋重修后，宋、金、明、清、民国都有所修葺。舍利宝塔，高大挺拔，建筑精美，深受历代游人赞赏，多有登临赋诗者。清乾隆十三年（1748 年），乾隆帝曾到此游览，留诗二首。

　　从现存的建筑特点、艺术造型和砖石结构等情况分析，此塔应为北宋时期建筑。该塔建于北宋元丰三年（1080 年），是一座大型砖塔，呈八面棱锥形，共 13 层，结构 12 层（外观 13 层檐），二层下施平座。总高 63.85 米，底层周长 50.5 米，楼占地 316 平方米，总建筑面积 1500 平方米。塔顶装有铜铸葫芦，高 2.05 米，葫芦下有铁刹网罩托，高 3.3 米。刹网与洞户被天风鼓荡，作水涛声，故有古塔风涛之说。

　　其建筑结构形式——八角筒体结构为抗震研究及现代建筑结构造型提供

了重要实物资料，侧面反映出当时的科技发展水平。景州塔与同时期河北省境内的定州料敌塔（建于宋真宗咸平四年至仁宗至和二年，1001—1055 年）均为现存宋代重要的高层塔建筑，其平面布局、建筑形式对研究宋代建筑特色有着重要意义。

开福寺舍利塔建筑年代久远，历经千年风雨沧桑，无数次大小地震、水灾考验，至今仍矗立在华北平原。明代沈德符《万历野获编》一书写道："今北方谚语云：'沧州狮子景州塔，真定府里大菩萨。'为畿南三壮观。"明清以来，民间素有"沧州狮子、景州塔、正定府的大菩萨"之称，三者并列为河北三大名胜古迹，在国内外享有盛誉。

(四) 华家口夯土险工

地点：衡水市景县安陵镇华家口村

年代：清

图 3-15　华家口夯土险工

华家口夯土险工位于衡水市景县安陵镇华家口村东，属于景县安陵镇华家口村，对面属于吴桥县。这个地方俗称华家口夯土坝，文物部门的专业称呼为"华家口夯土险工"。（见图 3-15）大运河许多部分都是利用自然河道疏凿而成的，设计较多弯道，是为了延长运河长度以解决水位落差问题。不过水流在弯道转弯处冲击力过大，极易造成弯道处决口，华家口段就是弯道易决口段。大运河华家口段历史上曾多次决口，仅在晚清时期载入县志的就有两次。

为解决该问题，清宣统三年（1911 年），时任知县王为仁主持修建了华家口夯土险工。自修成后，大运河华家口段再没有决堤记录，沿用至今已有 111 年。该险工全长 255 米，呈梯形，南北走向，顶宽 13 米，全段高程 5.8～6.7 米不等，平均收分 20%，堤内坡采用黄土、白灰加糯米浆夯筑成坝墙，坝墙每步宽 1.8 米，厚 18 厘米，分步夯筑，底部采用坝基抗滑木桩施工工艺，外坡与顶部为素土夯实而成。该险工为研究清代夯筑防水技术和运河堤岸防护发展史提供了实物资料，但是由于年代久远，多年来受河水、雨水、风力侵蚀、冻融风化以及堤顶过往载重车辆震轧，乃至地震等多种因素影响，坝体失去内聚力，出现剥落、疏松、不均匀沉降、内坡下滑等现象，使坝体本身损伤较重。

2009 年，华家口夯土险工被列入中国大运河申报世界文化遗产预备名单；2013 年 9 月，华家口夯土坝申遗点顺利通过国际专家组现场考察评估；2014 年 6 月 22 日，中国大运河被联合国教科文组织列入世界文化遗产名录，成为我国第 46 项世界文化遗产。随着大运河申报世界文化遗产成功，华家口夯土坝作为河北省仅有的两个夯筑坝之一，入选了申遗文化点，越来越受到人们的关注，许多旅游爱好者慕名前来参观游玩。

（五）庆林寺塔

地点：衡水市故城县

年代：北宋

庆林寺塔，又名饶阳店塔，位于衡水市故城县城西南 12 千米处的饶阳店镇，始建于北宋，为全国重点文物保护单位。（见图 3-16）

庆林寺塔原属庆林寺古建筑群的一部分，亦称饶阳店塔。庆林寺塔始建于北宋，明嘉靖年间重修。1976 年，对庆林寺塔进行修缮。2011 年，经国家文物管理部门批准，庆林寺塔正式大修。

庆林寺塔坐南朝北，平面八角形，下为塔座，塔身高 6 层，为楼阁式砖塔，总高 35.67 米。外壁除四正面辟券门外，四斜面砌筑盲窗；券门除第六层的四面可出入外，其余各层均设有假门；各层墙体上部转角处仿做圆柱，柱间施阑额，柱上为普

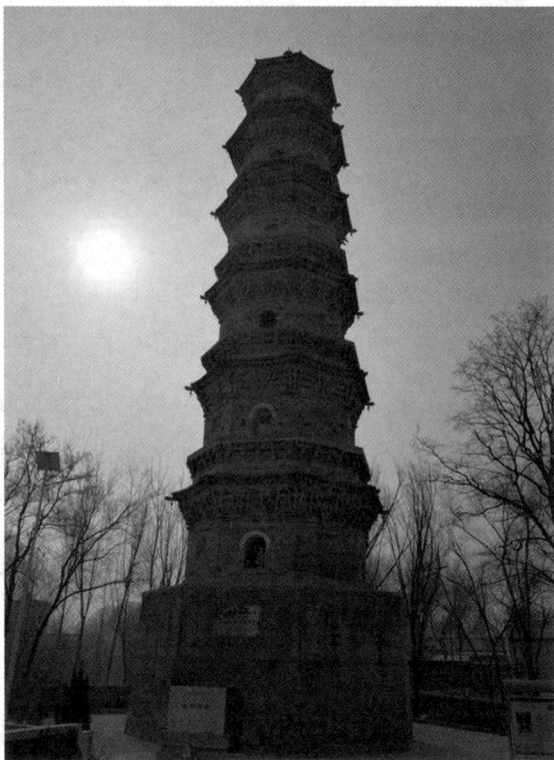

图 3-16　故城庆林寺塔

柏枋、铺作和撩檐槫及椽飞，椽飞之上用砖叠涩成顶，其上为平座斗拱。塔内部结构为穿壁绕心室转折而上楼阁式。墙体的上部砌出八角形叠涩顶，刹柱穿过叠涩顶直到刹顶。塔刹为铁制，由覆钵、相轮、宝珠组成。庆林寺塔一层东面墙上的佛龛内有泥塑的须弥山和佛像，佛像整体造型保存尚好。庆林寺塔墙壁上的盲窗保存完好，装饰式样多达 24 种，其中较具代表性的有球钱纹、菱花索子纹及方子菱叶纹，还有龟背纹、万字不到头、方格套花心等多种式样。

明嘉靖年间，邑人侍郎王士嘉古塔诗云："浮屠何代建，峭拔入云端。绝顶登临处，摩挲星斗寒。"民国修撰的山东《武城县志》有载："古塔高七层，

其制甚古，创始无考，在城北三十里有市曰饶阳店。"[1]

（六）故城段河道唐代古井

地点：衡水市故城县

年代：唐

衡水市故城县文物部门在进行大运河文物普查时，在武官寨镇周楼村东大运河河道正中央发现一口唐代古井。古井直径约 1.5 米，井壁完整，有 8 层井砖露出水面，井口处井砖有被掀去几层的痕迹，一些完整和不完整的井砖散落在井口周围，经常提水的一侧井壁上缘经年累月被井绳勒得稍微外倾。古井的灰色井砖宽度较窄，呈微弧形，属于专门烧制的井砖，垒砌起来形成规则的圆形井壁。从砖的厚度、密度、大小判断，古井属于唐代早期，一侧井壁稍微外倾，说明古人曾在这口井周围生活了很久。

在古井周围，文保所工作人员还发现了一些大型的城墙砖、碎陶片，由此推断此处曾经有村庄或城镇。村庄或城镇废弃后，大运河改道流经此地，淹没了古井。神奇的是，此段运河常年断流干涸，古井中竟还有水以及小鱼、泥鳅等。古井虽位于大运河河道正中央，经运河流淌数百年，竟然没有被泥沙淤满。该古井的发现，印证了京杭大运河在隋唐之后取直改道的历史，也为研究这一区域古代村庄或城镇的历史变迁提供了准确的地理信息和实物资料。

（七）河北省南运河：沧州—衡水段

地点：沧州、衡水

年代：自隋代开凿至明清

南运河，中国隋唐南北大运河和元代京杭大运河的重要组成部分，隋、唐称永济渠，宋、元称御河，明、清称卫河，南接卫运河、鲁运河，原以山

---

[1] 山东省武城县地方史志编纂委员会：《武城县志》，方志出版社 1986 年版，第 1417 页。

东临清为南起点，天津市海河三岔河口为北终点，与北运河相接，全长 436 千米。1950 年扩建德州四女寺枢纽，开挖独流减河，把南运河截断后，南运河南起于四女寺节制闸，东北流经山东省德州市和河北省衡水、沧州地区（见图 3-17），至静海区十一堡与子牙河汇合止，全长 309 千米（以下被独流截断），至天津市金刚桥（三岔河口）为止，全长 349 千米。

图 3-17　南运河流经沧州城区段

现代水利上，南运河划分为海河流域漳卫南运河水系的最下端干流，是海河水系中最长的一条河，主要由漳河及卫河两大支流组成。以漳河中的浊漳河南源为源，流经山西、河北、河南、山东、天津五省（直辖市），至天津市金钢桥（三岔河口）附近注入海河。据《海河志》《天津通志》记载，南运河全长 959 千米，流域面积 37584 平方千米；据 2003 版《漳卫南运河志》记载，其全长为 972.3 千米；之后 2013 版《漳卫南运河志》则记载为 1050 千米，流域面积 37700 平方千米。

南运河自隋代开凿至明清，始终是国家的交通命脉，明清两代每年都有约 400 万石漕粮经沧州运至北京。此外，还有大量瓷器、盐、煤等货物靠运河水路运输。漕运的繁忙和南北物资的融汇促进了沿河德州、沧州、吴桥、泊头、天津等城市经济的繁荣，出现了大小不等的码头、摆渡。1978 年，由于缺乏水源，南运河航运全线中断，成为海河流域南部的排水河道及引水通道。后来的引黄入津、引岳入津工程都是通过此河道来完成南水北调任务的。

四、邢台

（一）大运河油坊码头和朱唐口险工

地点：邢台市清河县

年代：明

位于邢台市清河县的油坊码头，为全国重点文物保护单位。（见图 3-18）

图 3-18　清河县油坊码头

据史料记载，明弘治年间始在清河县境内设立码头，码头就设在清河通往山东夏津、高唐（当时均为清河郡属县）的交通要道处——油坊镇。历史上，流经清河境内的大运河包括 29 千米长的隋唐大运河和 18.89 千米长的京杭大运河。两河段对清河的重要贡献之一便是兴起了一座油坊码头，码头位于清河县城东南 15 千米处京杭大运河卫运河左岸，南北总长 933.8 米，高

10.2 米，由青砖砌筑，将一侧的油坊古镇与卫运河连接起来。

明永乐时，村民王充德在村南开设油坊榨油为生，之后有李姓族人迁此定居，发展成村，油坊遂成村名。明朝中期后，随着卫运河航运的发展，油坊因其位置处于水陆要道、商贾云集而被称为油坊集。清朝中期，油坊集改称油坊镇，成为清河商埠重镇。管河县丞、管河营汛驻油坊负责运河相关的事务。

油坊村年逾七旬的王姓老者回忆，据家中老人口耳相传，在明代至民国初年，清河油坊镇码头，舟来船往，商贾云集。白天桅帆不绝，夜间渔火闪烁，运输十分繁忙，密密麻麻的帆船把煤炭、食盐、粮食、百货日杂等运到这里，待休息整顿一番，再将货物运往其他地方。可见从明清至民国时期，油坊码头凭借南通北达的卫运河优势，成为大运河上较有名气的水陆码头、物资集散交流中心。它是河北清河、威县、南宫、故城以及山东高唐、夏津、武城等地的商品集散地，被人们誉为"清河县的小上海"。

油坊码头是明代因运河而兴的集镇水运码头，虽然历经岁月洗礼而留下斑驳痕迹，但是依旧屹立于原地，具有使用时间长、功能完备（码头设置按运输的对象区分，互不影响）等特点。现存码头保存完好，材质以青砖为主，辅以干砌石、浆砌石以及少量青石块和白灰。2014 年，清河县对油坊码头进行了保护修缮和环境治理。目前，油坊码头共存 6 处遗址，由北向南依次是煤炭码头、百货果品码头、粮食码头、运盐码头、渡口码头、客运码头。油坊码头也成为中国大运河北方段仅存的砖砌码头群。

历经数百年，油坊码头因废弃时间较长，被河道内淤土掩埋，某些部位残损，遗产主体个别部位有裂缝及酥碱现象。为保护和展示这一重要的运河文化遗产，依据国家文物局方案，2014 年 8 月，油坊码头维修保护展示工程开工，修缮内容为码头以及险工本体修缮保护、防护及环境治理。经过修缮，原有的码头和险工逐步被还原。下一阶段，将处理好保护展示与河道功能的关系，在保护遗产价值、体现历史风貌的前提下，结合本段运河输水、行洪等功用，做出全面展示方案。

朱唐口险工位于清河县朱唐口村村北，自清末建成后到 20 世纪 90 年代，曾经多次修缮。险工长 961 米，材质分别为抛石坝、干砌石及浆砌石坝、井柱网格坝、青砖砌三合土坝，代表了不同时期险工的不同做法，从侧面反映了对大运河堤防治理在科学技术上的不断改进。历史上，清河是一个有名的码头，商贸繁荣，但由于紧靠运河，亦受河堤决口带来的水患苦恼。根据民国《清河县志》《清河水利志》等历史资料统计，在清河最繁荣的隋唐时期，清河发生水灾 15 次；两宋时期，运河决堤 6 次，每一次都可谓灭顶之灾，连清河郡城池也被水淹没；随后的元、明、清至 1963 年，河道决口 40 多次。为了预防水患灾害的发生，河岸两旁建起了很多险工，险工工艺是经常受水流冲击、容易贴溜出险的堤段常见的工程设施。有史书记载，清光绪年间，运河清河段河堤险处很多，当时计入的险工有 10 处，总长 300 多丈。而在诸多的险工设施中，朱唐口险工则是颇具代表性的一处。目前，朱唐口险工已被确定为全国重点文物保护单位。

（二）贝州故城遗址

地点：邢台市清河县

年代：北宋

贝州故城遗址位于邢台市清河县城关村，为宋代古城遗址，为全国重点文物保护单位。（见图 3-19）贝州历史悠久，古时因富庶而有"天下北库"之称，历史名人窦太后、王则、崔浩等均与贝州渊源颇深。

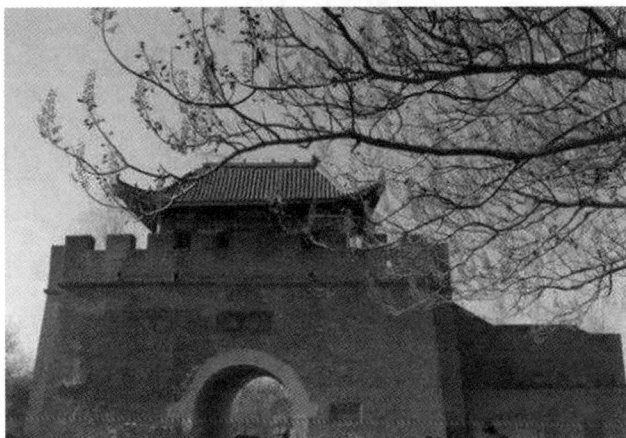

图 3-19　清河县贝州故城遗址

贝州故城遗址，据旧志载，系宋元祐六年（1091 年）监官赵荐之重修。在邢台市清河县城东、城西村周围，为夯土筑成。城址南北长 1.2 千米，东西长 2 千米。城池呈长方形，至今城垣断续可见。在贝州故城的北城尚存城垣 500 余米，城墙高处达 6 米；西北城脚尚存 200 米，城墙高 4 米余；西南城脚尚存 200 米，城墙高 5 米余。

贝州晚霞作为古清河著名风景——清河八景之一，明清以来一直是文人墨客的咏赞对象。吴江的《五律·贝州晚霞》云："贝锦无停织，山山唯落晖。月花连画色，霞彩映江飞。薜荔摇青气，楼台隐翠微。晚晴风过竹，难犬亦忘归。"吴江的《七律·贝州晚霞》云："五色霞蒸半壁妍，贝州晚眺画图悬。锦团雉堞浓分翠，绮散绲堤淡接烟。孤鹜遥飞官道外，群鸦乱噪女墙边。绕郭风光游不倦，斜阳满树雨余天……"杨一峰的《七绝·贝州晚霞》云："一抹斜阳散晚霞，贝州曾号帝王家。莫非误入桃源路，胡为红云面面遮。"杨一峰的《七律·贝州晚霞》云："今是清河古贝州，无边晚景望中收。茫茫白水环城郭，片片红霞照戍楼。也伴黄云铺陌上，从教紫气缀山头。鱼鳞雉堞遥相望，十色五光远近浮。"①

（三）临清古城遗址

地点：邢台市临西县

年代：北魏—金

临清古城遗址位于邢台市临西县县城东南的仓上村东，为全国重点文物保护单位。（见图 3-20）

古城遗址呈长方形，南北长 3 千米，东西宽 1.5 千米，占地面积 4.5 平方千米。北城墙、北城门遗址犹存。城内主要建筑有古县衙、钟鼓楼、文庙、奶奶庙、净域寺等，以及多座汉代至北宋末年的古墓。古城出土有大量瓷片，包括宋代六大瓷系、五大名窑中的大部分瓷器。

---

①戴汝香：《清河县志》，光绪九年（1883 年）影印本，成文出版社，第 1358 页。

图 3-20　临西县临清古城遗址

临清古城遗址为后赵、北魏至金代的"临清故城"，因居于汉屯氏别河之东西而分"水东临清"和"水西临清"。后赵时期，改清渊县为临清县（临清之名始于此），建城于今临西县仓上村东卧牛坑内，史称"水东临清"；北魏年间又建临清城于今临西县仓上村南北月洼中，史称"水西临清"。隋代开挖的大运河永济渠段穿县西门而过。唐代，古县分赤、畿、望、紧、上、中、下七级，时临清县（治今临西仓上）为望县，乃贝州最大的古县，依临清南部而建的永济城（治今北馆陶镇，原临清张桥店，详情见于《旧唐书》）与清河县同为紧县。时临清县有唐代最大的正仓，素有"国之北库"之美誉。宋代大水，临清县入宗城县为镇，永济县被废并入馆陶县，一年后临清县复设，永济县一部分寻隶临清，馆陶县将古城由东古城镇迁往临清张桥店原永济县古城（今山东冠县北馆陶镇）。金代，临清城被毁，运河由临清尖冢（今临西尖冢）改道卫运河。金天会年间，临清古城由仓集镇（今临西仓上）迁往曹仁镇（今临清市旧县村）。

1956 年，清平县撤销，除旧城区划入高唐县成立清平镇，其余划入临清县即今临清市康庄镇、金郝庄镇、松林镇、老赵庄镇、戴湾镇等。1964 年，卫运河发大水。1965 年，临清县卫运河西岸的童村（今临西县城，原临清故城仓集镇）、下堡寺镇、吕寨镇、尖冢镇、城关区在卫运河西岸的西城区（今临西县河西镇）等划入河北邢台专区，成立临西县，意为临清河西。同时，将馆陶县卫运河东岸的烟店、八岔路、潘庄，今临清唐元大部划入临清市。临清市保留了临清的建置，但今临清市是原临清在卫运河东岸的城区和大辛庄与清平县及馆陶县的乡镇东拼西凑而来，临西县则保留了临清县的主体。临西县成立后，县城初设河西街（临清在卫运河西岸城门内的老街巷），于1970年迁至童村（今临西县城，原临清故城仓集镇所在地）。此临清古城遗址系临清故城，隋唐大运河故道沿岸的临清古城遗址。

（四）陈窑村官窑遗址

地点：邢台市临西县

年代：明

在邢台临西县东北部，有一村庄因陈家官窑而得名"陈窑村"。陈窑村东临卫运河，依所处的地理优势和特有的"莲花土"，是明清两代陈家官窑的所在地。明嘉靖年间，陈氏始祖陈清与李姓人家分别在此立窑，建窑数座。因这一带是莲花土，烧出的砖不蚀不碱，敲起来有悦耳的铜音，所以每年向京城进贡御砖，修建宫殿。由于卫运河漕运方便，卫运河沿岸临清一带窑业很受皇室器重，立为官窑。陈、李两姓以烧窑为业，之后人丁繁衍，形成村庄。由于陈姓居多，取村名陈家窑，简称陈窑。（见图3-21）今勘测发现明清时期旧窑址20余座，陈窑村烧造贡砖的事实得到有力佐证。

明中叶以后，临西所产的砖成为建筑皇宫的主要用材，称为"贡砖"。将贡砖砖窑设在该地有着区域性地理优势，临西傍临运河，运输方便，砖成可就漕搭解运往京师。临西的土质也很特别，由于黄河的多次冲击，临西很多地方的土往下挖一米多深后，就会发现红、白、黄相间的"莲花土"。这种"莲花土"无杂质，沙黏适宜，烧成的砖击之有声、断之无孔、坚硬茁实、不碱不蚀。

如今，临西的贡砖烧制技艺被列为市级非物质文化遗产，贡砖在传承人陈建磊的手中"复活"，并在国内多处古建维修中投入使用。现在北京故宫、天坛、地坛、日坛、月坛、各城门楼、钟鼓楼、文庙、国子监及各王府修建中所用的临西贡砖比比皆是，一些皇家陵园建筑中所用的"寿工砖"也由临西烧造。此外，南京中华门城墙、南京玄武桥、曲阜孔庙、德州减水坝、张秋镇荆门、阿城、七级闸坝等处也相继发现临西贡砖，这些砖至今不碱不蚀，敲击有声。

图 3-21　临西县陈窑村官窑遗址

（五）八里圈清真寺

地点：邢台市临西县

年代：明清

邢台市临西县东枣园乡八里圈村起源于明朝正德年间，回族王姓兄弟二人由山西洪洞县迁来，因运河繁盛而靠卫运河湾落居，以种菜谋生，逐渐形成村落。八里圈清真寺，是该村的标志性建筑，明清时期修建，至今已有近600年的历史，是邢台市较为古老且保护完整的古寺，也是冀东、鲁西一带著名的清真寺之一。（见图 3-22）

八里圈清真寺始建于明宣德年间（1426—1435），中殿建于嘉靖年间，清道光年间增建抱厦，清代末年增建后大殿。建筑风格糅合了明清时期木结构建筑特色与伊斯兰教建筑特色，象征着民族文化交流共荣的风貌。寺内建筑坐西朝东，自东往西依次为寺门、古棚出厦、前大殿、后殿、拱窑式殿。原占地规模较大，后被民房所占，现南北、东西各长 57.5 米，面积 3305 平方米。主建筑西大殿面积 360 余平方米，四周建有南北讲堂及对厅、沐浴室共计 21 间。寺顶为束腰仰莲火焰宝珠式，屋面皆为青色瓦垄、瓦当和滴水。后大殿的斗拱木建筑及大殿两侧的雕刻技艺精湛，代表了古代建筑工艺的较高水平，这使得八里圈清真寺成为研究明清时期建筑艺术、宗教历史和大运河史的珍贵实物资料。2008 年，八里圈清真寺被公布为第五批省级重点文物保护单位。

图 3-22　临西县八里圈清真寺

五、邯郸

（一）赵邯郸故城

地点：邯郸市

年代：战国

赵邯郸故城，又称赵邯郸故城遗址，是战国时期赵国国都邯郸古城遗址，

位于邯郸市区及其西南郊，是已知中国保存最为完好的唯一战国古城址，为第一批全国重点文物保护单位。（见图3-23）

图3-23　赵邯郸故城遗址

赵邯郸故城兴起于春秋时期，赵敬侯迁都邯郸后（前386年）加以扩建，是赵都的主要组成部分，也是战国后期黄河以北人口众多、商业繁荣的著名大都会之一。邯郸作为赵国国都，历经八代王侯，延续时间长达158年。至秦王政十九年（前228年），赵国为秦国所破，邯郸城遂被秦国所占。汉朝建立之初，邯郸城被赐为赵王刘如意的都城，汉以后逐步衰落。

故城遗址包括赵王城及大北城遗址两部分，总面积约1888万平方米，两地相距60余米。赵王城为赵都宫城遗址，分东、西、北三城，平面呈"品"字形。城内地面上有布局严整的龙台、南北将台等夯土台，地下有面积宽广的夯土基址，显示了中国封建社会初期都市建筑的基本面貌。大北城为当时的商业、手工业作坊区和居民区，已出土发现了作坊、炼铁、陶窑遗址。赵王城的建筑布局，奠定了中国封建社会初期都城建筑讲究对称的基本格局，对后世都城建筑风格产生了重要影响。

在曾经的岁月里，赵王城扮演了春秋战国时期的重要角色，奠定了邯郸成为秦汉时期中国五大都市的物质基础。赵王城里曾经上演过众多流传千古的故事，例如：赵武灵王力排众议，大刀阔斧地进行胡服骑射的改革；文臣蔺相如不辱使命，完璧归赵；武将廉颇攻城野战，所向披靡……此外，毛遂自荐、联楚抗秦、围魏救赵、邯郸学步、将相和等历史典故也都发生在这里。

这座古城遗址，经历了两千多年，仍雄伟壮观，它对于研究中国封建社会初期都城布局和建筑艺术具有重要的价值。2005 年，其被国家文物局列入全国 100 个大遗址保护名录。2006 年，邯郸市以赵王城为依托，开始修建赵王城遗址公园，但是大北城遗址已经全部埋在市区地面以下 4～9 米的深处，无法开发，而城郭遗存于地表的遗迹处修建了赵苑公园。2021 年 10 月，赵邯郸故城（含赵王陵）入选国家文物局《大遗址保护利用"十四五"专项规划》""十四五'时期大遗址"名单；2021 年 12 月，入选"河北百年百项重要考古发现"名单。

（二）邺城遗址

地点：邯郸市临漳县

年代：曹魏—北齐

邺城遗址位于河北省邯郸市临漳县，是曹魏、后赵、冉魏、前燕、东魏、北齐都城遗址，为全国重点文物保护单位。（见图3-24）

邺城由南北二城构成。邺北城是建安九年（204 年）曹操封魏王后营建的国都，

图 3-24 邺城遗址

曹丕代汉移都洛阳后，以此为北都。后赵、东魏、北齐相继都邺。承光元年

（577 年），北齐亡，此城衰落。邺南城于东魏元象元年（538 年）依邺北城南墙而建，毁于隋代。

临漳古时称邺，相传为黄帝后裔颛顼帝孙女女修的儿子大邺的封地。春秋时期，齐桓公始筑邺城，距今已有 2700 多年的历史。战国时期，魏文侯将其定为陪都。东汉末年，曹操居邺，兴霸业、筑铜雀三台，为曹魏建立奠定基业。西晋时为避愍帝司马邺讳，将邺城易名"临漳"，因北临漳河而得名。三国两晋南北朝时期，曹魏政权以此为北都；后赵、东魏、北齐相继都邺，居中国北方政治、经济、文化、军事中心长达四个世纪之久，创造了辉煌灿烂的历史文化，享有"三国故地、六朝古都"之美誉。同时，邺城也是西门豹投巫治邺之地、建安文学发祥地、中轴对称都城建设规划肇始之地。东魏北齐时，邺城是中国佛教文化中心，仅邺城周边就有大型寺庙 4000 余座，僧尼 8 万多人。

邺城作为魏晋南北朝时期的六朝古都，在中国城市建筑史上占有辉煌地位，堪称中国城市建筑的典范。全城强调中轴安排，王宫、街道整齐对称，结构严谨，分区明显。这种布局方式承前启后，影响深远。它首次体现了"先规划、后建设"的城市建设理念，在中国城市发展史上占有独特地位，一直是中外历史界的关注点之一。邺城遗址是东亚地区古代都城建设的样本，对后来长安、洛阳、北京城的兴建乃至日本的宫廷建筑都有着很大借鉴和参考价值。

2012 年 1 月，邺城考古队在临漳县北吴庄邺城城墙附近发现了佛造像埋藏坑，挖掘出土 2895 件东魏、北齐石造像及残件，是已知的中华人民共和国成立以来出土最多的佛教造像埋葬坑。这批佛教造像绝大多数是汉白玉造像，少数为青石造像，时代跨越东魏、北齐至唐代初期，无论是数量、规模还是造型都属罕见。北吴庄佛造像为首批修复完成的佛造像的代表文物，其中"龙树背龛"的佛造像精美绝伦，为中国北方佛教史上首次发现。

2012 年 10 月，邺城遗址产业园（邺北城国家考古遗址公园项目）入选 2012 年河北省"十大文化产业项目"，这是邯郸市唯一入选的文化产业项目；

2021 年 10 月，入选国家文物局《大遗址保护利用"十四五"专项规划》"十四五时期'大遗址"名单；2021 年 10 月，入选"百年百大考古发现"名单；2021 年 12 月，入选"河北百年百项重要考古发现"名单。

（三）大名府故城

地点：邯郸市大名县府东街附近

年代：春秋

大名府故城，位于邯郸市大名县城东北，以大街村、御营村、双台村 3 个村为中心，占地面积 36 平方千米，为全国重点文物保护单位。（见图 3-25）大名府故城历经东晋十六国至明朝 9 个朝代，是历代郡、州、府、路、道治所在地。

图 3-25　大名府故城

大名府故城址南北长 3000 米，东西宽 1500 米，内城周长 183 千米，外城周长 243 千米，有罗城、皇城、宫城三重城垣。"东门口、南门口、铁窗口和北门口 4 个村庄为其主要城门。"① 古运河在城东临城而过。大名府故城是具有发掘价值的北宋都城，填补了中国北宋都城考古的空白。

"大名"这个地名是公元前 661 年由春秋时期晋国掌卜大夫卜偃从"魏"字中测解出来的，说它是兴旺强大的吉词。据《左传》《史记·晋世家》记载：晋献公十六年（前 661 年）时，晋献公率领太子申生和官员赵夙、毕万，兴兵灭掉了晋国国境西南方的三个小国，包括名不见经传的小魏国。胜利后，晋献公把这块地方赐予毕万。对此，卜偃做了占卜，结语说："毕万之后必大'万'，盈数也！'魏'，大名也！此是始赏天开之矣……今命之大以从盈数，其必有众。"② 意思是说，万是盈数，魏是大名，这样赏赐是天开其福，今以大名去从盈数，毕万之后必然要兴盛起来，得到众人的拥护。从此，"大名"就成为该地地名，寓意兴旺强大。

历史上的河北大名府，即现河北省大名县，历史悠久，文化灿烂，为历代郡、州、府、路、道治所在地，曾三次为都。春秋时代属卫国，名"五鹿"，是历史上著名的"五鹿城"；战国时期属魏国；秦朝为东郡；汉朝为冀州魏郡；唐德宗建中三年（782 年）改称大名府；宋仁宗庆历二年（1042 年）建陪都，史称"北京"；元、明、清为路、府、道治所在地；清代曾为直隶省第一省会。中华人民共和国成立后，曾建大名市。大名钟灵毓秀，人文荟萃，历史上曾几度繁荣昌盛，誉满中国古今大地。境内现有五礼记碑、狄仁杰祠堂碑、马文操神道碑、朱熹写经碑、万堤古墓群等重点保护文物和宋代大名府遗址、直隶七师校址等名胜古迹，极具旅游开发价值。

①杜献宁、向思蓉、郭严泽：《北宋与明清大名府故城营建演变与成因初探》，《湖南城市学院学报（自然科学版）》，2021 年第 3 卷第 4 期，第 30—34 页。

②司马迁：《史记·晋世家第九》，中华书局 2016 年版，第 277 页。

（四）五礼记碑

地点：邯郸市大名县

年代：唐宋

五礼记碑俗称"五礼碑"，坐落在邯郸市大名县城东 3 千米的石刻博物馆内（原立于大名县大街乡双台村），是全国重点文物保护单位。（见图 3-26）

图 3-26　大名五礼记碑

此碑形体庞大，为石灰石质结构，自下而上，由基石、龟趺、碑身、碑额四个部分累叠而成，通高 11.95 米，宽 3.04 米，厚 1.13 米，重 140.3 吨，据考证为我国现存最高、最大的石碑。

这通碑原是唐碑，是著名书法家柳公权奉唐文宗之命，为魏博节度使何进滔撰写的德政碑，立于唐开成五年（840 年）。北宋大观二年（1108 年），宋徽宗修编《五礼新仪》，诏谕大名府尹梁子美为《五礼新仪》立碑刻记。梁子美为讨好皇上，毁何进滔德政碑，以其石改刻《五礼新仪》。碑首精雕八条巨龙，碑额阳面正中为宋徽宗篆额"御制大观　五礼之记"双行八字，简称"五礼记碑"。碑身两侧为柳公权墨迹，碑阴刻唐"何进滔德政碑"，碑文改刻为"御制五礼记碑文"，因而称"唐宋碑"。梁磨碑时，可能是因碑楼掩盖，两侧柳公权写的字才保留下来。历经千年的侵蚀，我们从这些剩下不多的字迹中，仍可辨出刚劲秀丽的柳体风格。

此前它以唐何进滔德政碑示人，此后则以"御制大观五礼之记"碑的面目出现在公众视野。对照北宋欧阳修和赵明诚记载下的文字，可见时代在它身上的变迁和积淀。这些文化的痕迹亦见于南宋陆游的《老学庵笔记》卷九，其中有这样一段记载："北都有魏博节度使田绪遗爱碑，张弘靖书；何进滔德政碑，柳公权书，皆石刻之杰也。政和中，梁左丞子美为尹，皆毁之，以其石刻新颁五礼新仪。"[①] 与此碑相关的民间传说也有不少，如"书生化碑""龟驮府城""龙珠砸龟"等。五礼记碑的重要历史价值、众多不解之谜及精彩的传说故事，值得后人研究探寻。

（五）大名天主堂

地点：邯郸市大名县

年代：近代

大名天主教堂位于邯郸市大名县城内东街，始建于 1918 年，1921 年 12 月竣工，是河北省现存最雄伟壮丽的圣堂之一，河北省重点文物保护单位。（见图 3-27）

教堂建筑面积约1440 平方米，为钟楼和礼拜堂一体的哥特式

图 3-27　大名天主堂

建筑，平面呈十字形，建筑材料为砖、石、木。钟楼位于整个建筑的北端，楼高 46 米，楼上三面各嵌有一直径 1.42 米的大钟，正门上方 3 米处的神龛内雕刻有圣母抱耶稣玉石像，石像两侧刻有对联曰："欲识其宠请看怀中所

---

① 陆游：《老学庵笔记》，中华书局 2019 年版，第 106 页。

抱，要知厥能试观掌上所持"，横批"宠爱之母保障大名"。

钟楼前有月台，前方两侧建有对称的两个高约 20 米的小陪楼。礼拜堂高约 18.5 米，堂外墙磨砖对缝，堂内砖饰券顶，中间净跨 11 米，38 个墙柱，22 个金柱，窗用彩花玻璃镶嵌，东西壁为苦路"十四处"油画。此教堂为法国天主教会所建，至中华人民共和国成立前夕，这里一直是大名教区的中心和主教所在地。自 1990 年修缮后至今，保存基本完好。大堂里的石膏塑像、石膏浮雕、石头和木头上雕刻的图案、油画、针绣等人物形象传神，图案工整，重笔浓彩，精雕细刻，给人一种神秘、庄重、严肃的感觉。

大名天主堂自 1921 年建成，至今已有百年历史。教堂的主要特点是新颖、精巧，它经历了几次大的地震及战乱的袭击，依然完好无缺，可见其不仅建造精巧壮观，而且布局合理、建筑坚固。

据一些天主教友回忆，当时神甫说，大名县宠爱之母大堂的式样在全国教堂中数二（上海有一座天主教堂，规模比大名天主教堂大）。它为我们研究国外建筑工程和工艺美术，提供了珍贵资料。

第三节　河北大运河物质文化遗产的类型、现状及问题分析

一、遗产类型和现状

河北段大运河物质文化遗产从总量上讲，数量较多，类型较为丰富，但某些重要文化遗产呈缺失、退化状态。

1. 历史文化名城、名镇、名村。大运河河北段沿线有国家级历史文化名城 1 座（邯郸）；省级历史文化名城 1 座（邢台）；无历史文化名镇、名村。

2. 水利水运工程。大运河河北段的水利航运及管理设施较多，类型较为

多样，有闸、桥、坝、减河、引河等。在用水利水运工程 25 处，如南运河河道、北运河河道、卫运河河道、卫河河道、捷地减河、四女寺减河、马厂减河、青龙湾减河、周官屯穿运枢纽、连镇谢家坝、华家口夯土险工、油坊码头遗址及险工、朱唐口险工、穿卫引黄枢纽等；另有水利水运工程遗址 5 处，为永济渠遗址、兴济减河遗址、红庙村金门闸遗址、东光码头沉船遗址、安陵桥遗址。

3. 无税关、钞关、官署。值得注意的是，河北段大运河无税关、钞关和漕运官署，可见在全国漕运制度的统筹管理中，河北段大运河在管理级别、商贸繁荣程度上来说，不及江苏、浙江、北京、山东等区域。

4. 宗教信仰空间较多。运河沿线以伊斯兰教、佛教建筑居多，如泊头清真寺、沧州清真北大寺、临西八里圈清真寺、大名清真东寺、大名金北清真寺、景县开福寺舍利塔、故城庆林寺塔、香河宝庆寺、沧州水月寺遗址，此外还有大名天主堂、故城十二里庄教堂等天主教教堂。

5. 古城遗址和墓葬、墓群较多。如清河贝州故城遗址、临西临清古城遗址、赵邯郸故城、邺城遗址、大名府故城、沧州海丰镇遗址、景县封氏墓群、景县北齐高氏墓、沧州纪晓岚墓等，反映了今河北省某些区域在春秋战国、魏晋南北朝、清等古代社会曾经普遍具有的政治、军事地位，出现过一些对社会发展有影响力的人物。但应明确的是，此类遗址和明清时期大运河的繁荣关联度不大。

6. 文化交流空间存量很少。仅有沧州文庙一处，其他保存完好的名人故居、故里、书院、藏书楼、公共园林和私家园林比较少见，而复建、仿建项目较多，如沧州清风楼、纪晓岚文化园、张之洞纪念馆、香涛公园等。

7. 商业仓储设施较少。会馆、商铺、仓库等零星散落于运河城镇中，如大名山陕会馆、沧州正泰茶庄、泊头火柴厂旧厂房等。

8. 旅行宿营设施罕见，无传统意义上的驿站和客栈。

9. 无运河历史文化街区。大运河沿线重要的历史文化名城如北京、苏州、无锡、镇江等，历史文化底蕴足，遗产保护和利用的重视程度高，其历史空间格局和传统风貌保存基本完整。次一级名城、名镇、历史街区主要集中于江南运河、里运河、中运河沿线的历史古镇，运河街区历史空间格局整体保存较好，有一定的历史文化遗产留存，如嘉兴、杭州、临清等。再次一级的运河街区历史空间格局部分尚存，有少量的历史文化遗产留存，这在鲁运河和南运河南段沿岸留存最多。反观河北段大运河，其沿岸城镇历史空间格局和历史文化遗产基本缺失。

10. 河道遗址完整，相关环境景观质朴而单一。河道水质较好，污染排放和生活垃圾被清除，多处河道两岸种植速生杨；乡村中运河两岸以土地、绿树为主，河滩地主要为杨树林、果园、耕地和温室大棚，局部有村庄民房、养殖场；城市段运河堤顶多栽种杨树或柳树，均兼做车行路，堤上少部分无树或局部不规则排列大树，堤外有住宅楼、厂房、仓库等；城镇中以普通街道、商铺、民居为主。

河北段大运河物质文化遗产类型不全或缺失（尤其是文化交流空间、商业和旅行设施）的原因：①自然上是由于清末黄河、海河等洪水泛滥，对运河造成毁坏，对运河进行被动的水利治理，加之干旱少雨，至20世纪70年代断流；②政治上是由于清末内忧外患，国势日衰，漕运废止，文化遗产保护未得到足够重视；③经济上是由于现代化改革和发展，原有的城镇进行了搬迁或重建，经济重心转移，产业转型，陆路运输取代了内河航运，因此运河往昔的繁荣不复存在，历史遗风烟消云散。

总体而言，如今大运河河北段具有高度历史文化价值的村镇罕见，也没有保存完整的历史城镇和运河历史文化街区，一些重要的运河流经市镇被改造，城镇、村落中现存的历史街区以老旧破败为主，且消失得很快，尚未引起足够重视。一方面，运河沿线的许多历史建筑和遗存大多缺乏资金，年久失修，有的濒临消失，而与真实遗存的保护投入相比，运河沿线重建、复建或仿古的商业性项目和希望依托运河遗产招商引资的项目更多，破坏性建设屡见不鲜。① 很多地方新建了不少仿古建筑，有的造型平庸，与历史真实不符；有的不懂正确保护、修缮的方法；还有的单纯发展所谓的"旅游"，开发的项目挖掘不出地域文化内涵，且损毁了历史遗存。另一方面，运河沿线以人的生活景观为主体的古镇、古村的数量、质量很令人担忧，历史上一些具有文化线路的典型特征、堪称运河标志的重要建筑面临毁弃，一些反映建筑风格演变特征的民居聚落和商业建筑均尚未引起足够的重视。

二、问题观察

（一）保护主体的问题

由于中国大运河在 2014 年成功申遗，运河整体被认定为世界文化遗产，大运河遗产归国家所有，大运河保护规划工作以遗产本体及其历史环境的物质要素为价值认知与判断的基础。文物意义上的遗产属性定位使相关的行政干预行为获得了一种无可置疑的合法性，并使多项工作将大运河物质文化遗产的保护与利用置于一个由行政行为主导的静态遗产保护与利用的框架之下。

随着国家话语的介入，遗产主体自然而然地进行了"上移"，即遗产的历史表述主体转化为地方政府、遗产主管部门、专业技术人员及开发商。尽管大运河遗产的保护管理涉及文物、水利、环保、建设、国土和自然资源等多个部门，有时也吸纳公众参与，但凭借在遗产权属方面拥有的话语权，地方政府、各类遗产主管部门成为事实上的公共权力主体。这一设定使大运河遗产的物质性保护成为重点，简化甚至略去了大运河遗产保护、传承与利用过程中遗产与人、人与人的复杂关系，将所有问题置于可"规划"的范畴。

在"大规划"全局下，那些长期以来一直利用大运河进行工农业生产、取水、航运、休闲游憩或平静地生活在大运河沿岸的人（原生性主体）有可

---

①阮仪三、王建波：《京杭大运河的申遗现状、价值和保护》，《中国名城》，2009 年第 9 期，第 8—15 页。

能因拆迁、房屋征用而失去保持原有工作地点与生活形态的机会，在由曾经熟悉的土地转变而来的新景观面前成为被动接受者。这一过程表面上更新了大运河沿岸的空间功能、设施与形态，重建了文化、生活界面，本质上却在短时间内阻断、消解了大运河沿岸长期以来形成的文化关系。这种风险及其后果在当前的大运河遗产保护与利用模式下是存在且能被观察的。①

目前，大运河遗产的使用主体分为三类：一是原生性主体，即大运河沿岸居民，或大运河河道及水利设施的使用者；二是公共权力主体，即具有遗产使用权的政府、社区、企业或单位；三是游客，即遗产观赏者、体验者，为一般意义上的公众。在上述不同类别的"主体"中，公共权力主体具有大运河遗产管理、规划的权限，决定了大运河未来发展的方向；而原生性主体因其与大运河遗产的天然联系而成为真正意义上的文化主体，其基于遗产的生产、生活实践将是大运河文化传承、创新的内力来源。这两个主体是大运河遗产保护、传承与利用的关键因素。

河北段大运河在保护实践中，应当注意到各类"主体"的合理诉求，考虑扩大原生性主体的作用，提高原生性主体对大运河文化遗产的兴趣，唤起民众对运河的记忆与情感，提高保护意识，优化保护策略，使大运河的每一方水域、每一寸岸线、每一块绿地、每一条道路，都作为公共资源。还河于民、造福于民，改善沿岸民众的生活环境和品质，让人们更好地亲近运河、感受运河、品味运河，让沿岸民众在保护工作中真正受益，从而使大运河的保护工作得到民众的衷心拥护和持续支持。②

（二）保护资金的问题

大运河文化遗产保护经费紧缺是很多地方面临的大问题。《大运河遗产保护管理办法》规定："大运河沿线县级以上地方人民政府文物主管部门，负责

---

① 张帆、邱冰：《大运河物质文化遗产属性的再认知与实践反思——基于文化公共物品的视角》，《学海》，2021 年第 5 期，第 146—151 页。

② 单霁翔：《大运河遗产保护》，天津大学出版社 2013 年版，第 144 页。

本行政区域内的大运河遗产保护工作，依法与其他相关主管部门合作开展工作，并将大运河遗产保护经费纳入本级财政预算。"这就意味着政府必须出资保护遗产，不应以营利的形式从遗产本身攫取保护资金，甚至是地方经济发展所需的资金。

根据《大运河遗产保护管理办法》，国家鼓励公民、法人和其他组织参与大运河遗产保护；公民、法人和其他组织可以通过捐赠等方式设立大运河遗产保护基金，用于大运河遗产保护。2006 年 6 月，我国首个民间遗产保护基金会——"阮仪三城市遗产保护基金会"宣布成立，并开展了多个调研资助项目和社会文化活动。在全面调查大运河沿线历史城镇现存遗产的同时，进行大运河沿线城镇的历史文化遗产的发现、发掘、研究、保护以及环境的观测、监视工作，此外还进行了人才培训、经验交流等活动。此基金会建立了一个民间的、广泛的保护网络，开创了大运河遗产研究和保护的一种新思路和有效方法。

有识之士也提出建立"遗产观察站"的办法，最大限度、最大范围地为大运河沿线的各地政府、民间人士和关注运河保护的专家学者们搭建起一个共同的平台。作为一种有效的合作途径，可以开展很多涉及宣传、教育、保护体制的共同活动，使监督与疏导并举、保护与利用共生，加强各方面的力量，包括国家与国际力量的协作，深入开展大运河保护的社会宣传教育等工作。

由此，在大运河遗产保护基金的募集、使用和管理上，河北应借鉴其他运河区域的成功做法和先进经验，至于吸纳社会资金，应尊重产权多样性及遗产原生性主体的意愿，并加强对公共权力主体的规制作用。这一问题的处理也可参考英国、美国等国经验，考虑吸纳社会非营利组织资金，逐步倡导并实现全民参与大运河遗产的保护。

（三）保护方式的问题

1. 防止割裂保护。依照国家有关法律、行政法规，大运河遗产保护实行统一规划、分级负责、分段管理，坚持真实性、完整性、延续性原则。国家实行大运河遗产保护规划制度，"规划"由总体规划、省级规划和市级规划构成，应当明确大运河遗产的构成、保护标准和保护重点，分类制定保护措施。作为线性文化遗产的大运河，在河北省境内流经廊坊、沧州、衡水、邢台、邯郸等地的城镇乡村，覆盖的地域比较广阔。如果各地在保护过程中各自为政、互不相干的话，则会造成运河这一线性、活态、流动的巨型文化遗产遭遇"割裂保护"。因此，应当通过确立整体规划愿景实施综合保护，以线涵点，即以线状区域内保护行动的展开，带动区域范围内保护水平的提升，使运河沿岸及两侧范围内相关文化遗产被统一纳入整体保护行动之中，在这一过程中，应发挥重要节点的作用。河北段大运河中，沧州市是唯一一座大运河穿城区而过的城市，也是大运河在全国流经里程最长的城市，其他运河流经区域只是个别县城或村庄，因此沧州市在大运河遗产保护工作中具有特殊地位和重要作用。可以以沧州为核心，形成一个线性的保护链条，或称"运河文化遗产带"，将一些相关城镇和村庄串联起来，构成完整的保护架构。注重交流、协作与互动，赋予文化遗产载体以更强有力的管理支撑和更深刻的文化内涵。除了防止"地域割裂式"的保护，还要警惕"两种遗产的割裂"，即将物质文化遗产和非物质文化遗产割裂开来，分别对待，两不呼应。这种做法将导致物质文化遗产的沉寂僵化状态和非物质文化遗产无物质依托的漂浮状态而更加棘手。应当将二者有机结合起来，使物质文化遗产彰显文化内涵，非物质文化遗产找到根脉和载体，这样才能更好地保护、传承和利用两种遗产。

2. 防止"打造式"保护。文化打造，即大运河遗产文化、商业产品的标准化制造。2008年，自南方运河开始，某些城市开始进行运河打造工程，如"扬州模式"，大拆大改，主要区块居民一律搬迁，打造新景观，用现代化的理念搞绿化；"嘉兴模式"，拆除古建筑，再建仿古建筑。2014年申遗成功以后，大运河进入大规模空间开发阶段，沿线很多城市快速制订了各类"打造"计划，规划遗产的利用模式、两岸的城市形态，如大运河规划方案、大运河风光带开发项目、大运河景观规划设计及以大运河为引领的古城开发计划、城区城建计划、旅游业发展规划等。比如"杨柳青模式",基础性修护,如借水、引水造景,建造带有石头栏杆的水道;"南浔模式",整修部分古迹,文化空间格局基本完好;"无锡模式",保持古建筑基本不动,为专家所称道,但无锡段清名桥历史文化街区的传统聚落正在被一种"规范而精致"的江南民居所替代,以标准化组织的商业空间消解了原本丰富多样的传统生活界面。

这种情况历年来屡见不鲜,事实上很多地方对于城市历史文化街区、古城、古迹的保护、建设方面都出现了一些误区,急于让一些古老的文化遗产穿上新衣,包装成光鲜亮丽的样子。因此,在大运河遗产的保护工作中,多地兴起了兴建、恢复、重建的热潮。有些城市以高效率建设为名,将原有的运河河道及附属工程设施随意拆除、改造或者移动;有些城市将原有运河沿线居民一律迁移他处,让运河人群脱离运河而存在,在运河范围内重新大规模"打造"新的运河建筑和空间元素。实际上这都不属于保护的范畴,只是带有商业性质的城市公共开发、观光景点开发、增加收益行为。如果要保护历史文化遗产,可以对现有的历史环境进行必要的整治,但整治要坚持整旧如故、以存其真的原则。这种整治必然是少量的、不动大局的,修一些、补一些,使其"延年益寿"。[1] 不少开发计划尽管阐述了宏大愿景,但似乎并未强调"规划"与大运河遗产真实性、原生性主体之间的关系,而是执着于规划一种现代化、标准化的城市格局,改变人们的生活方式和行为状态。

值得庆幸的是,大运河河北段并没有遭受过度开发和不当开发,尽管经历历史战乱和局部河道枯竭影响,但运河的人为损毁依然较少,堤防体系相对完整,保持了漕运时期河道的规模与形态。其中,沧州至衡水段河道尤为突出,弯道众多,增强了观赏性,沿线"河、滩、堤、林、田、草"蓝绿交织,至今保留着原生古河道形态,运河基本处于待开发状态,为合理的规划建设提供了良好条件。

---

①阮仪三:《城市遗产保护论》,上海科学技术出版社 2005 年版,第 72 页。

今后对大运河的保护和合理利用，不能走进固有的"模式"和"标准化"的死路，防止千城一面、景观同质化现象。应当充分挖掘本地遗产特色，彰显地域文化，体现当地独有的文化气质，切忌片面取经、胡乱模仿，警惕"建设性破坏"。根据《大运河遗产保护管理办法》，除防洪、航道疏浚、水工设施维护、输水河道工程外，任何单位或者个人不得在大运河遗产保护规划划定的保护范围内进行破坏大运河遗产本体的工程建设。在大运河遗产保护规划划定的保护范围和建设控制地带内进行工程建设，应当遵守《中华人民共和国文物保护法》的有关规定，并实行建设项目遗产影响评价制度。建设项目遗产影响评价制度由国务院文物主管部门制定。此外，河北省构建了"1+6+1"的省级规划体系，成为河北省大运河文化保护、传承、利用工作的行动纲领，也是省内大运河各级各类规划的总遵循。

3. 防止"静止"和"平面"保护。按照《大运河遗产保护管理办法》，国务院文物主管部门主管大运河遗产的整体保护工作，并与国务院国土、环保、交通、水利等主管部门合作，依法在各自的职责范围内开展相关工作。属于大运河遗产的不可移动文物，县级以上地方文物主管部门应当依法予以认定，并报同级人民政府核定公布为文物保护单位。大运河遗产中具有重大历史、艺术、科学价值的不可移动文物，应当确定为全国重点文物保护单位，报国务院核定公布。

很多物质文化遗产具有不可移动性，为了更好地保护它们，只能将它们封存起来，静立在博物馆或文物保护单位中供人们凭吊。但大运河遗产本体具有特殊性，这是一条流淌着的"活的"运河。最宝贵的是其流动性和活态性，即便河北段处于断航状态（香河段除外），但多数河道内有水，至今依然在行洪、输水、航运、生态景观等方面体现了多重功能和价值。目前，河北省水利厅正在积极与上级部门和相邻省市密切沟通，努力争取水源，尽快实现大运河全线通水。力争到2025年，大运河河道水系正常年份全线有水，河道生态水量得到基本保障，适宜河段实现旅游通航；2035年，河北段大运河河道水系正常年份全线通水。

以"物"为中心的静态认知容易导致一种显见的实践失误，这种实践失误或者是将遗产封存起来，固定不动；或者是统一搞现代化大开发，使遗产摇身一变，成为现代化景观、景点或地产。这些做法无视遗产对于当今社会的重要精神价值，忽略遗产承载的文化关系，将遗产简单地固定住，美其名曰"保护"，或置换为遗产本体与消费者的关系，失去了保持文化多样性与可持续发展所需的内力来源。因此，有必要转换视角，不应为了"保护"而"保护"，而是需要探究大运河遗产保护、传承与利用过程中所蕴含的文化、社会、经济规律。这个过程必须注重"人"的感受和认知，使运河遗产的保护从"人"的视角出发，从人们的行为出发，以及从影响人的行为要素的整体联系中去把握与理解运河文化，[1] 只有这样才能使文化遗产从人们的心中复活，从人们的生产生活中传承下去。

如何让静态的物质文化遗产"向死而生"？如何使运河遗产灵动起来、立体起来？在河北段大运河的遗产保护工作中，基于全方位、科学化的遗产调查，应当充分运用现代高科技、数字化、信息化技术，利用现代传播途径，借助文字、影音、多媒体、全息等多种技术手段，提高对大运河文化遗产的发掘与传承水平，使文化遗产转化为兼具大运河文化内涵与实用价值的文化产品，使大运河厚重的历史文化和精神品质充分融入民众生活。

大运河沿线县级以上地方人民政府文物主管部门应当建立大运河遗产所在地标识系统，并向公众提供真实、完整的大运河遗产信息；对大运河遗产加大全社会宣传推广力度，形成全民认知；通过高科技手段，实现大运河实境模拟、立体展现等，使民众得以身临其境地观赏和体验运河文化遗产，使遗产在人们的心中苏醒并发挥强大的文化功能；充分利用新媒体技术，扩大传播主体和受众，促进大运河文化遗产入脑入心入生活。

同时，必须关注"活的"文化遗产。大运河文化遗产的保护，很大程度上是在唤醒集体记忆、延续文化命脉，需要通过物化的运河遗产来支持生生

①吴欣主编：《中国大运河发展报告（2019）》，社会科学文献出版社2019年版，第27页。

不息的文化传承，那么传承的内容就涉及了某些故有的、传统的生产生活和审美方式，触及了文化遗产的核心，这就引出了另一个重要命题：非物质文化遗产。河北段大运河有哪些非物质文化遗产？大运河物质文化遗产与非物质文化遗产如何联系起来进行保护、传承和利用？其中，"人"的作用如何发挥？"活态传承"如何实现？文化遗产能否进行商业转化？能否获得"效益"？这些问题都是值得深入探讨和论证的。

第四章 河北大运河非物质文化遗产现状和问题分析

第一节 大运河非物质文化遗产概述

一、非物质文化遗产的概念和特点

文化遗产包括物质文化遗产和非物质文化遗产，本章专门探讨非物质文化遗产。

根据联合国教科文组织《保护非物质文化遗产公约》（以下简称《公约》）的定义，"非物质文化遗产"是指被各社区群体，有时是个人，视为其文化遗产组成部分的各种社会实践、观念表达、表现形式、知识、技能及相关的工具、实物、手工艺品和文化场所。这种非物质文化遗产世代相传，在各社区和群体适应周围环境以及与自然和历史的互动中，被不断地再创造，为这些社区和群众提供持续的认同感，从而增强对文化多样性和人类创造力的尊重。包括：

1. 口头传统和表现形式，包括作为非物质文化遗产媒介的语言；

2. 表演艺术；

3. 社会实践、仪式、节庆活动；

4. 有关自然界和宇宙的知识和实践；

5. 传统手工艺。

根据《中华人民共和国非物质文化遗产法》的规定，"非物质文化遗产"

也可简称为"非遗"，是指各族人民世代相传并视为其文化遗产组成部分的各种传统文化表现形式，以及与传统文化表现形式相关的实物和场所。包括：

1. 传统口头文学以及作为其载体的语言；

2. 传统美术、书法、音乐、舞蹈、戏剧、曲艺和杂技；

3. 传统技艺、医药和历法；

4. 传统礼仪、节庆等民俗；

5. 传统体育和游艺；

6. 其他非物质文化遗产：属于非物质文化遗产组成部分的实物和场所，凡属文物的，适用《中华人民共和国文物保护法》的有关规定。

综合来看，两个定义中的"视为"均明确了非遗主体的主观感受，即相关群体或个人是否认同、认可，并内化为一种固有的文化特质。《公约》还特别强调了非物质文化遗产的特点：

首先是"认同感"和"持续感"。即非遗的传承实践能让相关人群体验到共同秉承的传统，并为其提供一定的认同感和归属感，这是非遗作为文化印记和身份认同的主要体现；"持续感"则强调非遗的世代相传属性，它们传承至今，且还有继续传承下去的趋势。

其次，非遗是需要"互动"和"再创造"的传统文化。非遗不是静止不动的，也不是将一种方式永远不变地复制下来，而是随着时间和环境的变化，一代代人基于自己对文化传统的理解，不断为其注入新的营养和活力，使得这种传统在传承和能动实践中不断被赋予新的创造，正因如此，才有文化的发展、演变和永续更新，才有文化多样性的出现和丰富。

经对比发现，中国的非物质文化遗产代表作中的分类概念与国际《公约》的分类基本一致。这十大门类的划分，其优点是非遗门类细致，便于组织长期从事此项研究的专家审定评估具体项目价值与保护指导。我国对非遗类型的阐述做了部分调整，除个别文字表达的差异外，第一个区别是我国对"传统"的强调明显强于《公约》。口头传统、传统表演艺术、民俗活动、传统手工艺技能等，"传统"成为非遗的核心概念。对非遗类别的划分，就是依照传统分成这样五类；第二个区别是对"表演艺术"做了修改，增加了美术、书法等审美艺术；第三个区别是将"有关自然界和宇宙的知识和实践"具体转化为"传统技艺、医药和历法"；第四个区别是增加了"传统体育和游艺"一项；另外，对专门的实物和场所做了规定，衍生出文化空间的类别和传统文化的活动范畴。由此，反映了中国文化与世界其他文化的重要区别，表现出我国祖先在与自然界、人类社会的互动实践中创造了独特的运动、医疗、保健、艺术、器物、建筑方式、审美方式等蕴含鲜明东方特色的文化遗产。

在 2005 年《国务院关于加强文化遗产保护的通知》中，"非物质文化遗产"被整合阐述为：各种以非物质形态存在的与群众生活密切相关、世代相承的传统文化表现形式，包括口头传统、传统表演艺术、民俗活动和礼仪与节庆、有关自然界和宇宙的民间传统知识和实践、传统手工艺技能等以及与上述传统文化表现形式相关的文化空间。

我国各级各类非物质文化遗产数量庞大，多个项目被世界关注和认可。截至 2020 年 12 月，中国入选联合国教科文组织非物质文化遗产名录（名册）的项目总数达 42 项，其中有 34 个项目（含 2 个跨国联合申请项目）被列入《人类非物质文化遗产代表作名录》。中国是世界上入选非遗项目最多的国家，法国与日本则以 23 个项目和 22 个项目分列第二、三位。2001—2020 年入选《人类非物质文化遗产代表作名录》的有昆曲、古琴艺术、蒙古族长调民歌、传统桑蚕丝织技艺、宣纸制作技艺、粤剧、京剧、龙泉青瓷烧制技艺、中国书法、中国剪纸、中国传统木结构建筑营造技艺、端午节、妈祖信仰、中医针灸、中国珠算、二十四节气、太极拳等知名度高、传承效果好的优秀非遗项目。

在中华民族伟大复兴的时代，非物质的无形遗产更加重要，民族非物质文化遗产包含着难以言传的意义、情感和特有的思维方式、审美习惯，蕴藏着传统文化最深的根源，保留着形成该民族文化的原生状态。2021 年 8 月，国务院《关于进一步加强非物质文化遗产保护工作的意见》指出：非物质文化遗产是中华优秀传统文化的重要组成部分，是中华文明绵延传承的生动见证，是联结民族情感、维系国家统一的重要基础。保护好、传承好、利用好非物质文化遗产，对于延续历史文脉、坚定文化自信、推动文明交流互鉴、建设社会主义文化强国具有重要意义。

非物质文化遗产最大的特点是不脱离民族特殊的生活生产方式，是民族个性、民族审美习惯的"活"的显现。它依托于人本身而存在，以声音、形象和技艺为表现手段，并以身口相传作为文化链而得以延续，是"活"的文化及其传统中最脆弱的部分。因此，对于非物质文化遗产传承的过程来说，人的传承就显得尤为重要。

二、大运河非物质文化遗产的概念和类型

大运河是活着的、流动的重要人类遗产。经考古调查统计，河北段大运河在流经长度530余千米、流域面积701.5平方千米的广袤区域内，保存着大量物质和非物质文化遗产。大运河非物质文化遗产（以下简称"大运河非遗"）是大运河文化遗产的重要组成部分。大运河非遗凝结着大运河文化的精华，蕴含着丰富的历史、社会、精神、美学、科学和教育价值，既是运河沿线经济发展、技术进步、生产生活方式变革与文化观念演进的见证，又是独具地域特色的文化资源，其活态保护与活化利用对于促进大运河历史文脉传承和传统文化创新发展具有重大而深远的意义。

基于非遗的特性——"认同感"和"持续感"，"互动"和"再创造"，能够被称为"大运河非遗"的文化资源应当是具备上述特征的，即该文化活动的传承实践能够让运河文化圈（或文化带）的民众体验到共同秉承的传统，随着时间和环境的变化，一代代人凭借新的理念和能动性，不断为其注入营养和活力，赋予运河文化符号或与之相关的新的创造。

目前，对于"大运河非遗"的界定并无统一的标准，学者们对这一概念的阐述或比较模糊，或较为宽泛。例如，顾希佳认为，广义上的大运河非遗包括在大运河流域广大民众中间世代相承的、与这一带群众的生活密切相关

的各种传统文化表现形式。① 李永乐、杜文娟认为，由大运河生产、生活方式孕育而产生，其内容反映大运河生产、生活方式，或者其形成、传播依赖于运河环境的，都可以界定为运河非物质文化遗产。②

本书所指的"大运河非物质文化遗产"的概念，借鉴言唱博士的研究成果，是指分布在大运河沿线区域范围内，被相关民众所认可且世代相传的传统文化活动，其形成、发展、传播、传承或演变与运河存在必然联系，受到运河本体或运河功能的直接或间接影响。首先，从空间分布来说，其分布在大运河沿线区域范围内，涉及地域众多，跨度较大，非遗项目之间可能存在较大的差异性。其次，从形成机制来说，其生成、发展或演化与运河存在关联，即由运河或漕运发展所衍生、塑造或推动，与运河及沿线特有的生产、生活方式和地域文化生态密不可分。最后，从文化意义来说，其是大运河文化的重要组成部分，承载着大运河文化的基因与精神内核，与大运河文脉之间存在着共生互动关系。③ 因此，大运河非遗并不等同于大运河沿线流经地域内的所有非遗项目，但也不限于由运河所直接派生的非遗项目。

"运河沿线区域"并不是一个精确的空间范围，而是一个特定的文化生态圈、文化流传带，或一个完整的文化体系。界定大运河非遗的关键不在于该种文化当前所处的地理位置，而在于该种文化形成和发展的历史和文化背景，及其与运河环境、运河功能之间的关联性。

依据非遗与运河的关联程度及运河对非遗的影响方式，可以将大运河非遗划分为四个层次：一是在运河建设过程中形成的，与运河原生性功用（漕运）直接关联的活动，包括运河的开凿与疏浚、附属设施建造、漕船制造、船舶过闸等方面的传统实践技能等（河北段缺失）；二是由漕运及沿岸生活所派生的，在船工、渔民及沿岸居民中广泛流传的文化活动，包括运河故事、

---

① 顾希佳：《杭州运河非物质文化遗产》，杭州出版社 2013 年版，第 2 页。
② 李永乐、杜文娟：《申遗视野下运河非物质文化遗产价值及其旅游开发——以大运河江苏段为例》，《中国名城》，2011 年第 10 期，第 42—45 页。
③ 言唱：《大运河非物质文化遗产的活态保护与活化利用》，《海南师范大学学报（社会科学版）》，2020 年第 3 期，第 136—140 页。

传说、歌谣等口头文学，以及社会风俗、礼仪和节庆，如运河元宵灯会、开漕节等（河北段基本缺失，或者无直接关联）；三是由于运河交通的助推而产生，或因漕运和商贸而带动其发展的非遗，包括各类传统技艺和传统医药，如邯郸魏县的土纺土织技艺、衡水故城县龙凤贡面手工制作技艺、沧州泊头传统铸造技艺、三井十里香酒酿造技艺等；四是在运河沿线地区形成或发展、运河在其传播和传承的过程中产生重要影响的文化活动，包括传统美术、音乐、舞蹈、戏剧、曲艺等艺术形式，如南运河船工号子、京东大鼓、木板大鼓等，以及传统体育、杂技和游艺活动，如沧州武术、吴桥杂技等。

由于大运河河北段在 20 世纪 70 年代断流，那些依托运河本体产生的实践技能性活动和运河风俗、节庆等已随岁月悄然流走。因此，大运河河北段的非物质文化遗产主要集中在后两项。这些传统文化世代相传，广泛分布在运河流域，与运河产生了或多或少的关联，在相关群体与自然和历史的互动中，被不断地再创造，为民众提供持续的认同感和精神力量，从而增强了运河文化的多样性。

第二节　河北大运河非物质文化遗产概览

根据国家级非物质文化遗产代表性项目名录（1～5 批）和河北省非遗保护名录，将河北段大运河文化生态圈囊括的廊坊、沧州、衡水、邢台、邯郸等地的非物质文化遗产进行整理，得出大运河非遗数量和分布情况如表 4-1所示：

表 4-1　河北大运河省级以上非遗项目简表①

分类 地区	传统手工技艺	传统体育、游艺与杂技	传统戏剧	传统美术	民俗	民间文学	传统音乐	传统舞蹈	曲艺	传统医药	合计
邯郸	12	2	8	1	1	1	0	0	0	0	25
邢台	4	1	1	0	1	1	0	0	0	0	8
衡水	5	0	0	1	1	0	1	0	0	0	8
沧州	10	19	4	3	2	1	2	2	1	1	45
廊坊	0	2	1	1	1	0	1	1	1	0	8
合计	31	24	14	6	6	3	4	3	2	1	94

由上表可见，大运河河北段省级以上非遗项目涵盖了非物质文化遗产的各大类别，共计 94 项，但在分布上呈现不均匀的态势。传统手工技艺和体育、游艺、杂技的非遗数量达到 55 项，占比 58.5%；音乐表演类非遗数量较少，传统医药类最少。这反映出大运河河北段民风淳朴，武风豪迈，同时手工技艺特色突出。

其中，沧州作为运河流经区域最长的城市，拥有的非遗数量最多，共 45 项，占比 47.9%，且是唯一一个在各个非遗类别中都有分布的地区。笔者制作并发放了一份网络调查问卷，旨在了解民众对河北段大运河非遗的感知情况，收回有效问卷 158 份。调查结果显示，在大运河流经河北省的区域中，民众对沧州的感知度最高，达到 91.7%，远远超出其他区域。因此，沧州在大运河非遗的保护、传承、利用方面具有相应的带动性和号召力。

大运河非遗包含了多种传统文化要素，在分布上，沧州、邯郸两地区较为突出，沧州以传统体育、游艺与杂技见长，是驰名中外的"武术之乡"和"杂技之乡"；邯郸以传统戏剧、传统美术和传统手工技艺种类居多，是著名的古都和历史文化名城。廊坊、衡水、邢台的非遗项目各具特色，展现了不

---

①资料来源于河北省非物质文化遗产保护网。

同的地域文化和历史积淀。随着时间的推移，运河所经历的技术与艺术工艺的演化与变迁本身，也许正是水道遗产的本质所在。

现择要选取大运河河北段代表性非遗（国家级或部分省级项目）进行介绍。总体按照大运河河北段流经区域从北到南的顺序排列：廊坊、沧州、衡水、邢台、邯郸；每个区域中的非遗项目按照中国非物质文化遗产保护名录中的顺序排列：民间文学，传统音乐，传统舞蹈，传统戏剧，曲艺，传统体育、游艺与杂技，传统美术，传统技艺，民俗，传统医药。[①]

一、廊坊

（一）冀中笙管乐（胜芳音乐会）（传统音乐）

冀中笙管乐是流传于冀中平原，即北京以南、天津以西，沧州、定州一线以北近 30 个县市的鼓吹乐品种，民间俗称"音乐会"。廊坊市霸州市胜芳古镇的民间音乐会被列入国家级非物质文化遗产代表性项目名录。（见图 4-1）

图 4-1　胜芳音乐会

---

①一些重要项目虽在大运河五市地域范围内，如河间歌诗、永年太极拳、武强年画、永清彩扎、邯郸女娲祭典、盐山千童信子节等，但不在大运河流经区域，或与大运河文化无关，故未统计在内。

胜芳镇地处廊坊市霸州以东 35 千米处。清乾隆时，该镇先后建起十二道"音乐会"，其中以胜芳镇南音乐会最为著名。因主要用管子领奏、笙等和奏，故又称"笙管乐"。除笙、管类乐器外，另有云锣、笛及击奏类乐器鼓、铙、钹、铛铛等。乐曲分套曲、小曲及独立成套的打击乐三类。套曲篇幅长大、结构复杂，是笙管乐的主要组成部分。笙管乐遍布整个冀中平原。各地农民以村为单位，借乐结会，在本地祭祀、礼仪、丧葬等民俗活动中演奏传承。

霸州胜芳镇南音乐会是寺院佛教音乐流传民间的产物，其传承方式为口传心授。音乐风格古朴，自创会以来，历经数百年而变异甚微。其演奏方式、演奏内容（曲牌）、使用乐器等都有严格定规，鲜有改动。

胜芳镇音乐会现能演奏 30 多支曲牌，最擅长大套曲"清吹""山坡羊"等。曲目中既有佛教乐曲，也有俗世风格的村调，雅俗兼具，深受民众喜爱。除参与当地丧事民俗活动外，镇南音乐会每年还要出庙会演奏三次，并主办胜芳"琉璃佛"（冰灯大会）。胜芳元宵灯会期间，镇南音乐会是唯一可以参加"摆会"（众多民间花会出会时的程序之一）的乐社。

胜芳镇音乐会于清末开始兼收高腔、昆曲，成为镇内"两下锅"的最大音乐社团。中华人民共和国成立后，昆曲逐渐淡出，但至今乐手们仍能吹奏昆腔。在当地众多音乐会中，幡旗、角灯、鼓架、茶挑等构成的宏大阵形成为镇南音乐会的特色。胜芳镇音乐会的演出仪式、阵形及具有独特风格的相关器物都是佛教音乐在民间的真实遗存，也是认识研究古典佛教音乐及当地民俗民风的重要资料。

由于受各种因素的影响，屈家营音乐会、高洛音乐会、高桥音乐会、胜芳音乐会正面临着巨大的传承困难，只有加大保护力度，才可能传承这一优秀的民间文化遗产。

（二）香河大河各庄竹马会（传统舞蹈）

廊坊市香河县的大河各庄竹马会属于民间舞蹈的一种，是最古老的民间花会项目之一，被列入河北省非物质文化遗产保护名录。（见图 4-2）

图 4-2　香河大河各庄竹马会

　　关于大河各庄竹马会的历史渊源说法不一。一说在春秋战国时期，当地老百姓为纪念燕北地区一位名叫郭济的清官而发明了竹马会。一说起源于东汉光武年间，渔阳太守张堪在当地（今香河刘臀等地）办农场，造福一方，离任时，百姓敲锣打鼓欢送，儿童骑着竹马（竹竿）边舞边唱："麦秀双岐，桑园附枝，张君为政，乐不可支。"后人根据当时情景，将其改为竹马会。还有一说是起源于清朝乾隆末年（1790 年左右），当时京城一位姓靳的私塾先生目睹了北京竹马会的精彩表演，便回到家乡大河各庄办起了竹马会，并取名"如意老会"。

　　参与香河大河各庄竹马会表演的共有八位演员，排成两路纵队，排头两人，满清官员打扮，头戴红缨凉帽，身穿明黄色马褂，手持马棒（粗藤条），胯下坐骑为青狮黄狲，会中俗称狮子头；第二对演员手持马鞭，胯下坐骑为战马，会中俗称二轺子；第三、四对演员，皆为汉族女将装束，手持马鞭儿，胯下战马。这八人象征着千军万马。竹马会的表演分为武场表演和文场演唱。

武场表演主要是八位演员骑着八匹马来往冲突、盘旋、跳跃，队形不断变换，摆成各种阵势。文场演唱有独唱、合唱；伴奏以昆笛笙、二胡为主；演唱当地流行曲调，唱词文雅、华丽，抒怀颇具诗意，多为歌颂太平盛世及描写征战等内容。

千百年来，香河大河各庄竹马会在乡里间独树一帜，新颖别致，文武兼备，远近闻名，逢年过节在城乡各地进行巡回表演，深受群众的喜爱。中华人民共和国成立初期，大河各庄竹马会吸引宝坻、武清等地的上百名优秀青年人来学艺，一时成为京津一带颇有威名的花会项目。

（三）廊坊小车调（传统戏剧）

小车调是廊坊市的传统戏剧，被列入河北省非物质文化遗产保护名录。（见图 4-3）

图 4-3 廊坊小车调表演

霸州市杜岗村建村于明永乐年间，是由山西省洪洞县刘庄村移民而来。

据史料记载，至清代道光年间，小车调在杜岗村已经传唱了四代。

小车调脱胎于古老民间花会——小车会，属于板腔体戏剧。其艺术特色在于它独具的"九腔十八调""十三道大辙"和"正八板、反八板"。早年间小车调创作、演出的都是小戏，如《扫松》《三娘教子》《择邻》《婆媳和》等，情节简短，角色仅二三人。后来在长期的发展演变过程中，不断推陈出新，创作和移植改编了一批长本大戏，主要有《贫女泪》《巧奇冤》《柳树景》《松林错》《烈女悲》《花园配》《送瑞红》《咬脐郎》《双冤记》《大四景》等。

据考证，小车调传人所办科班为廊坊地区最早的班会。从清道光年间到民国初年，艺人王洪祖孙三代连续办科班达六十年之久，并培养出很多著名艺人。这种由民间自发培养戏剧艺人的现象在中国戏曲史上是很罕见的。目前，村里留有清代抄写的全本《巧奇冤》剧本，包括《家庭惨》《双冤记》《松林错》《烈女悲》《因果报》《送瑞红》等，另抄有《贫女泪》一本。剧本历经一百多年的岁月，保存完好，其内容一页不少，为研究清代剧本提供了有力史证。

现在的小车调传人是第八代，剧团演员 30 人左右。当年小车调在鼎盛时期帮助周边村庄建立的七八个剧团现均已失传中断。本村剧团也因种种原因而停演中断多次，每次中断几年或十几年，现在最年轻的艺人也在 50 岁左右。如不及时抢救，此剧种将会濒临灭绝。

（四）京东大鼓（曲艺）

京东大鼓是一种采用京东方言进行说唱表演的曲艺鼓书暨鼓曲形式，主要流行于河北廊坊、承德、保定、唐山和北京怀柔及天津宝坻一带。廊坊市、天津市宝坻区申报的京东大鼓被列入第一批国家级非物质文化遗产代表性项目名录。（见图 4-4）

京东大鼓起源于廊坊三河、宝坻、香河一带的农村。自清乾隆中叶，木板大鼓名家李文通从家乡逃荒来到京东行艺，在京东广为流行的民歌小调"靠山调"基础上，革新加工，又经过邓殿奎、陈连登、于七、王宪章、于景元、陈怀德、魏西庚等传人的努力，逐渐形成了京东大鼓这种北方特有的、深受人们喜爱的民间曲艺形式。

图 4-4　廊坊京东大鼓表演

京东大鼓是一种用京东方言演唱的鼓曲。演唱形式为一人站唱，击鼓为节，旁有伴奏，与铁片大鼓、单琴大鼓表演基本相同。过去，在撂地说书阶段，还曾有一种自弹自唱的演唱形式，演员坐抱三弦，边弹边唱，其右脚踩一箭击鼓（以矮鼓架支撑，置于地上），左腿上绑一节子板（五块板儿）以司节奏，也颇能招揽观众。

京东大鼓在廊坊地区的广泛流播，以三河、香河、大厂、安次四个县的专业和业余艺人较多，多年来在农村普及传唱，为当地群众喜闻乐见。过去在永清、固安、霸州、文安、大城五县内的农村，京东大鼓罕有传唱。20世纪80年代初，农村普遍组建业余文艺宣传队，唱京东大鼓书段者渐多。

据不完全统计，京东大鼓的传统书目大约有116部。其中，长篇有《刘公案》《于公案》《施公案》等31部；中篇有《水牢双合印》《三全镇》《罗通扫北》等23部；短篇有《瞎子逛灯》《王三姐剜菜》等43篇；书帽有《两头忙》《十三月古人名》《四辈古》《老虎吃猫》等19篇。中华人民共和国成立后，编演了《白毛女》《刘胡兰》《小二黑结婚》《新儿女英雄传》等中长篇书目。

在市场经济形势下，目前廊坊京东大鼓已面临后继乏人、濒临失传的境地，民间传唱艺人越来越少，专业团体无专业演员，业余演员也全凭个人爱好。京东大鼓是北方的一个重要曲种，在全国乃至世界都有影响，可北方曲校却无此专业，河北艺校亦无人教授，前景堪忧。

（五）香河通臂拳（传统体育、游艺与杂技）

香河通臂拳是一种民间传统武术，属于省级非物质文化遗产。

五行通臂拳是香河武术大师张策（1866—1934）融汇了通臂拳和太极拳两种拳法精要而创建的。张策被尊称为"臂圣""东方大侠"。张策，字秀林，直隶香河县马神庙人，生于武林世家，幼年随父辈及金陵笑和尚习少林拳，12岁离家进京拜杨健侯习太极拳二十余载，工武勤苦，精益求精，持恒不辍。其间又投良乡陈庆习通臂拳，后从师兄王占春磋磨九载，而技始成，为京东三杰之一。之后遇奇人韩屏山及韩道长二公，苦练数载，深得五行通臂之精奥。在故里香河县城、渠口镇、延寺村、甘露寺村等处设馆授徒，多有成名成家者，曾追随张策左右的弟子多为香河籍，其八大弟子个个武功精湛，为人称道。之后，张策定期回村传授武功，把村中的五名青年弟子培养为通臂拳高手，被颂为"五虎将"。当时人称张策外有"八大弟子"，内有"五虎上将"，传为佳话。

香河通臂拳突出腰背发力贯达于肢体，要求腰如蛇形腿似钻，手如流星眼似电，柔无骨腕似绵，两条胳膊似皮鞭，出手为掌，点到为拳，沾衣发力，放长击远，冷弹脆快硬，沾连绵粘随。通臂拳以其质朴无华、富于实战、刚柔相济、浑厚自然、潇洒舒展、速度敏捷的特点风行于我国北方，受到广大武术爱好者的喜爱。

近年来，香河县文化广电旅游局在香河县城内外设立了 14 个五行通臂拳习练点，为更多的五行通臂拳爱好者提供习练、教学和传承场所。如今，习练五行通臂拳已在香河蔚然成风，通臂拳习练者达到 1000 余人，包括大学教授、医生、普通工人、学生等。

省级非遗香河通臂拳第四代传人董瑞春说："中华武术有着悠久历史，不光强身健体，更是宝贵的非物质文化遗产。"从早年习练拳法到对拳法的文化认识和传承，他已坚持了 47 年。在香河县钱旺镇焦庄村，董瑞春办起传承基地，指导青少年学员练习五行通臂拳。（见图 4-5）

图 4-5　青少年传习通臂拳

（六）香河安头屯中幡（传统体育、游艺与杂技）

香河安头屯中幡是一种民俗杂技表演艺术，被列入国家级非物质文化遗产代表性项目名录。（见图 4-6）

图 4-6　香河安头屯中幡表演

安头屯镇位于香河县城东南 7 千米处。安头屯中幡起源于隋唐时期，有着悠久的历史。远在唐代，永济渠航运过程中，当时帆用在船上，借以增加船的航速和调整船的航向。后来帆被用于民间玩耍，在玩耍中逐渐发展出各种花样和手法，经过艺人多年的改进与创新，才发展成为有组织的民间表演艺术团体，取名为"中幡会"。中幡分筒、面、楼三部分，筒长 1 丈 8 尺，控制幡速减轻下垂惯力，幡面衬风，使幡的重心稳固平衡，仗杆衬幡面，飘带美妆幡容。香河安头屯中幡习俗有凝聚民心、维系团结、怡情乐性的教化作用。

作为一种民间艺术，安头屯中幡已形成 100 多个成熟的中幡表演动作。其中，前把幡变换手法有起幡托塔、摘肩托塔、晃肋托塔、托塔盘肘等 30 多个动作；后把幡变换手法有插剑脑件、插花脑件、左插剑灌耳蹲裆牙件等几十个动作；大拐鼓表演内容有大鼓 30 调，每调有鼓谱，分连打和摘打。花钹与镲镲、大鼓齐奏，花钹单打，花钹与镲镲穿插对打。花钹分单人打与双人打，还有四人合打、六人合打、八人合打等。

安头屯中幡大会由安一、安二、安三、安四4个村共同组织，有会员60多人，其中最优秀的三位青年是韩士全、贾金川、何宝生。韩士全的老虎大撅尾、摘肩、背花表现出色，贾金川表演的就地十八滚、脑件技艺娴熟，何宝生的牙件、灌耳表演堪称一绝。安头屯中幡以其功夫过硬、技艺超群、动作娴熟、演技出色、观赏性强而成为民间花会一绝。

在当代，安头屯中幡经常参加国内举办的各种花会表演大赛，深受观众欢迎，并不断受邀参加国内各种大型活动的庆贺。多年来，经过数代中幡传承人的不断摸索、改进、丰富和完善，中幡表演越来越成为受群众欢迎和喜爱的娱乐项目，不断吸引着年轻人投身其中进行学习、表演、传承，为发展和繁荣中华民族优秀传统文化贡献着自己的力量。安头屯中幡对于凝聚人心、促进邻里和睦、活跃群众文化生活、推动新农村建设和构建社会主义和谐社会发挥着越来越重要的作用。

（七）廊坊烙画（传统美术）

烙画，也叫烫画、烫花或火笔画，是一种民间美术，用火烧热烙铁在竹木等物体上熨烫出烙痕来作画，属于省级非物质文化遗产。

烙画源于西汉，盛于东汉，后由于连年战乱或灾荒，曾一度失传。再至唐代也曾出现过烙画名家，如《中国艺术家征略》一书记载："张崇，唐代名画工，擅长烙画，人称巧人张崇。"但千百年来烙画仅停留在对竹木器家具、器物的装饰上，未能形成独立的民间工艺美术作品，更未形成流派。直到清光绪三年（1877年）由擅长绘画的河南南阳人赵绘三发掘整理，初试而成，经历代民间艺人传承，烙画才在全国各地普遍流传，逐渐形成以河南、河北等地为代表的几大派系。

因制作方法不同，烙画可分为木纹烙画和火喷烙画。因使用的材料不同，烙画又有木板烙画、布烙画、纸烙画和葫芦烙画等之分。因使用的工具不同，烙画有火印版画、火喷烙画等种类。烙画创作注重"意在笔先、落笔成形"，既能保持中国画的风格，又可达到西洋画的效果。

　　由于廊坊具有深厚的民间烙画工艺基础，烙画艺术人才辈出，烙画作品和研究成果丰硕。2015 年以来，经过中国民协、河北省民协专家组的实地考察考证，廊坊已经具备成立烙画艺术中心的条件，中国烙画艺术研究中心在廊坊正式成立。

　　廊坊著名烙画艺术家艾秀琪对烙画艺术做出了重要贡献，中国烙画艺术研究中心就坐落在他所开办的牧石艺术馆中。艾秀琪数十年来对中国烙画的历史渊源及现状进行了深入的研究，对全国各地的烙画艺术风格了如指掌，并不断努力研究，形成了自己的烙画风格，又创造发明了木纹烙画、纸（布）烙画和火喷画，早年中央级、省级媒体等均对其作了专题报道。艾秀琪以其高超的绝技，曾出访多个国家和地区进行文化交流，并出版《中国烫画技法》《纸布烙画技法》《木板烙画技法》《中国烙画技法》等著作，填补了中国美术史的空白。

　　在艾秀琪的推动下，传统的民间烙画一度发展较快，很多人以烙画为职业，既可解决就业，又可美化生活，有良好的发展前景。烙画在海内外进行了多次交流和表演，多家媒体进行了宣传和报道，是独具特色的中国民间工艺美术。

　　目前，廊坊地区多位烙画传承人均以葫芦为载体创作烙画作品，如刁月梅、缴艳霞等。（见图 4-7）在葫芦绘画上，她们多借鉴中国画的艺术手法，改进了传统烙画的纷繁工序，用一支烙画笔创作出或细腻工巧，或墨彩飞扬的

图 4-7　缴艳霞正在制作葫芦烙画

作品。如今烙画传承人非常注重传统手工艺的原创性作品开发，创作内容贴

近时代、反映生活，在自己的烙画工作室中招收青少年学员传授烙画技艺，将此技艺不断传承下去。

（八）胜芳灯会（民俗）

廊坊霸州胜芳古镇的灯会是一项传统的民俗活动，被列入国家级非物质文化遗产代表性项目名录。（见图4-8）

图4-8　胜芳灯会

灯会是中国民间传统的群众性节庆活动，流行于全国各地，在海外华人聚居区也颇为盛行。灯会多出现在上元节（农历正月十五）和中元节（农历七月十五）期间，伴随着人们的欢庆和祈福活动。

元宵燃灯的风俗起自汉代，唐宋时得到进一步发展，明清时期各地灯会活动达到鼎盛。按照传统习俗，正月十五月圆之夜，人们要张挂和燃点各式各样的彩灯，同时举行观灯、赏灯、赛灯、猜灯谜、吃元宵、走百病等一系列富有特色的元宵节俗和庆祝活动，以祈阖家团圆、人寿年丰。不少地方在元宵节庆中增加了耍龙灯、耍狮子、踩高跷、划旱船、扭秧歌、打太平鼓、抬阁等传统民俗表演，使灯会显得更加热闹红火。而中元灯会又称"盂兰盆灯会"，于每年农历七月十五晚上举行，届时渔民会在水中投放"河灯"，以悼念逝者，追荐亡魂。

胜芳镇在清代是直隶六大名镇之一，乾隆皇帝取道胜芳下江南，曾留有"胜芳荷香"的赞语。胜芳花灯源远流长，明初已闻名华北一带。它由元宵冰灯、元宵花灯和盂兰盆灯会三部分组成，主要流传于霸州等地。

胜芳的整个元宵灯会历时五天，自正月十三开始至正月十八结束。灯会最早是在街心老爷庙前的中心广场搭起一座高 2 米、面积 60 平方米左右，俗称"鳌山"的灯台，灯台上吊满精选出来的数百种自制花灯。元宵灯会期间，白天有七十多道古老民间花会踩街巡演，戏院书馆、酒肆茶楼等处全天义演。入夜，百姓云集鳌山周围观灯听唱，民间艺人轮流表演，到处喧哗沸腾，一派兴旺景象。

胜芳传统花灯有两千种之多，以动物、植物、人物、器物、建筑、神佛等题材的作品为主，其制作技巧或繁或简，有大有小，大至数米，小不盈寸，可玩于手掌之中。这些彩灯是在特定的地域环境、生产生活方式和民俗风习中产生出来的，它们工艺严谨，制作精细，造型美观大方，风格上自成体系，其中一些花灯形式独特，为胜芳所独有。

改革开放以来，随着地域环境及城市建设的变化，胜芳灯会又增添了一些新的表演形式。一年一度的元宵灯会充分展示了胜芳人民的聪明智慧和创造精神，丰富和活跃了当地人民春节期间的文化生活，为社会的安定和谐及传统民间文化的传承发展做出了重要贡献。

二、沧州

（一）杂技口艺（民间文学）

沧州吴桥杂技名扬天下，这是人们对吴桥的杂技艺术成就的共同认知。

（见图 4-9）吴桥杂技口艺也是配合杂技演出的一种口头绝活儿，属于民间文学，被列入省级非物质文化遗产名录。

吴桥的杂技口艺主要分为口儿、锣歌儿和春典三部分内容，与杂技表演共生共存，相得益彰。

图 4-9　吴桥杂技表演

"口儿"就是艺人在表演技艺的同时，所说的配场的话语，体现表演的专业性。在吴桥杂技的行当内，讲究"三分艺、七分口儿"，"口儿"即"卖口儿"。一般是艺人一边表演一边"卖口儿"，也就是行内人对此表演的评价。除了开场白的"口儿"以外，"口儿"贯穿整场表演，已是演出艺术的一部分。"卖口儿"的目的有两个，其一为节目的表演进行解说，借以烘托表演气氛；其二为向看客收钱，艺人们尊崇会活又会"口儿"的把式。艺人"卖口儿"，一是讲究有"夯口儿"，即嗓门清亮；二是讲究有"杀口儿"，即说话狠、带劲，声调抑扬顿挫，使观众看得刺激、过瘾。

"锣歌儿"是吴桥艺人口口相传、表演时使用的口语艺术，边敲锣边说，以吸引观众、烘托气氛，所以称"锣歌儿"。杂技艺人们在长年累月的卖艺生涯中，对锣歌儿的内容和形式不断地进行改造、填充，经过长期的潜移默化，逐渐形成了定式或不定式的"锣歌儿"。"锣歌儿"不断完善，大都离不开当时的时代背景，从锣歌儿的形成既能看出历史的变迁，也能看出杂技的发展历程。

"春典"是杂技艺人为适应社会需要和对应复杂的社会环境而形成的行业暗语，是旧时江湖人彼此间相互联系交流的一种特殊的语言，亦称隐语、行话、切口、黑话等，是中国流传于民间社会群体，出于不同文化习俗与交际需要而创造的遁词隐义的特殊隐语。春典实际上是江湖人的第二语言系统。其内容丰富，应有尽有，囊括了从身体部位到社会职业以及生活中的衣食住行、礼节、交往等各种元素。两个江湖人使用春典交谈，外行人即使完全听到，也会一头雾水，不得要领。春典的产生，大致出于下列三种情形：一是由禁忌、避讳而形成的市井隐语；二是出于行业回避目的，免使外人知悉而形成的隐语行话；三是语言游戏类隐语。

（二）东光吹歌（传统音乐）

东光吹歌，起源于沧州市东光县，是以河北吹歌为基础发展演变而来的东光民间艺术形式，属于省级非物质文化遗产。

其中，"咔戏"是东光吹歌中的绝活，有着广泛的群众基础。它可以少到只有咔哨、咔芯子和咔碗就进行当场演奏。不同的人或使用不同的技巧，就能发出不同的声音，其伸缩性极大，有很大的表现空间。因此，群众中有"没有咔戏，吹歌就不算完整"的说法。

据考证，"咔戏"在文化发展史上虽然只有 200 年的历史，但它表现出的强烈感情和浓厚的乡土气息，深受广大农村百姓喜爱。咔戏不仅是河北民间音乐的重要代表之一，也是当今吹歌中不可或缺的重要组成部分，是吹歌更高技巧和演奏功底及音乐素质的综合体现。在东光县的田间地头、村街里巷、农家小院，只要听到艺人们的咔戏，乡村百姓便会循着声音聚拢而来。

目前，能够做到既吹又咔的艺人主要分布在东光县大单镇，其代表性传承人是当地艺人崔书琴，他所咔奏出的声音形象逼真、栩栩如生、惟妙惟肖。（见图 4-10）崔书琴于 2001 年被评为河北省吹歌艺术家，2005 年被吸收为河北省社会音乐研究会会员。在各类比赛中，崔书琴及其团队多次斩获奖项。

崔书琴说，经过多年的沉淀，东光吹歌保留的传统曲牌有《打枣》《欢乐的农村》《河北梆子选曲》等。为了顺应时代发展，他又在原有曲目的基础上不断创新，推出了《枣乡冬夜》《武家坡》《大登殿》等新曲牌。此外，他还吹奏出一批流行歌曲的曲牌，以及新创吹奏乐《运河情》等。

图 4-10 崔书琴（左三）吹歌演奏

现在，崔书琴的吹歌队伍已有 30 多人，人员不仅仅局限于本村，还吸引了许多周边乡村喜爱吹歌的人加入。他们奔走于乡间，传承着吹歌文化。近年来，崔书琴多次走进学校、部队等地进行义务表演、传授技艺。

为更好地保护东光吹歌艺术，使其得到更好的传承和发展，东光县高度重视吹歌的传承工作，专门录制了演奏视频，制成光盘，努力扩大吹歌的影响力，着力将东光吹歌打造成当地的文化名片。作为广大农村百姓喜闻乐见的娱乐形式，今天对其进行抢救、保护和发展，这对弘扬民族民间文化、丰富群众的文化生活，都具有极其重要的推动作用。

（三）沧县狮舞（传统舞蹈）

狮舞（沧县狮舞），是盛行于沧州市沧县的传统舞蹈，被列入国家级非物质文化遗产代表性项目名录。（见图 4-11）

狮舞，又称"狮子舞""舞狮"，是中华各族民间舞蹈艺术，多在年节、喜庆仪式、集会庆典活动中表演。由于狮子是中国人心目中的瑞兽，象征吉祥如意，因此舞狮活动寄托着民众求吉纳福的美好意愿。狮舞历史悠久，旧时称"太平乐"，唐代时得到显著发展。在一千多年的发展过

图 4-11　沧县狮舞表演

程中，狮舞形成了南北两种不同的表演风格。

　　河北是北狮的发祥地。据记载，沧县狮舞最早起源于汉朝，明朝时已广泛流传。沧县狮舞在明代以"同乐会"形式出现，于县境内广泛流传，早期多在庙会和春节民间花会上活动。20 世纪 80 年代以前，沧县各乡镇都有舞狮活动，随着社会的变革，仅剩黄递铺乡北张、刘吉、纸房头乡南小营等数支狮子队仍活跃在民间。

　　沧县狮舞分为"文狮"和"武狮"两类。早期多为"文狮"，以兴济为代表。打击乐对狮舞起着引导作用，舞狮人根据鼓点的变化而表演，动作随节奏的不同而变化，打鼓者则根据当时的演出环境、观众需求而变化节奏。"文狮"的表演重点在于一个"逗"字，鼓点动静结合、张弛有度，动作以模仿猫科类动物本能动作和戏耍动作为主，动作灵活，憨态可掬。"武狮"以黄递铺乡北张村为代表，由"文狮"发展而来，在表演中糅进武术、杂技中的经典动作，如叠立、走钢丝、上高凳、爬杆、高台翻滚、水中望月、巧走立绳、荷花怒放等，鼓点威武豪壮、火爆热烈，以快节奏为主。被称为"北狮王"的沧县刘吉舞狮队即由北张村传承而来。

　　沧县狮舞素以技多、逼真、英姿、火爆、热烈而著称，无论"文狮"还是"武狮"，引狮人和舞狮人都是习武者，武术功底较深。其在传统表演的基

础上与武术、杂技结合，并吸收南狮派系的部分风格，创新了各式高难度动作，打击乐节奏铿锵有力、奇波跌起，展示了热烈惊险、刚柔相济的威武气势，多年来倍受群众喜爱，久演不衰。

近年来，沧县狮舞保护传承工作成效显著，项目代表性传承人、有着"中华北狮王"称号的尹少山在沧县刘吉村创建了刘吉舞狮团，又在沧州建立了"龙狮基地"，为沧县狮舞的传承发展做出了很大贡献。经尹少山培训的学员有600余人，年龄从十几岁到三十几岁不等，一时间人才辈出。沧州著名的狮舞团队以龙凤特技舞狮团和沧县刘吉舞狮团为佼佼者，多次参加全国演出，并荣膺大奖。刘吉狮舞获全国第十届"群星奖"舞蹈比赛金奖，并多次受邀参加大型庆典活动，极大地提高了沧县狮舞的社会影响力。目前，沧县县域舞狮队伍达到10余个，以黄浦乡北张、刘吉、纸房头乡南小营等数支队伍为主。刘吉舞狮团由原来的20余人发展到160多人，被国家体育总局认定为全国最大的业余舞狮团队。

（四）沧州落子（传统舞蹈）

沧州落子是河北省中部一带具有浓郁地方特色的传统民间舞蹈。它流传于沧州地区，尤其以沧县、南皮县为代表，冬季农闲时排练，农历正月十五前后演出，以表示人们辞旧迎新、庆祝丰收的喜悦心情。南皮县申报的沧州落子被列入国家级非物质文化遗产代表性项目名录。（见图4-12）

据沧县县志记载：落子是大秧歌中的一个小场子，起源于清

图4-12　沧州落子表演

代嘉庆和道光年间。其渊源据《沧县志·礼俗娱乐篇》记载，清末老艺人梅盛林（1889—1981）将落子的起源上溯到他的祖父和那位杨黑爷那里；周树棠（1926—1980）说明了落子的原始形态及道具的演变情况。

落子有文武之分：以唱为主的称"文落子"，把武术与戏曲里的筋斗穿插在舞中的则称为"武落子"。武落子表演时，只用鞭和板，动作英姿勃勃。而文落子表演时，鞭、板、扇都用，女角扭动的舞姿就像随风飘摇的柳枝一样轻柔优美、婀娜多姿，故又有"小风流"之称。单独进行扇舞表演时，采用男女对扇的形式，叫作"撇扇"。

传统落子的表演有一个显著的特点，就是同一音乐、节奏、画面之中，男女间以不同的动作相配合，传情达意。传统的落子，女演员脚踩寸跷（又名踩寸子），手持花扇或小竹板，男演员手打霸王鞭。落子的总体表演风格是：扇花少，舞姿造型多，注重曲线美，讲究韵味。扇舞的风格潇洒，板舞的动作幅度大，节奏变化多，非常明快。

落子的传统节目内容大多是表现旧社会劳动人民的苦难生活及爱情故事，以及人民对自由、幸福、美好生活的憧憬，如《茉莉花》《放风筝》《叹情郎》《绣手绢》《尼姑思凡》等。其中，《茉莉花》《放风筝》经过加工、整理，更加优美动人，成为舞坛上久演不衰的保留节目。

20世纪初以来，落子在不断发展中因地制宜、因时改进，适当吸收戏曲中的动作与技巧，对自身加以改变，成为具有鲜明地方特色的民间舞蹈。近年来，沧县文化馆大力弘扬沧州落子，通过举办培训班的形式传承这项古老艺术，培训对象为乡村教师、乡村文艺骨干等。他们将作为"火种"，把"落子"艺术在乡间大地传承下去。2019年，南皮县文化馆获得"沧州落子"项目保护单位资格，代表性传承人为南皮县张洪通。

（五）青县哈哈腔（传统戏剧）

哈哈腔是沧州地区内青县、沧县、河间等地流传的传统戏剧形式。青县哈哈腔是在青县、沧县、河间等广大农村民间歌舞基础上发展而来的，于明末清初基本成形。2006 年，青县哈哈腔被列入第一批国家级非物质文化遗产代表性项目名录。

青县哈哈腔的剧目繁多，如《杨二舍化缘》《四进士》《访苏州》《刘公案》《窦娥冤》《小王打鸟》《王小赶脚》《王定保借当》《二堂舍子》《小姑贤》《乌玉带》《鞭打芦花》《七人贤》《大劈棺》《三月三》《李香莲卖画》等。剧目中相当一部分具有喜剧色彩，角色在演出中要有不同程度的幽默、诙谐可笑的表演特色。青县哈哈腔的音乐属板腔体，主要板式有"头板、二板、三板、快三板、垛板、尖板"等。各门当唱腔大体相同，可分为男腔、女腔、男女同调，但旋律有所区别。伴奏乐器以四胡、板胡为主，伴奏乐曲多由京剧借鉴而来。打击乐伴奏受高腔影响，使用大铙、大镲、梆子。同时，文场引进了梆子的主奏乐器板胡。

图 4-13　青县哈哈腔的传承

青县哈哈腔行当齐全，主要分为生、旦、净、丑四类，根据角色、年龄、性格、身份特点又有细的区分。其中，老生行中的"奸生"、净行中的"零碎花脸"等角色是该剧种中独有的。哈哈腔的表演程式多源于民间舞蹈，表演特点细腻、逼真，具有清新、刚健的气息，给人以真实感。例如，日常生活中的穿针引线、打水、纺棉花、推磨、梳洗打扮等动作，演员表演得惟妙惟肖。哈哈腔的服装和京剧、河北梆子、评剧相同。

哈哈腔表演手段丰富，既能表演帝王将相、才子佳人的生活，又能表演俚俗纷争的故事，各行当都有着自己的表演特点。如：文小生儒气十足、文雅潇洒、相貌端庄；而武小生却是英俊威武、年少气盛；穷生则弓身、抱肩，步履趔趄，一副可怜相。再比如同是旦角，青衣的表演沉稳庄重，行不露足、笑不露齿；花旦的表演则动作轻快、手脚利落、机灵活泼、性格外向、喜怒形于色。

哈哈腔是青县人民在生产劳动生活中积淀的优秀文化，质朴健康，是古老戏曲文化的遗存，是中华民族戏曲史的重要组成部分。

（六）吴桥独台戏（传统戏剧）

独台戏，又称"嘟打戏""扁担戏""五指木偶戏"，是在吴桥县流传很广、很久远的一种民间戏剧艺术，属于省级非物质文化遗产。（见图4-14）

独台戏被誉为世界三大木偶剧种之一，是我国单人木偶戏中仅存的表演形式，是布袋木偶戏的活化石。演出集戏曲、坠子书、鼓词、口技、民间工艺泥塑、彩绘为一体，有独特的文化底蕴和开发潜力。

图4-14 吴桥独台戏表演

独台戏由一人挑着戏担子穿乡走村进行表演，主要靠各式各样的木偶和表演者的口技来完成，是一个人连演带唱还要敲锣打鼓的小木偶戏。道具人物一箱载入，小小舞台可以拆合，一根扁担挑着全部家当，所以，独台戏又被称为"扁担戏"。

独台戏演出的内容非常广泛，曲目多取材于《西游记》《水浒传》《岳飞传》等深受老百姓喜爱的传统故事。演绎这些故事时，道具主要是木偶，但重点是看艺人的口技和驾驭全场的能力。有时需要同时出场多个木偶人物，而且这些人物时动时静、动作各异，还需要有兵器的碰击声、对话声、风雨声等，这些都要凭借表演者一人完成。独台戏的演唱多以戏曲、说唱艺术为主，唱腔、念白随着人物角色变化而变化，表演者要有多变的声腔、协调的动作等高超技艺。

随着人们生活水平的提高和文化娱乐形式的多样性，独台戏出外表演也逐渐冷淡下来，独台戏表演艺人已为数不多。独台戏表演，不再是为糊口，而是作为一种表演艺术，走进吴桥杂技大世界，走进各地的景区，给人们带去享受，带去欢乐。

（七）木板大鼓（曲艺）

沧州木板大鼓又称沧县木板大鼓，俗称"憋死牛"，是一种传统的说唱艺术。（见图 4-15）2006 年，沧州木板大鼓被列入第一批国家级非物质文化遗产代表性项目名录。

图 4-15　沧州木板大鼓表演

沧州木板大鼓起源于明末清初，产生于沧县民间。相传为清代民间艺人李朝臣及其弟子郭树奎所首创，到咸丰年间由艺人庞凤城加以改革和丰富，后来流传到冀中各县，以及北京、天津、石家庄、保定等城市。民国初年，沧州木板大鼓进入兴盛时期，后逐渐衰败。1949 年后，沧州木板大鼓进入复兴时期，活动范围逐渐拓宽，后来遍及京津、山东北部、东北三省及黄河沿岸。

沧州木板大鼓脱胎于民间，吐字行腔用地方语音，唱法质朴粗犷，是河北曲种的重要代表之一，也是全国独有的艺术曲种。对北方大鼓曲群，如西河大鼓、京韵大鼓、乐亭大鼓等产生过重大影响。有专家称"沧州木板大鼓是京韵大鼓的母根"。其内容表达上，有的歌颂英雄人物，有的反映民众疾苦，有的叙述历史故事，有的描绘农村生活，等等。沧州木板大鼓音乐结构完整，三种不同节奏的板式分别为头板、二板、三板，板速有较大幅度的伸缩。从风格上讲，其唱腔浑厚粗犷，有时似说似唱、似叙似述，地方气息浓郁，句尾声调较重，多为背宫腔。表演时一人左手持木板，右手持鼓楗，站立说唱中轮番敲击木板和书鼓，使其与说唱相配合，另有人持三弦专司伴奏。

沧州木板大鼓的传统节目非常丰富，短篇有《劝人方》《度林英》《目连救母》《赵五娘》等百余段；中篇有《二度梅》《响马传》《武松传》《千里驹》《金环记》和《姜公案》等上百段；长篇有"五大春秋"和"三将三案"，以及《飞龙传》《马潜龙走国》等数十部。

沧州木板大鼓自产生起，几经时代的变迁，有繁荣，有衰落。自 2003 年开展民族民间文化保护工程的抢救工作以来，沧州木板大鼓便受到持续关注，并于 2004 年 8 月被定为"河北省民族民间文化保护工程首批试点项目"，这一古老的艺术曲种又有了新的发展。

（八）燕青拳（传统体育、游艺与杂技）

沧州地区北部的青县是古来兵家必争、镖客武师云集之地。燕青拳，中国传统武术拳术之一，流传于青县、沧州一带，被列入国家级非物质文化遗产代表性项目名录。（见图 4-16）

燕青拳又称秘宗拳、迷踪拳、迷踪艺、颜青拳、秘祖拳。"燕青"之称，传说为《水浒传》中主要人物浪子燕青；又云燕青为官府所缉之人，故隐姓埋名，称其术为"秘祖"；又称燕青被人捉拿途中，在雪地行走，巧施步法，得以逃脱，故名"迷踪"。关于此拳的创立和流传，没有史料记载，一部分拳师的口传说法是"此拳出自少林，由达摩首创"。

其特点是动作轻灵敏捷、灵活多变，讲究腰腿功，脚下厚实，功架端正，发力充足。此外，眼神和腿法的配合独具风格，眼神集中一点，兼顾

图 4-16　青县燕青拳

八方，眼助身法，眼助气力。腿法要求劲足力满，干净利落。各种拳套大多由各种手型、步型、腿法、平衡、跳跃等50多个动作组成技击性较强的攻防技术。其步法强调插裆套步，闪展腾挪，蹿蹦跳跃。

在清代乾隆年间，当时的一位游侠——山东泰安人孙通曾在嵩山少林寺苦习数年，燕青拳艺炉火纯青，被人尊为"万能手"。孙通因犯命案而前往东北避难，途中，在青县和静海县交界的大屯村和静海县小南河村分别传下燕青拳。此后，燕青拳分两个渠道传入青县，在青县又分两支广泛流传。

一支流传的情况是，孙通受风寒病在大屯村，幸蒙村里人照料。痊愈后，孙通为报恩，将燕青拳在大屯村进行传授，成名弟子有铜锤吕明、大刀韩七、快腿文林等人。后有吕明传艺于周达，周达及其子传青县的赵廷杰、赵廷桢

和杨福臣等人。

另一支流传的情况是，孙通去东北途经静海县小南河村时，见霍氏宅屋环境秀丽、风景优美，料定若经授艺，日后定出杰人，于是在霍家也传下燕青拳。据说大侠霍元甲的曾祖父就是孙通的高足。

霍元甲的师兄弟——青县的刘宝祥和张金堂，都曾做保镖行当，人送外号"铁巴掌"和"镖神"，二人的燕青拳曾师从霍元甲的父亲霍恩第。他们在青县一边做保镖，一边授徒。青县以赵廷桢、刘宝祥为代表人物的两支燕青拳代代相传。到 20 世纪二三十年代，受战争形势的影响，青县习练燕青拳达到鼎盛时期。当时全县习练燕青拳的村庄有 60 多个，人数达 5000 余人。自清末至民国，曾被朝廷封位、在军队和上海精武会任教及保镖护院的达数十人，佼佼者有赵廷杰、赵廷桢、刘宝祥、张金堂、张忠堂、杨福臣、张殿奎、李桂平等人。

现在，青县习练燕青拳者多为第七、八代弟子（从孙通算起），全县习练燕青拳的村庄有 40 多个，达 400 多人。赵氏支的传人较多，代表人物主要有梁金成、梁金桥、王凤岐、杨玉州、胡光明等人，刘氏支的代表人物有李玉川、刘俊歧等人。

（九）李氏迷踪拳（传统体育、游艺与杂技）

在青县流传的 20 多个拳种中，李氏迷踪拳（燕青拳一支）是主要拳种之一，后有拳术奇人进行系统化、规范化，并予以充实和发展，形成一套具有新特点的拳术，很具青县特色，属于省级非物质文化遗产。

此拳已有一千多年的历史，是在漫长的历史岁月中逐渐丰富完备的，是众多门人共同发展的结晶。清代时，在社会上广传此拳的首推孙通。孙通，山东泰安人，曾在少林寺学艺数载，广访社会名师，精于多种拳术，其中迷踪拳艺达炉火纯青，被人尊称"万能手"和"游侠"。青县的迷踪拳（即燕青拳的一个分支）就是他于清乾隆年间途经青县时首传的，之后在青县迅速传播。曾涌现出有"镖神"称号的张金堂，有"铁胳膊、铁巴掌"称号的刘宝

祥以及在军队任教
或做保镖的多位武
功高手。

后有武师李玉
川（见图 4-17），
继承三代家传和师
传，经长期反复研
练、整理和规范，
已形成比较完备、
内容丰富的理论和

图 4-17　李玉川演练李氏迷踪拳

技术体系。此拳的六大含义为：动如箭出，疾若闪电；隐含骤发，动之无形；
出手三招，刁钻古怪；刚柔转换，发力暴猛；变化多端，技法无常；虚实并
用，攻守合一。因此，在与人交手时，发招进击，往往出乎意料，使对方摸
不清来踪去迹，故曰"迷踪"。

现在，迷踪拳在青县已传到第七、八代，以李玉川等人为代表的传承人
们为继承传播此项拳种而一直笃行着，且已出书录碟，扩大影响。此拳在青
县民众中广泛传播和练习，不仅促进了人民大众的身心健康，活跃其文化生
活，陶冶其情操，而且对社会秩序的稳定、对生产的发展和人民生活的安定
也起到了一定的积极作用。

（十）贾氏青萍剑、杨氏青萍剑（传统体育、游艺与杂技）

青萍剑是我国四大名剑之一，在武林中享有盛名，尤其在河北沧州一带
流传较广。沧州市黄骅市申报的贾氏青萍剑被列入国家级非物质文化遗产代
表性项目名录（见图 4-18）；沧州市运河区的杨氏青萍剑为省级非物质文化
遗产。

图 4-18　贾氏青萍剑的传承

　　古人喜剑，往往视剑为重器，宝而藏之，并且常给某些宝器起一个典雅别致的名字，"青萍剑"就是被这样命名的古剑之一。据传，青萍剑能切金断玉，吹毛立刃，锐利无比。演练起来，形如高山流瀑，长河泻波，虽起伏跌宕，而无间断塞滞之迹，青萍剑借此命名，取其剑器优质、姿质优美之意，恰到好处。

　　贾氏青萍剑起源于清代道光年间，由第四代传人杨鄂林将剑法首传河北盐山县卦村镇（今属黄骅市）贾云鹤。贾云鹤精习剑法，行侠仗义，扶危济贫，青萍剑法声名远扬。贾云鹤将剑法传胞弟贾灵泉和表弟刘文石，刘文石再传马云樵。马云樵苦练剑法，深得其中奥妙，纵横数千里，搏击甚多，未遇敌手。马云樵回乡后，倾心指教贾氏后人，使其剑法达到炉火纯青的地步。经三代长期演练实战，青萍剑不断得到发展、补充，形成了独具风格的六蹚（也叫六趟、六路，现仅见每路六十招式，合计三百六十五式之青萍剑法）三百七十三招式贾氏青萍剑。

　　杨氏青萍剑最早可上溯于唐朝名将郭子仪，之后流传千载，幸而未衰。至清代咸丰六年（1856 年）时，山东无棣人杨棣园因避难来到沧州一带多处传授青萍剑法，结识了沧州"成兴镖局"大六合门拳师李冠铭。据《沧州武术志》记载：杨棣园云游沧城，将青萍剑法传于李冠铭并赠剑谱一套，从此杨氏青萍剑传入沧州大六合门。

杨氏青萍剑共分六路，各为一个演练套路，可单练，可对练，可用于技术实用，是目前保留比较全面的杨氏传统青萍剑法。青萍剑招多式美，其套路结构严谨，剑法规整；同时，剑路近捷，变化多，少重式，这是其他剑法所不具备的特点。

青萍剑术在演练时轻灵转折、迂回巧妙、潇洒飘逸。其动作轻而不浮、沉而不僵，重在意念的引导，强调劲力的内在表现，含而不露。青萍剑的姿势名称整齐优美，且寓意深远，大气恢宏。其招式名称有采用民间传统如"白鹤亮翅""拔草寻蛇"；有的根据姿势形象如"仙人指路""迎风挥扇"；更有形神兼备、气韵生动的"饿虎扑食""力劈华山"；也有来自神话传说的"鲤跃龙门""霸王挥鞭"；更有出自历史典故的"埋伏计"；等等。总之，从名称来看，青萍剑法包罗万象，极具文化内涵，有着深邃的审美和道德教化影响。

至今，青萍剑习练队伍逐渐年轻化，青萍剑谱也不断有传承人进行保存整理和规范，影响力在逐渐扩大。

（十一）沧州武术（传统体育、游艺与杂技）

沧州是中华武术的重要发源地、拳种富集地和典范传承地。1992 年，沧州被正式命名为全国首批"武术之乡"。2006 年，沧州武术被列入第一批国家级非物质文化遗产代表性项目名录。（见图 4-19）

沧州市地处河北省东南部，东临渤海，南接齐鲁，北倚京津，号称京津南大门，历史上是兵家必争之地、商贾云集之所、宋辽边界之处，人们习练攻防格斗之术以求生存，因此武术盛行。沧州武术历史悠久，源于春秋，兴于明朝，盛于清代，至乾隆时，武术之乡已形成，清末民初则声扬海外。明清以来，京杭大运河纵穿沧境，沧州成为南北漕运的交通要冲，为京、津、冀、鲁、豫、苏、浙等地商品流通必经之地或商品集散中心，亦为官府巨商走镖要道。因此，沧州境内镖行、旅店、装运等行业十分兴盛。各业相争，必有高强武技才可立足，人们竞相习练武艺，武风盛行。清末，"镖不喊沧"的规矩成为南北镖行共同遵循的定例。

图 4-19　沧州狮城广场万人武术展演

　　沧州的武术门派众多，有八极、劈挂、燕青、八卦、六合、查滑、功力、太祖等 53 个拳种，占全国 129 个武术门派拳种的 41.09%，各门派均具有刚猛剽悍、力度丰满、长短兼备、朴中寓鲜的风格特点。据统计，沧州在明清时期出过武进士、武举人 1937 名，是武术人杰高产之地。几百年来，沧州武术精英荟萃，涌现出丁发祥、霍殿阁、王子平等大批高人义士，为御外辱、扬国威、光大中华精神做出了巨大贡献。

　　沧州武术独树一帜，除有代表性拳种的八大门派以外，疯魔棍、苗刀、戳脚、阴阳枪等拳械为沧州所独有。沧州武术兼收并蓄，积累了雄厚的传统武术资源，近年来又吸纳跆拳道和规范武术套路等积极成分，取得新的发展。沧州武术刚劲威猛，技击性强，既有大开大合的勇猛长势，又有推拨擒拿的绝技巧招，一招一式中无不体现着中华文化中阴阳、内外、刚柔、方圆、天地、义理等源于儒、释、道的理念和意蕴。

习练沧州武术可以提高人的身体素质，锻炼人的精神品格，促进人的全面发展，丰富和完善中华乃至国际武术文化，还可以进一步带动武术培训、表演、竞赛、交流、节庆会展、器械生产交易等相关行业的发展。但是，沧州武术技艺以口传身授为主要传承方式，老拳师的文化水平大多不高，讲究"学问都在肚子里"，随着诸多杰出的武林前辈年事已高，许多绝技妙招濒临失传，急需保护、抢救和传承。

（十二）弹腿（传统体育、游艺与杂技）

弹腿是一种以屈伸性腿法为主，并由各种手法、步法所组成的中国传统拳术套路，是省级非物质文化遗产。

弹腿以腿法快速屈伸出以激力，如弹射之势而得名。弹腿始创于唐末五代时期，距今已有千余年历史，相传为后周昆仑大师所创，是中国普通劳动人民在长期的社会实践中不断积累和丰富起来的一项宝贵的文化遗产。

弹腿的名称来源有三种说法：一说此拳腿法快速屈伸，故称为"弹腿"；一说此拳起源于唐末五代时期的山东龙潭寺，距今已有千余年历史，创始人为后周昆仑大师，因战乱所逼，在山东临清龙潭寺（今邢台市临西县龙潭寺）剃度为僧。他身怀武功，擅长医道，在龙潭寺立门授徒，研练出一门偏重腿功的武技，并借用发源地龙潭寺之名称"潭腿"，又称临清潭腿、临西潭腿；还有一说谓此拳由河南谭某人所创，故名"谭腿"。第一种

图 4-20　弹腿名家王子平

说法在民间的流传范围较广，在河北邢台、沧州等地的回族民众中颇有影响。

近代弹腿名家首推王子平（1881—1973），他是河北省沧县人，回族，生于穷苦艺人之家。王子平自幼苦练武功，除武术、摔跤、举重外，凡有益于拳术练功的运动项目，莫不研习，因此被誉为全面的武术家。（见图 4-20）王子平常表演石担（举重），人称"千斤王"，1918—1921 年，曾几次与外国大力士比武，都获胜利，于是名噪武术界。1928 年，中央国术馆聘请他为少林门门长。中华人民共和国成立后，王子平先后任中国武术协会副主席、中华全国体育总会委员，出版了《拳术二十法》《却病延年二十势》等书。

（十三）泊头六合拳（传统体育、游艺与杂技）

六合拳起源于沧州泊头。泊头市位于渤海之滨、武术之乡沧州南部。泊头六合拳被列入国家级非物质文化遗产代表性项目名录。

泊头六合拳，自明朝万历末年（1620 年）侠士张明授艺于泊头红星八里庄的曹振朋，至今已有 400 余年历史。继拳术大师曹振朋之后，传承至今已历九世。泊头六合拳的历史悠久，传播广远，在武术界享有盛名，不仅是一种体育项目，更是一种具有鲜明地域特色的文化现象，曾一度出现了多位享有赫赫声威的武术名家，从"镖不喊沧"声名远播的李冠铭、人称"黑旋风神力千斤王"的石金刚，到助谭嗣同戊戌变法的"大刀王五"王正谊、著有《中国摔跤法》的名师佟忠义等，都留下了许多脍炙人口的传闻逸事。

六合拳以六合为理论基础和技术核心。六合拳谱云：四方上下曰宇，往古来今曰宙，东西南北上下为六合。拳法之基本理论讲究阴、阳、起、落、动、静协调配合。"六合"是指：心与意合、意与气合、气与力合、手与足合、肘与膝合、肩与胯合。这"六合"倘若运用自如，劲力便可发于脚、撑于腿、冲于胯、拧于腰、送于肩、开于手，称为六合劲。演练之时，心意为先，形化随意，势式相随，刚柔相济。技击实战时讲究后发制人，见招化招、以招破招、借力发力、以柔克刚、以快打慢、随机应变，使之化打结合，攻中有防、防中有攻。其招法灵活多变，攻防协调配合。其招式舒展轻敏，手法连贯，步法清晰，刚柔并蓄，动静分明，潇洒实用。男女老幼皆宜练，健身防身效果明显，极具健身技击功效，深受习武者喜爱。

六合拳法，极重武德，传承不分贵贱亲疏，授徒不问民族地域。技艺主张兼收并蓄，中正耿介，崇德向善，强体强国。御辱有志士，国难无叛逆。健身是良方，效国是资本，非一地一姓一家之私产，实民族团结之纽带，中华武林之奇葩、文化之瑰宝。至今，六合拳数代传人先后在世界各地以及全国、省、市武术比赛中获奖，为六合拳自身的发展和沧州武术的发展做出了新的贡献。

六合拳第八代传承人石同鼎（见图4-21），曾任泊头市武术协会副主席、沧州市武术协会委员、全国武术协会会员、世界武术研究学会名誉会长。2002年，石同鼎个人投资100多万元兴建了"六合武馆"，建筑面积600平方米，泊头各族习练六合拳之人第一次有了自己的场馆。建馆以来，每年都有200多名武术爱好者清晨、傍晚前来演练六合拳，习武切磋。六合拳已成为当地人生活的一部分。

图4-21　泊头六合拳传承人石同鼎

（十四）吴桥杂技（传统体育、游艺与杂技）

吴桥杂技，沧州市吴桥县地方传统杂技，2006年被列入第一批国家级非物质文化遗产代表性项目名录。（见图4-22）

图4-22　吴桥杂技·转碟表演

吴桥杂技是流传在吴桥县域的民间表演艺术，起源于春秋战国，汉、唐时已比较兴盛，宋代时走向了民间。吴桥杂技展示人体技能技巧，门类齐全，节目阵容庞大，包括耍弄技艺、乔装仿生、动物驯化、硬气功、魔术等七大门类，共有1100多个表演节目。吴桥杂技有自己的行业神——吕祖吕洞宾，创造了独立的行业隐语"春典"，具备完整的行业文化体系，素有"十方杂技九籍吴桥""没有吴桥人不成杂技班"之说。

河北省是中国杂技发源地之一，吴桥很早就是冀州大地杂技密集的地区。从春秋战国至今，吴桥杂技已有2800余年的历史。战国时期中山国成王墓中已有演练杂技形象的银首人俑铜灯出现。据《史记》《汉书》记载：古冀州一带曾流行一种头戴面具进行比武、斗力的游戏，民间称为"蚩尤戏"，也就是汉时的"角抵戏"；晋代墓室中已有宴乐杂技表演的壁画出现；到了宋朝，杂技走向民间，有了专业的"勾栏""瓦舍"等演出地点，演出艺人和节目内容逐渐增多；从清代到民国，是吴桥杂技经营和杂技文化发展鼎盛时期，其文化传承受到杂技艺人的特别重视，成为杂技艺人在江湖活动中安身立命的必备条件。

吴桥杂技来自当地人们的生活体验，是从生产、生活中提炼出来的民俗艺术，在久远的传承过程中，形成了独具中国民间特色风格的节目内容和表现形式。吴桥杂技演出用的道具，大都来自人们的日常生产生活，如锅、碗、盆、勺、桌、椅、几、凳。并且，中国武术器械中的刀、枪、棍、棒等也被吴桥杂技艺人用来做道具，由此创造出具有特色的杂技节目。

在吴桥，杂技是平常百姓家中不可缺少的娱乐形式。据统计，吴桥杂技传统节目主要有肢体技巧、道具技巧、乔装仿生、驯兽、马术、传统魔术、滑稽 7 大类 486 个单项，集中体现了尚武好义、百折不挠的吴桥杂技文化精神，为人们所传颂。其中，马戏、大变活人、杂技唢呐、地摊魔术、驯兽、驯鼠等项目也分别被列入国家级或省级非遗保护名录之中。

当地魔术师王保合、于金生作为吴桥杂技的代表性传承人，演出均达到出神入化的效果，不断为杂技艺术扩大知名度和美誉度。王保合老先生获"著名表演艺术家"称号，被誉为"鬼手"，享受国务院政府特殊津贴。

吴桥杂技艺术源于民间，历史悠久，有其深厚而广泛的群众基础，带着浓郁的生产生活气息，几千年传承至今就是其强大生命力的证明。吴桥杂技艺术所体现出的精神内涵既有国家和民族精神，也包含着独特地域风骨的燕赵精神。但是近年来，由于社会政治经济条件、演出组织形式、活动形式的改变，老艺人、老教练等越来越少，行业规矩淡化，吴桥杂技文化有逐渐走向消亡的危险，亟待挖掘和抢救保护。

（十五）劈挂拳（传统体育、游艺与杂技）

沧州武术劈挂拳是沧州市的传统武术项目，被列入国家级非物质文化遗

产代表性项目名录。（见图 4-23）

图 4-23　沧州劈挂拳

沧州劈挂拳历史悠久，早在明代中期就流传于民间。明代爱国将领戚继光（1528—1588）在《纪效新书》中对劈挂拳就有论述："活足朝天而其柔也。"这是对劈挂拳腿法灵活的赞誉。《拳经捷要篇》则把"抛架子抢步披挂"一招列入"择其善者"而编成的三十二势长拳之中。

戚继光之后，到清朝中期，河北沧州出现了劈挂拳的两大支派。一支由沧州南皮郭大发主导，其为京城保镖，后为皇宫禁军护卫，主要传授快套、挂拳等；另一支由沧州盐山左宝梅主导，主要传授慢套和青龙拳。至民国初的一百多年间，沧州演练此拳的人逐渐增多。随之劈挂拳名人辈出，有肖化成、李云表、赵世奎、黄林彪、郭长生（郭燕子）、马凤图、马英图等。

劈挂拳法速度快，劲力爆，招式严厉，变化莫测，注重攻防技击，讲求实用。主要套路有劈挂拳快套、慢套、青龙拳、挂拳、炮锤、飞虎拳、劈挂滚雷掌等；器械有苗刀、疯魔棍、劈挂刀、奇枪、青萍剑、行钩、双头蛇、载等，每个套路各具特点。劈挂拳神形自如，动作舒展，洒落矫健，疾速多变，动静分明，节奏明显。

作为劈挂拳的代表性传承人，郭贵增为劈挂拳的传承发展做出了重要贡献。2006年，郭贵增参加北京体育大学"新浪杯"首届传统武术比赛，获劈挂拳特等奖、苗刀一等奖。2012年，郭贵增建立沧州派尼学校劈挂拳传承基地，并被河北省文化厅批准为河北省非物质文化遗产传承基地——沧州劈挂拳馆。2012年6月，沧州郭长生武学文化研究会成立，郭贵增任会长。2013年，郭贵增在沧州市南环职业中学附近建立通臂武学会馆，传授劈挂拳、通臂拳、苗刀等技，场馆面积近200平方米，内设练功器械、健身器材，方便了武术爱好者求知习练的需求，也为传承沧州劈挂拳等传统武术新增一个平台。2019年11月，沧州市武术协会获得"沧州武术（劈挂拳）"项目保护单位资格。客观来说，劈挂拳虽有武术协会支撑传承，但仍有后继乏人之虞，急需加强保护。

（十六）雕花陶球泥塑工艺（传统美术）

雕花陶球泥塑工艺是沧州市东光县的传统工艺美术，属于省级非物质文化遗产。

雕花陶球泥塑工艺包括空心陶球的制作与雕刻，在民间传承已久，甚至可以追溯到远古时期。

空心刻花陶球的制作与雕刻作为泥工工艺的一部分，是典型的民间艺术，具有广泛的群众基础。经过艺师金保成50多年的钻研与创新、精练与提高，雕花陶球泥塑的工艺水准达到了新的境界。（见图4-24）金保成的空心陶球的制作与雕刻发展到今天这样的水平及规模，离不开他的祖父金朝荣（1898—1962）及父亲金建龄（1927—2006）的传承、开拓与发展。此技艺经过千百年的传承与发展、锤炼与提高，现在已成为一门独树一帜的绝活。

图 4-24　雕花陶球泥塑工艺传承人金保成

精心制作的经过烧制的各种花样的陶球（包括多层镂空陶球）具有很高的艺术欣赏价值，很受大众喜爱。小小的陶球雕刻图案集古代与现代、民族与世界、具象与抽象于一体，其中包括众多优美的花鸟图案，赏玩者可以由此联想到剪纸、木雕、石雕以及各种建筑、服装等运用的装饰图案。陶球图案也是对图案艺术、民族文化的丰富和发展，其弘扬和传承的意义十分重大。空心刻花陶球的制作与雕刻，取材方便，工具设备要求简单，工艺流程简洁，基本技法容易操作掌握，所以此项活动易于普及和传承。

（十七）三痴斋泥塑（传统美术）

"三痴斋"泥塑是流传于沧州泊头市的一种民间美术，属于省级非物质文化遗产。

泊头当地流传着一段顺口溜："寺门村的娃娃，黄屯的鼻（哨）儿，范庄的小簸箕儿，拿手要数三痴斋（军西村）的小泥人。""三痴斋"泥塑创建于清光绪年间，在清末至民国年间是非常著名的泥塑品牌，至今已有百余年的历史，技法日臻成熟。多年的继承发展造就了"三痴斋"泥塑艺术的独特魅力。

"三痴斋"泥塑大多取材于民间故事、神话传说和古典名著。其作品用料讲究，经历百年不崩不裂，色彩明快协调，造型神形兼备。泥塑的尺寸大到丈余的寺庙神佛，小到一寸的架上摆件，无不令人叫绝。"三痴斋"泥塑技法独特，绘彩精美，造型在似与不似之间体现人物的历史背景和内心，完美结合传统民俗与文人画，充分体现其于夸张之中写实的艺术风格。

图 4-25　泊头"三痴斋"泥塑大院里，艺人在制作"吉虎"作品

"三痴斋"泥塑第四代传人宋长峰于 2005 年成立了"泊头市三痴斋泥塑工作室"。（见图 4-25）宋长峰擅长泥塑和彩塑，他手里的历史人物和神话人物造型传神，文化气息浓厚，真正做到了"心中有艺，手上生情"。因为是纯手工制作，所以他的每个作品都是独一无二的绝版。为了更好地继承家传、挖掘整理民间艺术宝藏，宋长峰游历四方、拜访名师、虚心请教，并学习素描和国画多年，力求厚积而薄发，同时注重"外师造化，中得心源"。他将祖辈传下来的泥塑技法吸收、研究并传承下来，又将西方的解剖等相关的雕塑

知识运用到泊头泥塑的制作中，创作出了很多优秀的现代泥塑作品。主要作品有手捏戏文、刀马人物、传统人物、泥哨、泥模、泥壶、泥簸箕及以历史人物和神话人物为主的一系列泥塑作品。

泊头泥塑造型多样，表现手法率真朴实、形态逼真，具有鲜明的象征性，体现出民间久远的文化气息和深厚古朴的审美品质，具有独特的历史价值、社会文化价值、民俗价值、审美价值和研究价值。

（十八）石影雕（传统美术）

石影雕，就是雕刻在岩石上的影像。沧州吴桥县的石影雕技艺起源于清末，属于省级非物质文化遗产。

石影雕的制作完全依靠创作者手腕力度的大小轻重，使用金刚石为尖的钢锥不断凿击花岗岩，黑色的石板上即留下或白或灰、深浅不一、疏密不均的小点，达到作品的立体感。石影雕利用黑白明暗成像原理形成摄影效果，其画面细腻逼真、清晰生动、古朴高雅，且材质坚硬，不变形、不变质，可长久保存。石影雕艺术完全颠覆传统的"相似"概念，经过千万次不同力度、不同方位的纯手工敲凿，通过点的大小、深浅及疏密，体现画面的明暗及层次结构，达到了形神兼具的极高境界，堪称"中华一绝"，是极具收藏价值的艺术品。石影雕作品大致分为山水、花鸟及人物肖像三类，而人物肖像最能体现创作者的艺术水平。

石影雕在吴桥至今已传至第五代，其技艺在汲取南北石雕艺术精华的基础上，大胆创新、大胆实践，形成了独有的特色。第五代传承人方士英在继承传统工艺的基础上，结合摄影光学效果知识与绘画笔触技法，突出石影雕作品的"神似"特点。（见图4-26）20多年来，方士英创作了近千件石影雕作品，并将石影雕技艺带进校园和社区，让更多人感受到非遗技艺的魅力。她所创作的古今人物肖像惟妙惟肖，远看似一幅黑白艺术照片，近看却有着照片所不能传达的神韵，能够精细到一条细细的皱纹、一根黑白相间的发丝，人物的眼神、表情总能恰到好处地表现其气质和韵味，使人观后回味无穷，将石影雕的艺术魅力发挥到极致。

吴桥石影雕作品曾多次在国内斩获殊荣，并被国内外多家博物馆收藏，为吴桥赢得了良好的社会效益和经济效益，为"杂技之乡"吴桥的文化事业增添了美丽的

图 4-26　石影雕传承人方士英工作中

色彩，使吴桥向世界展示了除杂技之外的另一当地民间瑰宝。

由于石影雕技艺需要创作者有一定的美术、手工技艺基础，还需要坚持不懈、持之以恒的精神，所以其传承难度较大，传承范围越来越小，需要依靠众多力量将之发扬光大。

（十九）线装书工艺（传统技艺）

线装书工艺是一种传统手工装裱技艺。汉、唐只有卷轴形式的书，到了明代才正式出现了线装本的册页书。线装书工艺是我国传统书籍艺术不断改进、变革与完善的标志。吴桥县线装书工艺属于省级非物质文化遗产。

省级非遗线装书工艺代表性传承人谷秋生，在多年的实践中致力于将古书的艺术美融入现代印刷中，2006 年创建了江北最早的古籍印刷厂——吴桥金鼎古籍印刷厂。经过多年发展，该厂从一家小型印刷厂发展成为全国古籍印刷业的龙头企业，并形成了占地 25 亩的文化园区。

谷秋生创办的吴桥金鼎古籍印刷厂，在继承传统工艺的同时，不断开拓创新，引入现代化生产工序，先后完成了《钦定古今图书集成》《四库全书精编》《中国历代碑刻书法全集》等多部大型古籍的原版影印工作，印制了中国最大的一套佛学巨著——200 余册的线装古籍版《乾隆大藏经》，又印制了

《金刚经》《四书五经》《沧州风物吟》《徐宗先诗词选》等多部图书。此外，谷秋生还投资建设了一座线装书博物馆。

金鼎古籍线装书工艺，在继承传统工艺的同时不断开拓创新。一本精美的古籍

图 4-27　吴桥金鼎古籍印刷厂的工人在制作线装书

线装书的装订制作需要经过理料、折页、配页、检查理齐、压平、齐栏打眼、穿纸钉、粘封面、配本册、切书、包角、复口、穿线订书、粘签条、印书根字等 18 道工序。（见图 4-27）金鼎古籍线装图书与众不同的一大特点是：印刷采用宣纸手工印刷，纸页折好后先用纸捻订书身，上下裁切整齐后再打眼装封面。线装书生产工序严格，将印好的宣纸装帧成一本书，需要耗费不少人力和物力。十多年来，谷秋生和他的员工们不断改进和完善线装书制作工艺流程，在普通的岗位上精耕细作、精益求精，完成了一本本古朴的线装书制作，再现了中国典籍之美。

目前，金鼎古籍印刷厂每年可制作线装书 80 余万册，产品畅销国内，并销往美国、韩国等国家和地区。

（二十）三井十里香酒酿造技艺（传统技艺）

泊头的三井十里香酒酿酒工艺为省级非物质文化遗产项目。

泊头是黑龙港流域传统农业大县，被认定为河北省粮食生产大县，是河北省 86 个粮食生产大县（区）之一。优越的地理气候条件、丰沛的优质水资源，适宜各种农作物生长，为十里香酒的酿造提供了充足的物质基础。

三井十里香酒历史悠久，史料记载翔实。清顺治年间，新桥驿（古泊头，

后又称泊镇）为漕运咽喉，商贾云集，酒业兴旺。运河边上有一古井，上覆三眼之巨石，称"一步三眼井"，又称"三井"，泉水甘爽，以井水酿酒，味美香醇，取名"十里香"，名噪京畿。

1920年，余姓商人在泊镇新华街创办第一家酿酒作坊，取名"泰盛永"。随之，"恒兴泉""恒升泉""德兴泉""聚兴永""永兴泉""少泉""礼泉"七家酒坊相继兴办。经过近代战争时期的艰难维系经营，到中华人民共和国成立后，泊镇酒厂变为国有企业，定名为"国营交河县泊镇制酒厂"。几经浮沉，三井十里香获得了长足的发展。

三井十里香酒工艺独特，生产过程中以中高温大曲配合泥窖发酵。（见图4-28）用此工艺酿造出来的十里香酒，高而不烈，低而不寡，绵长尾净，丰满协调。再经过百年木质酒海和特质宜兴陶坛的长期恒温储藏，三井十里香酒饮前香气优雅怡人，饮中畅快甘润，饮后余香不绝；正是凭借醇香典雅、甘柔净爽、尾净悠长的独特品性，成为柔香白酒的典范。

图 4-28 十里香酒厂车间的酿酒过程

"酿一品酒，做一品人，永远追求一流品质"，是三井人一直坚持的企业发展理念。近年来，三井十里香酒业飞速发展，不论是企业规模、生产工艺还是管理水平，各项指标都已达到或超过了同行业先进水平。一系列有效举措从根本上保证了三井十里香酒对中华酒文化历史的传承。如今，三井十里香酒终于凭着悠久的历史传承、深厚的文化底蕴、卓尔不群的市场表现，以及多样化的销售模式，在白酒行业中赢得了极高声誉，并于 2011 年 3 月被国家商务部授予"中华老字号"荣誉称号。2012 年，"三井十里香酒酿造技艺"被认定为河北省省级非物质文化遗产。2013 年 12 月，原国家质检总局对"十里香酒"实施地理标志产品保护。

（二十一）同聚祥酒酿造技艺（传统技艺）

同聚祥酒酿造技艺属于省级非物质文化遗产，起源于青县，为青县人陈大臣于光绪三年（1877 年）创制。当年，陈大臣及其子陈月波在青县兴济镇北街创办酒坊，品牌定名为"同聚祥"。

"同聚祥"品牌白酒的酿造工艺为陈氏家族精心研制，取京杭大运河南运河水，采五谷台黄土建造泥窖，选优质高粱，经过泥窖发酵，分段掐酒，陶坛储存，精心勾调，历八十一日方酿出美酒，质量极佳。该酒芳香浓郁，绵柔甘洌，醇厚宜人，尾净余长，被百姓誉为"燕赵琼浆"，时有"运河两岸，水旱两路，官司两界，齐声赞誉同聚祥酒香"[①] 的美誉。清末学者王国维品后称赞曰："玉液醇厚耐品尝，空盏尚留满室香。风来隔壁引人醉，雨后开瓶百步芳。"

由于"同聚祥"品牌白酒誉满燕齐大地，光绪六年（1880 年），该酒成为贡品，年产酒上万斤，远销株洲、苏州、杭州、南京等地，时为中国高产名酒之瑰宝。中华人民共和国成立前，由于燕齐腹地遭遇军阀混战和日本人入侵，"同聚祥"品牌白酒衰落。

当代"同聚祥"品牌白酒传承人陈玉洪（见图 4-29），于 2006 年 5 月，在青县金牛工业园区建成同聚祥白酒厂，占地 5 万多平方米。如今的同聚祥

---

①青县地方志编纂委员会：《青县志》，方志出版社 1999 年版，第 1195 页。

酒继承了祖传的酿酒
工艺，采用固态发酵
方法，经过精心选料，
除杂粉碎，搅拌、配
料、窖池发酵，蒸馏、
分段掐酒，萃取精华，
储罐封存。在选料上
做到：颗粒饱满，无
虫蛀、无霉烂、无污
染、无杂质；在配料

图 4-29　同聚祥酒品牌传承人陈玉洪

上做到：稳、准、细、净、勤；在装甑过程中做到：轻、松、齐、平、缓，使酿出的同聚祥酒入口绵软，挂杯持久，回口留香，回味无穷。

　　同聚祥酒的繁杂工序基本都是手工操作完成，这是一种完全凭借感性和经验的操作过程。140 余年，同聚祥酒的酿造工艺全靠师徒相传，并形成一套独特而完整的知识系统，且一直延续着祭拜先祖和酒神的传统。这种习俗构成了同聚祥酒文化最完整的历史面貌，具有很高的历史和文化价值。

（二十二）镂空木雕雕刻技艺（传统技艺）

　　镂空木雕又称透雕和空雕，是在木雕的基础上经过一代代木雕艺人的想象和创造发展而来的，历史悠久。沧县镂空木雕雕刻技艺属于省级非物质文化遗产。（见图 4-30）

　　沧县镂空木雕雕刻技艺在明清时期有了较大发展。当时雕刻家具、寺庙装饰等盛行，雕刻艺人应运而生。镂空木雕是艺人在家具、建筑、神器中使用最广、效果最好的雕刻技法。清末民国时期，沧县出现了一批著名的雕刻艺人，如刘振红、高连元、吕联青师徒等，他们参与了沧州的清真寺、青县盘古庙等许多寺庙的维修和制作工作，家具和佛龛的雕刻技艺也堪称一绝。沧州古建筑"吕氏住宅"，其雕刻设计制作均由吕联青及弟子完成。工匠们将镂空雕刻由薄向厚，由单层次向多层次发展，使镂空木雕艺术具有了鲜明的地域特色。在吕氏师徒的带领下，沧县出现了大批从事木雕及家具制作的艺人。

图 4-30 沧县镂空木雕雕刻艺术

沧县镂空木雕雕刻艺术具有鲜明的时代特色和地域风格，作品记载着中华民族的文明演进史和文化成就。在构图与厚度上，它与南方镂空木雕有着明显的区别：南方镂空木雕多采用"满工"构图，而沧县镂空木雕采用与国画相结合的方法；在厚度上南方镂空木雕多为单层次 1~2 厘米的薄料，而沧县镂空木雕为多层次镂空雕刻，厚度达到 10~40 厘米，立体感、层次感强。经过历代艺人的传承和发展，并从绘画、石雕、泥塑等技艺中吸取精华。镂空木雕有极高的欣赏价值、使用价值和收藏价值，作品曾经远销海外，对促进国际文化交流、弘扬民族文化做出了积极的贡献。

时至今日，一方面，由于雕刻工序复杂烦琐，制作材料和作品价格昂贵，需求量小；另一方面，由于学徒时间长，从事人员必须具备较高的艺术修养和设计制作能力，很多人被迫放弃，造成学习此技术的人员少，因此，目前该技艺面临发展的困境，沧县仅存海旺镂空木雕艺苑一家，急需有效保护，使这一古老的民族艺术能够传承下去。

（二十三）泊头传统铸造技艺（传统技艺）

近代以来，泊头成为我国著名的铸造之乡，泊头传统铸造技艺被列入国家级非物质文化遗产代表性项目名录。

我国是世界上最早冶铸生铁的国家，始于大约公元前 400 年的战国时期，而泊头铸造业有文字考证的历史始于距今 1300 多年前的唐代。20 世纪 80 年代，泊头市富镇出土了一尊 3 米高的铁佛立像，经鉴定为五代十国时期铸造。千余年来，泊头铸造工艺日益精湛，由最初古老的干模铸造发展到硬模铸造和金属模铸造。

干模铸造具有重要的历史和科学价值。到目前为止，泊头出土的千年以上铸造品都是以传统干模铸造工艺制成，这种铸造技艺包括内范、外范、减支、合型浇铸等一系列工艺。以黄土或胶泥制成要铸造的产品外形，谓之制作内范。制作外范时，先在内范表面涂上一层薄薄的蜡，再在外面覆上一层拌有碎麻头的麻刀泥，厚度视铸件大小而定。待外范晾干到一定程度，确定一个分型面，然后用锋利的刀沿分型面切开，刻上记号，使外层麻刀泥与内范脱开。减支，即视铸件厚度，用刀、铲、钩、勺等锋利的工具削去内范表层。合型则是将外范按刻好的记号复原到内范外面，中间形成型腔，然后将分型面封死，做好浇铸口。在干模技艺铸造的基础上，发

图 4-31　泊头传统铸造技艺中的硬模制作

出了半永久性铸型的硬模铸造技艺，其优点是可以一模多型、多模同铸、连续作业。这种铸造技艺的关键是制作硬模，行话叫"浆模子"。（见图 4-31）

中华人民共和国成立后，泊头是国家建设事业中铸工工人的重要来源地。1958 年 5 月，该地铸工外出者多达 6200 人。1959 年，全县各人民公社都建立了铸造厂，各厂用玛钢生产耙齿、耧脚、镐等农具，开创了以铸代锻的先

例。20世纪60年代，全县100多个生产队会集泊镇建起75家铸造厂，拥有100多座冲天炉，四五千名铸工联合从事铸造业，年产铸件4万吨。先是比较古老的干模铸造，再是硬模铸造、金属模铸造，然后到十几米高的冲天炉，铸造业已发展成为泊头工业经济的支柱产业。随着时代的发展，泊头的铸造产品试图向现代科技迈进，从普遍使用的普通灰铸铁，发展到高强度灰铸铁、球墨铸铁、抗磨铸铁、耐热耐蚀铸铁、高牌号玛钢等各种材质。

目前，泊头境内使用硬模铸造和勺炉的铸造企业仅存一两家，面临失传的危险。近几年来，泊头市委、市政府虽然采取了一些积极措施，但是，由于这种铸造利润微薄，以及受到工业生产大环境和推广范围有限的影响，收效并不理想。铸造业是工业的基础产业，工业的先进发达离不开铸造产品的应用。挖掘和保留宝贵的铸造工艺，是一项重要而艰巨的任务，也是全社会共同的责任。

（二十四）青县盘古文化（民俗）

青县盘古文化与盘古庙会是民间传统文化活动，属于省级非物质文化遗产。（见图4-32）

图 4-32　青县盘古庙会

盘古是神话中开天辟地的人物，家喻户晓。盘古的传说始于远古，资料记述于夏禹，史志记载于唐宋。盘古古迹及庙会的传说在青县老幼皆知，延续古今。《青县志》《河间府志》《天津府志》《畿辅通志》《皇朝通志》等均有"盘古墓、盘古沟、盘古港、盘古里、盘古潭、盘古庙俱在青县"的记录。

以遗存为载体，以圣地而扬名，人文圣地——盘古的遗迹群，坐落在青县县城西南3千米处的盘古乡盘古村中。因"先立盘古后立天"之故，明朝弘治十七年（1504年）斥巨资修建的盘古殿，黄瓦盖顶，庑殿顶，垂脊兽10尊，与中国最高等级的殿宇——太和殿相同。盘古殿正脊上有鸥吻，此正吻又高于太和殿。庙中祭祀的神位，囊括了神话与宗教的鼻祖或领袖，成为明清皇权维系民心、巩固统治的灵魂。

盘古庙会是一种古老的民俗及民间宗教文化活动。青县盘古庙会相传是从四千多年前的大禹王设祭开始的。因为祭祀的需要，人们结庐成市，渐成庙会。宋元时期市场交易面及云贵、湖广、松辽、俄蒙，明清两代辐射更大。盘古庙会内容丰富，如祭祀活动、焚香祭告、祈福保佑等礼仪，庄雅隆重，场面宏大，进香者不计其数；文化活动如南昆北曲，百戏杂陈，百艺汇集，消遣娱乐花样繁多；经贸活动繁盛，商业店铺、摊棚林立，货样齐全，琳琅满目。庙会的兴盛，甚至吸引了中国港台地区及日、美、蒙古等国的商贾、文人及香客。

盘古精神深入人心，凝聚力强，历史悠久，是儒、道文化的先主，辐射面广阔，影响力大。盘古庙会传承四千多年，在中国庙会历史上占据一席之地。青县十分重视保护、开发盘古文化及庙会旅游资源，成立了盘古文化研究会，对庙会活动加强管理和改进，但仍存在着遗存面临绝迹等问题。保护、弘扬青县盘古文化及庙会活动具有重要意义。

（二十五）点穴拨穴疗法（传统医药）

青县的点穴拨穴疗法是一种民间传统中医治疗方法，属于省级非物质文化遗产。

点穴拨穴疗法是医者用手指在患者体表特定的穴位和部位上，施以点、按、压、掐、拍等不同点拨穴位的手法，通过疏通经络的作用，使患者体内气血畅通，人体机能恢复正常，从而达到有病治病、无病防病的一种低碳环保的无创性方法。

清乾隆年间，青县郎中张锡田自学成才，研创了点穴疗法，在多年的临床运用中积累了丰富的经验。他以中医整体平衡论为指导思想，以调整经络气血、恢复人体自我修复功能为治疗原则，从平衡人体阴阳入手，疏通经络，振奋阳气活血，从而达到防病治病功效。张锡田又将点穴手法在原来点、按、掐、拍、叩、拿的基础上进行了大胆创新，增加了拨、揉、捋等手法，其治疗范围也不断扩大，逐渐形成了一种独特的治疗方法。

先后经过八九代人的研究、探索、传承和发展，张氏家族的点穴拨穴祖传秘方医术独特，疗效显著，尤其是在治疗某些疑难杂症方面具有明显独到的功效。省级非遗名录第八代传承人张桂荣（见图 4-33）利用此方治病的区域，

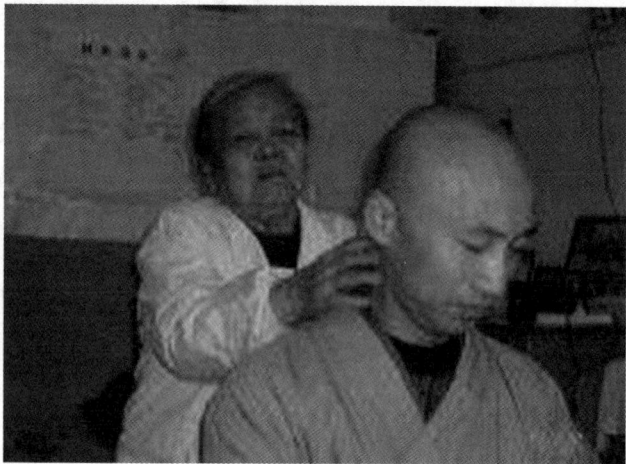

图 4-33　青县点穴拨穴疗法传承人张桂荣在给人做治疗

包括京津冀地区和辽宁省，还涉及韩国等国家。经张桂荣亲手治愈的患者难以计数，患者赠挂的镜匾、锦旗数不胜数，为患者免费医治的举不胜举。她的善举和事迹在青县影响很大，并多次被新闻媒体报道。

由于历史的原因，历代中医传人笃守师承，对祖传的点穴拨穴秘方大多采用口传身授的方式择徒授艺，而且门规极严，导致这门技术流传不广、发展缓慢，迄今已濒临失传。传承人张桂荣现已八旬高龄，面临后继无人的境

地。她愿意在有生之年多传教一些徒弟，为世人留下点穴拨穴的宝贵财富，此举是功在当代、利在千秋、利国利民的一件事，无论是对于丰富和发展中华民族的医学宝库，还是对提高民众的身体健康都具有十分重要的意义。

三、衡水

（一）漳卫南运河船工号子（传统音乐）

漳卫南运河船工号子是衡水市故城县保存的传统音乐形式，属于省级非物质文化遗产。（见图 4-34）

图 4-34　运河船工号子舞台表演

船工号子是一种历史悠久的传统民歌，属于号子的一种，在行船中为配合航运、船务等劳动过程而传唱，是劳动人民智慧和血汗的结晶。

京杭大运河漳卫南运河段自邢台清河县进入故城，流经衡水故城、景县、阜城三县。自元、明、清直至中华人民共和国成立之初，故城县的郑口镇、故城镇（旧故城县城）、建国镇一直是商品货物集散码头。运河中舳舻相继，帆樯如林，运输繁忙。因此，沿线各村庄的季节性篙工、纤夫及搬运工们，会定时到运河岸边为往来船队服务。为了便于协作，提高劳动效率，增加生活情趣，在集体劳动中逐渐形成了运河船工号子。船工号子的音乐节奏与劳动节奏相应相和，具有鲜明的律动性。经过上千年的演变，南运河船工号子既是劳动号子，又具有其独立的艺术形态，脱离了原始号子简陋的外在形式。

作为一种传统民间音乐，漳卫南运河船工号子种类繁多，可以分成船号和纤号两大类：船号包括起锚号、摇橹号、撑篙号、立桅号、升篷号、落篷号、绞关号等；纤号包括拉纤号、闲号等，现已整理出起锚号、摇橹号、撑篙号、拉纤号等几种。穿云裂雾的运河号子是运河两岸船工在风浪中的拼搏及声声呐喊，在很大程度上再现了当时运河船工的生活，是活着的历史。由于船上劳动强度不一，内河航行环境不同，船号变化幅度很大。有的劳动强度大，协作紧密，操作紧张，实用性强；有的在风平浪静、平滩行船时唱，这类号子实用性弱，抒情性浓厚。歌词方面，前者多为劳动呼号用语；后者见景生情，即兴编词较多。遗存下来的漳卫南运河船工号子大多高亢有力、富于变化，具有独特的艺术魅力，体现了运河两岸的劳动人民对生活的热爱、向往和追求。

如今，漳卫南运河船工号子有限的几位传承人都已是七十岁以上高龄的老人，很少有年轻人专门学习这项技艺，并且所传运河号子虚词多，变化繁复，不易学习和掌握，亟待抢救。

（二）衡水内画（传统美术）

衡水内画，衡水市民间传统美术，被列入第一批国家级非物质文化遗产代表性项目名录。（见图 4-35）

衡水内画是一种鼻烟壶内壁绘画技艺，是中国独有的民间工艺，主要分布在河北衡水市及其周边地区。衡水内画引入国画的皴、擦、染、点、勾、撕等技法，作品意境高雅，层次分明，富有质感。

图 4-35　衡水内画作品

　　内画是中国特有的传统工艺，与鼻烟、鼻烟壶有深厚的历史渊源。鼻烟是将烟草精工炮制并混入香草、香料花露后研制成的褐黄色粉末，有消寒避疫之功效，在明朝万历年间由意大利传教士利马窦以贡品传入中国。到清代，从宫廷到民间，达官贵人嗜好鼻烟，并且"争羡收藏器皿"，促使鼻烟壶的制作越来越精良。

　　为衡水内画做出重要贡献的是王习三先生。王习三，男，汉族，1938 年生，河北阜城人，首批非遗项目衡水内画代表性传承人，中国工艺美术大师。20 世纪 60 年代，师从北京老艺人叶晓峰、叶祺的王习三回到故乡衡水阜城，开始培养弟子，发展衡水内画。内画之乡艺术新秀辈出，行业内人才济济，各有专长的一流画师就有十余人。新一代内画大师张汝财，书画兼优的付国顺、王春光，精绘肖像的贾建明、王宏民、李秀春，古朴典雅、标新立异的山水人物侯英姿、高振勇等中青年艺师，将衡水内画这一民间艺术推向了世界舞台，使其获得了"华夏绝艺""国之瑰宝"的美誉。

　　衡水内画在继承叶派厚朴古雅又糅进鲁派细腻流畅的传统画法基础上，引入国画的皴、擦、染、点、勾、丝等技法，画衣纹用"皴"法，过渡色用"擦"法，衣服本色用"染"法，画猫毛用"撕"法，运笔中快、慢、轻、重、提、按、转折、畅涩、方圆等技法灵活运用，相辅相成，将国画技法发挥得淋漓尽致。衡水内画立意深邃，构图严谨，线描技法丰富，设色协调精润，书画并茂，雅俗共赏，深为世人所重。

1968年，外国收藏家成立了"国际中国鼻烟壶学会"，将中国内画艺术分为京、冀、鲁、粤四大派别，其中"冀派"内画发源于衡水。由于衡水内画艺术独树一帜，1993年12月，衡水市被命名为"中国内画艺术之乡"。2003年2月，由王习三大师创办的中国内画艺术之乡展览馆投入使用，为当时世界上第一所专门展示内画艺术的博物馆。2019年11月，《国家级非物质文化遗产代表性项目保护单位名单》公布，衡水内画艺术博物馆获得"衡水内画"项目保护单位资格。

（三）衡水传统玉器雕刻（传统技艺）

衡水传统玉器雕刻是雕刻行业的一种传统手工技艺，以纯手工玉器加工业为主，是省级非物质文化遗产。

明代永乐年间，衡水李邢村的李氏先人就从事玉器雕刻，手艺世代传承；到清代晚期，又得到慈禧太后对其加工玉器的钟爱和赞赏，使李邢村玉器更加名扬天下。几百年来，玉雕手艺由李家逐渐传遍全村，并扩展到周边20多个村庄。

图 4-36　衡水传统玉雕师李子来

传统玉器雕刻分为瓶塑、花鸟、动物、人物四大类。李氏后人、玉器雕刻传统手工技艺的第十代传承人李子来（见图 4-36），研习玉器制作技艺，精心钻研多年，不断发展创新，把四大类融为一体，摒弃了作品的单一性，呈现出多样化，增强了生动性，形成了独树一帜的制作方法和工艺流程。1986年，他重组了精华玉器厂，专门从事传统玉器制作以及仿古玉雕的开发和改造，生产各类玉器产品达 50 余种。该厂选用新疆和田玉、俄罗斯玉、韩玉、黑龙江玛瑙、东海水晶、保山南红、缅甸翡翠等传统玉种为原材料进行雕刻，把传统玉雕技艺展现得淋漓尽致，简约、大气、耐看，很好地传承了明代粗犷豪迈和清代细腻婉约的风格。其中最具特色的是瓶塑，高雅轻灵的鼻烟壶是精华玉器厂独特的产品。

在传统工艺即将面临失传的情况下，精华玉器厂在华北地区取得了传统玉器制作的霸主地位，中国的玉雕行业呈现出南北两派。精华玉器厂办厂30多年以来一直重视提高玉雕从业人员的素质、培养后继人才。玉雕师李文君女士整理撰写了关于玉雕制作工艺的《玉雕师的一生》一书，并出版。

中国玉器在历朝历代的发展演变过程中，形成了自己独特的玉文化体系，玉器逐渐被赋予越来越多的文化内涵。因此，深入挖掘玉雕工艺，弘扬中国玉文化，有利于促进中华民族文化事业的繁荣与发展，使中国玉文化永闪光芒。

（四）衡水老白干传统酿造技艺（传统技艺）

用传统技艺酿造的衡水老白干酒，是中国北方地区优质大曲白酒继承和发展的典范，也是中国白酒老白干香型的代表。衡水老白干传统酿造技艺被列入国家级非物质文化遗产代表性项目名录。

蒸馏酒酿造是先将谷物、薯类等富含淀粉或糖质的原料制成酒醅（没有过滤的酒）或发酵制成酒醪（浊酒），而后再蒸馏成酒。蒸馏酒呈白色或微黄透明，因而俗称"白酒"。其气味芳香纯正，入口绵甜爽净，酒精含量较高，属烈性酒。衡水老白干酒采用优质东北高粱为原料，以本地优质小麦通过曲房自然接种、控制发酵培养制成的中温大曲为糖化发酵剂，采用传统的续茬配料、混蒸混烧老五甑手工工艺，地缸发酵，缓火蒸馏，分段掐酒，分级入库，陶坛贮存，精心勾调，最终制成纯正的老白干。（见图 4-37）

老白干酒以其独特的工艺和典型风格受到人们的喜爱，多

图 4-37　衡水老白干酒地缸发酵车间

次在国内和国际上获奖，并荣获一系列国家级荣誉称号。1992 年，衡水老白干荣获香港国际食品博览会金奖；2004 年，衡水老白干被国家工商总局认定为中国驰名商标；同年，以衡水老白干酒为代表的"老白干香型"被国家标准委员会批准确认，公司被国家旅游总局批准为全国首批工业旅游示范点；2006 年，公司被商务部批准认定为"中华老字号"。这些无一不体现着国家对衡水老白干酒酿造这一民族产业及自主知识产权的保护和支持。

衡水老白干传统酿造技艺是具有浓郁民族特色及地方特色的历史文化遗产。千百年来，它以口传身授、师徒相延的方式代代相传，并不断创新和发展，是不能以现代技术替代的民族技艺。挖掘和保护传统酿造工艺，大力培养高素质、高技能的传统技艺传承人队伍，使衡水老白干酒传统酿造工艺能够代代相传，具有重要意义。

（五）甘陵春酒酿造技艺（传统技艺）

衡水故城县甘陵春酒酿造技艺，是源自清乾隆年间的"德聚源"烧锅作坊的传统手工技艺，属于省级非物质文化遗产。

衡水故城县郑口镇坐落在京杭大运河畔，自古为名镇，明清至近代一直是商品集散码头。据《故城县志》载："郑家口镇滨临卫河，为南北水陆要

冲，居民稠密，贾肆繁多，为大都会。"清光绪版《武城县乡土志略》载："郑口镇与直隶故城县交界，南通汴省，北达天津，为直省由卫河入武境第一码头。商贾云集，行旅络绎，地方亦极繁富，诚为一大市镇。"

故城郑口镇的繁华富庶对酿酒业的发展起着巨大的促进作用。因为是集散码头，郑家口

图 4-38　甘陵春酒

茶楼酒肆自然生意兴隆。相传清代乾隆年间郑家口有几家颇具规模的烧锅作坊，其中最有名的就是"德聚源"。"德聚源"烧锅作坊当时在运河西岸，竹竿巷北侧，占地 3.5 亩，有烧锅 3 口，鼎盛时雇用 30 多人，并在最繁华的二道街口有一显赫门店。"德聚源"在选料上专用运河圈内生产的高粱、玉米、小麦、谷物等基本原料，全套工艺需几十道工序，工艺要求十分严格，做出的酒窖香浓郁、绵软柔和、落口爽净、余味悠长，当时周边地区待客以"德聚源"烧锅为上品，又随着大运河的传播而名声远扬。

中华人民共和国成立后，经过公私合营，在原有"德聚源"作坊的基础上建故城县酒厂，经过几代人的潜心钻研，沿用"德聚源"的工艺模式，形成独特风格，研制出"甘陵春"系列白酒，以窖香浓郁、绵软柔和、落口爽净而被市场认可，多次在国家级、省级白酒行业评比中获奖。

现酒厂更名为衡水甘陵酒业有限公司，故"德聚源烧锅"又名"甘陵春酒"。"甘陵春"于 1991 年获河北省优质酒行评第一名，1997 年被指定为河北

省外事招待专用酒，自 1995 年至今连续五届被授予河北省著名商标，2004 年获河北省知名产品，2010 年被评为河北名牌产品。（见图 4-38）2012 年，甘陵春酒酿造技艺被河北省列入第四批省级非物质文化遗产名录。

（六）铜胎画珐琅技艺（传统技艺）

衡水景县的铜胎画珐琅技艺是民间传统的工艺美术，属于省级非物质文化遗产。

"铜胎画珐琅"又称"画珐琅""烧瓷"，是在铜质胎体上涂敷釉料，经烧结、彩绘、抛光、镀金而制成金属工艺品的过程，是我国著名的传统手工技艺。（见图 4-39）

清康熙年间，欧洲彩绘珐琅工艺品传

图 4-39　铜胎画珐琅作品

入我国宫廷，受到皇室喜爱。康乾时期，烧瓷技艺达到顶峰。随着清朝的逐渐衰亡，烧瓷工艺一度失传。1958 年，国家正式成立北京烧瓷厂，在当时著名的烧瓷老艺人王安府和崔义亭等人的带领下，烧瓷工艺得以恢复。

为传承这一民族技艺，烧瓷技艺传承人张会芬在师傅郭振华的帮助下，经过多方努力、精心筹备，于 1985 年创建了河北景县龙华美术烧瓷厂。该厂专门采用传统手工工艺研发、制作烧瓷，传承烧瓷技艺。

景县的烧瓷多以仿古为主，品种繁多，有鼻烟壶、香炉、如意、瓶、盘、碗、罐、碟、酒具、烟具等日用品；有各种炉、鼎、爵、熏、罱等仿古器皿；还有大瓶、挂屏、插屏等大件艺术品。某些特殊的烧瓷制品，更以金、银作胎，并与玉器、象牙雕刻、雕漆、景泰蓝、木雕等相结合，更显雍容华贵。

铜胎画珐琅（烧瓷）技艺在我国已有几百年的传承历史，拥有深厚的历史底蕴和丰富的文化内涵，形成了独特的民族工艺美术。烧瓷艺术品既有景泰蓝的厚重端庄，又有瓷器的明丽清雅，题材多样，造型规整，画工精致，古色古香又雍容华贵，具有很高的历史价值、文化价值、艺术价值和收藏价值。但由于烧瓷属于纯手工制作，工艺特殊、繁复，对技艺水平要求很高，一般采用师徒传承方式和家庭作坊式生产，所以技艺的传承成本和制作成本都比较高。近年来，受生产方式、传承观念、人才培养和市场经济等多种因素的影响，烧瓷生产举步维艰，抢救和保护这一民族手工工艺迫在眉睫。

（七）龙凤贡面手工制作技艺（传统技艺）

衡水故城县的龙凤贡面手工制作技艺是一项民间传统手工艺，属于省级非物质文化遗产。

龙凤贡面又称龙须凤尾贡面，因面条匀净细长、状似龙须，并曾作为宫廷贡品而得名，是古运河西岸的故城县特产，主要产地在故城镇。

故城县龙凤贡面起源于明朝，为该地齐氏始创。当时，故城镇西南一位名叫齐纪修的人开了一家名叫"齐福源"的挂面坊。齐纪修16岁学做挂面，吸收诸家制作挂面工艺的特长，不断研究、总结，产品的品质越来越高，销路也越来越好。在故城挂面业界小有名气后，齐氏挂面被客商从运河输入京城，很快进入宫廷，成为御用食品，被称为"龙凤贡面"。

龙凤贡面色白微青，柔韧而晶亮，面条匀净细长，如须而空心，耐煮，汤清，味厚，细软，有口劲。面条吸水，一筋挑起，碗内无汤；放下，仍清汤满碗，具有突出的地方特色和极佳的风味。相传乾隆皇帝经大运河南巡路过故城时，地方官员奉献特产名吃，就选用了龙凤贡面，得到乾隆皇帝称赞，亲笔御封"上用龙须凤尾贡面"，还赐予一块金匾，黑底金字，闪闪发光。从此，龙凤贡面身价倍增，饮誉四方。这个故事，人们至今还津津乐道。

龙凤贡面生产技术复杂，手工制作费时、费力，制作时必须严格按照传统工艺要求操作才能成品。和面、醒面、切条、刷油、盘小条、搓细条、抻

面（桄纤）、醒面、风干、切段、分装，一系列工序都由人工完成，是古老、细腻、富有民族特色的传统手工技艺。（见图4-40）

1986年，龙凤贡面获河北省优质产品奖；2006年，龙凤贡面手工制作技艺被列入河北省首届非物质文化遗产名录。但目前，故城仅存五家规

图4-40　龙凤贡面制作技艺·风干

模较小的制作作坊，掌握制作挂面技术的有28人，其中技术上乘者仅有4人，且年事已高。龙凤贡面手工制作技艺急需保护、传承。

（八）阜城打囤（民俗）

打囤是冀东南衡水阜城县一带乡间农户的节日风俗，省级非物质文化遗产。每年农历正月二十五，人们把收集的谷物放在地上画好的圆圈内，然后用砖头盖上，烧上香和冥纸，在囤旁祈祷。

"打囤"中的"打"是做、制造的意思，"囤"是一种圆形图案，象征存储粮食的巨大器具。一到正月二十五清晨，各家农户来到院子中央，用灶灰在地上淋画巨大的圆圈，内画一个巨大的十字（见图4-41），放上麦子、谷子、玉米、高粱等所能收集到的粮食颗粒，然后用砖头盖上，烧上几炷香和几张冥纸，在囤旁虔诚祈祷，同时可燃放鞭炮，但规定绝不可走进囤里，更不能动砖头、拿粮食。

打囤流传地点主要聚集于冀东南地区，大运河两岸，河北衡水、沧州一带。这里是京南大块平原地区，方圆数百里没有山地、丘陵，河流较少。除生产玉米、小麦、豆谷类粮食作物外，还

图 4-41　打囤准备

有鸭梨、小枣、樱桃、西红柿之类果蔬，享誉一方。

随着时代的变迁，人们将打囤的内容逐渐丰富，除了最初的粮食囤之外，有的囤里还会盛放铜钱、纸币、饰物、糕点等，分别代表金囤、财囤、宝囤和美味囤等。据乡间老人讲，自从有田间耕作以来，农户就有打囤的习俗，该习俗以家族为主，世代相传。由此可见冀东南人民心中浓厚的乡土情结，彰显出农民世世代代对土地和粮食的深厚感情，体现了人们艰苦奋斗、向往富裕安康生活的美好愿望。

四、邢台

（一）清河县武松与武大郎的传说（民间文学）

邢台清河县武松与武大郎的传说是一种民间文学形式，属于省级非物质文化遗产。

邢台清河县是武松的故乡，是我国古典名著《水浒传》的原生地之一，也是世情小说《金瓶梅》的背景故事原生地。清河县由于是故事原生地，所以世代流传着关于武松、武大郎、潘金莲等人物的原生态故事，其故事与传说的丰富性远远超出了《水浒传》《金瓶梅》的描写范畴，甚至有不少故事大异于以上两部古典小说。（见图 4-42）

武松的故事，除
《水浒传》描写的以
外，当地还流传有武
松出山以前的故事，
如"武松出世""武松
井""武松大闹东岳
庙""武松上太行山"
等系列。武大郎、潘
金莲的传说则大异于
上两部小说版本：武

图 4-42　小说中的武松兄弟形象

大郎身材高大，相貌堂堂，进士及第，曾任山东阳谷县令；而其妻潘金莲则
是大家闺秀，知书达理。这些在清河世代相传，妇孺皆知，流传范围很广，
并逐渐传播至冀东南及鲁西北广大地区。

这些故事的传播形式，首先是口头传说，即讲故事。在 20 世纪六七十年
代之前，清河县农村多有粉坊、油坊、染坊、豆腐坊等。这些作坊白天是生
产加工地，晚上则是聚集众人、消遣时光之地，闲者多来此处听故事，口口
相传。第二种传播形式是说书艺人说唱。从明清时期到中华人民共和国成立
后，清河县城和农村每到庙会和集市日，皆有说书艺人设立的说书场、说书
摊。曲种形式有木板书、河南坠子、大鼓书等，说唱内容都是水浒人物故事，
关于武松的颇受人们喜爱，以致今天的清河人大都会说："闲言碎语不用讲，
表一表好汉武二郎。家住直隶广府清河县，城东八里孔宋庄……"第三种传
播形式是舞台表演。因为清河人对武松、武大郎的特殊情感，清河县的地方
剧种——清河乱弹、四根弦等，也多演出关于武松、武大郎的戏剧；来清河
演出的外地文艺团体也多演出武松剧目。

武松、武大郎的故事流传至今，深深烙印于清河人的心中。武松"路见
不平、拔刀相助、不畏艰险迎难而上，明知山有虎，偏向虎山行"的精神，
给予清河人特有的文化滋养，激励着无数清河人。相关部门在 20 世纪八九十

年代针对武松、武大郎的传说进行过两次大规模收集整理，出版了《清河掌故》《清河民间文学集成》《武松武大郎潘金莲的传说》等，另有《武松的传说》《武大郎传奇》专著，还新编、上演了古装京剧《武大郎正传》。

（二）临西乱弹（传统戏剧）

邢台临西乱弹是一种传统戏剧形式，属于省级非物质文化遗产。（见图4-43）

图 4-43　临西乱弹惠民演出

"好衣不过丝棉，好听不过乱弹"是广泛流传于河北省临西县民间的一句顺口溜。一提起乱弹，凡临西县年龄较大的人无不津津乐道、感慨满怀、记忆犹新。乱弹，这个随着大运河而生的古老剧种，为临西人民带来了无数的欢乐、滋养和慰藉。

乱弹，产生于明正德与万历年间，因多供帝王观赏，故称"銮坛"。后随大运河流传到临清（今临西），又因此剧兼容其他声腔，故称"乱弹"，距今已有 500 多年的历史。清初刘献廷《广阳杂记》卷三记载："秦优新声，有名乱弹者，其声甚散而哀。"

临西乱弹声腔独特，表演粗犷，在音乐的用律上采用"纯律"。其唱腔与伴奏之间"支声复调"的科学运用，在全国各种声腔中是独一无二的。临西乱弹角色行当分为生、旦、净、丑四类，主要曲调有"慢乱弹""猛一碰""一股头""慢二股头""快二股头""大哭腔""哭迷子""起板""原板"等40余种。其道白和歌词都用普通话，伴奏乐器以唢呐、笙、月琴、笛子等管乐为主。

临西乱弹历史久远，不但有着深厚的群众基础，而且形式完整、特色鲜明，具有很高的历史、文化和科学价值，在我国民族曲艺中占有重要地位。2009年，临西乱弹被列入河北省非物质文化遗产名录。

（三）清河曦阳掌太平拳（传统体育、游艺与杂技）

曦阳掌太平拳（又称掌拳）是清河县的一种传统武术项目，属于省级非物质文化遗产。

清河历史悠久，自汉迄宋，历为郡国州治所，也是打虎英雄武松的故乡。这里的人们自古崇文尚武，曦阳掌太平拳便流行于清河界内的卫运河两岸。

该拳的师祖原为太平天国中的某位军官，太平军失败后，因遭朝廷缉拿，不能回家，便流落于清河、南宫一带教拳授徒。清末，天下大乱，盗贼蜂起，卫运河两岸的百姓为保平安，纷纷习武。曦阳掌太平拳便成了这一带的主要拳种。历史上，该拳种为百姓强身健体、保家护院、扶弱锄强、抗击日寇发挥了积极的作用。

相传，曦阳掌太平拳源于少林四大硬掌之一，后又融入内家功法，内外兼修，自成一派。该拳种功法讲究蹦拔转换、沾缠粘连、以静制动、四两拨千斤。其要诀为：两手四扇门，全靠胯子去打人；抬腿不让步，让步不让路；一个胳膊三道弯，不打这边打那边。素有"学会曦阳掌，打人不用想"之说。曦阳掌太平拳拳种师承清晰、影响较大，在清河县东部，几乎每个村庄都有习练者。历代弟子中有成就者不少，动人的故事也在百姓中间广泛流传。

现任清河县武术协会秘书长、曦阳掌太平拳代表性传承人牛海岭（见图

4-44）为此项武术技艺的发扬光大做出了重要贡献。牛海岭于 1992 年创办"清河武松文武学校"，用胆识和智慧、执着和汗水浇注中华武术这棵常青树。多年来，他既任一校之长，又亲自担任教练，手把手地指导学生，培养出了多位优秀弟子。

图 4-44　传承人牛海岭在指导弟子练习曦阳掌太平拳

曦阳掌太平拳属稀有拳种，除了清河，全国各地习练此拳者甚少。随着社会的安定和生活的富裕，青少年习拳者渐少。中年拳师多因忙于务工经商，也很少习练，有的套路已经失传，亟待抢救保护。

（四）邢窑烧制技艺（传统技艺）

邢窑是隋唐时期名窑之一，是中国北方最早烧制白瓷的窑场，在唐代有着"南青北白"之说。邢窑陶瓷烧制技艺被列入国家级非物质文化遗产代表性项目名录。

邢窑在中国陶瓷史上占有十分重要的地位。邢窑是中国著名的北方窑场，早在北朝时期，这里就开始烧制青瓷及少量白瓷。隋代烧制成功的邢窑透影白瓷，是我国陶瓷史上的重要里程碑，这一发现填补了我国陶瓷史的空白。唐代时，邢窑以烧制白瓷而闻名，尤其是首创"类雪""类银"的精细白瓷，

图 4-45 邢窑白瓷文物一组

代表了隋、唐两代白瓷的最高水平。（见图 4-45）邢窑白瓷的烧制结束了我国自商周以来青瓷一统天下的局面，与越窑为代表的青瓷并驾齐驱、争奇斗艳，形成了唐代"南青北白"两大体系，为唐代以后白瓷的崛起和彩绘瓷器的发展奠定了基础。

邢窑瓷器在唐代使用非常普遍，多用于茶具，因唐代人对饮茶颇为讲究，要求茶具的颜色同茶的色泽和谐统一。陆羽在《茶经》中写道："邢州瓷白，茶色红。"茶与瓷器红白相间，格外令人赏心悦目。

邢窑白瓷胎质坚实细腻，胎体坚硬细薄，技法精美，叩之声清悦耳，釉面光润，釉色洁白匀、干净而微闪青灰或淡黄，有"类银类雪"之誉，较之越窑青瓷的类玉似冰，亦别具特色。邢窑白瓷朴素大方，极少装饰，但也有不少模压和捏堆以及蓖片划出的纹样，十分简朴。烧制器物多为碗、壶、盏托、瓶、罐、钵、盒、瓷俑等生活用器，玲珑别致，光彩照人。邢窑造型上偏重器物的实用性，线条单纯洗练、简洁爽利，具有一种质朴自然的天趣。

邢窑在烧成技术和工艺处理上比较成熟，很少因过火而产生变形的弊端，故深受文人雅士及平民百姓的喜爱。据唐李肇《国史补》记载："内邱白瓷瓯，端溪紫石砚，天下无贵贱通用之。"至宋代，由于宋辽南北对峙，邢窑虽

还生产少量贡品，但其制瓷规模已不能和唐代相比。元朝时，邢窑仅烧制一些民间用瓷，不见精致产品出现。

邢窑陶瓷烧制技艺代表性传承人张志忠现年 57 岁，是邢台市临城县人。1980 年至今，他对邢窑陶瓷的艺术造型、装饰技法、工艺技术等方面，进行了系统分析和研究，成功烧制出长颈瓶、盘口瓶、葫芦瓶、翰林罐、双鱼瓶等产品。在钻研陶瓷技艺之余，张志忠近年来到高校及当地陶瓷博览园讲授陶瓷相关知识，让更多的人了解到邢窑的艺术魅力，不遗余力地传承传统陶瓷技艺。

（五）古顺酒酿造技艺（传统技艺）

邢台古顺酒酿造技艺属于传统手工技艺，为省级非物质文化遗产。

邢台历史悠久，有 3500 年的建城历史，属国家级历史文化名城。该地历史上曾四次建国、三次定都，是北方最早形成的城市之一，素有"鸳水之滨，襄国故都，依山凭险，地腴民丰"之誉。

古顺酒酿造技艺始于商代，盛于唐宋，并延续至今。邢台辖区内出土的文物中，有相当一部分是商周时代的酒具，说明当时邢台已经出现了酒。《史记·殷本纪》记载："大冣乐戏于沙丘，以酒为池，县肉为林，使男女倮相逐其间，为长夜之饮。"商纣沙丘宫遗址就位于今邢台平乡、广宗交界一带。

宋代时，邢台酿酒业十分兴盛。《宋会要》记载，宋熙宁年间，邢台设有酒的专卖机构（酒务）12 个，居河北之首。根据酒曲产量的记载，可推算出当时邢台酒的产量近千万斤。宋代张能臣所著《酒名记》中所载宫廷御酒——"金波"和"沙醅"便产自邢台。被后人称为"宋代酿酒百科全书"的《北山酒经》中详细记载了"金波曲"和"金波酒"的生产工艺。（见图 4-46）这些史料记载，反映了当时邢州制酒业的繁荣和发达。

图 4-46　邢台古顺酒厂举办"金波仙子"踩曲大赛

中华人民共和国成立后，将邢台地区所有的传统私营酿酒作坊收归国有，组建了邢台镇酒厂，后依次更名为邢台县酒厂、邢台酒厂、邢台市酿酒厂、河北枣花佳酿酒饮料总公司、河北古顺酒业有限公司和河北古顺酿酒股份有限公司。在 70 多年的企业发展进程中，虽然公司几经更名改制，但古顺酒的传统酿造技艺始终保留着原有独特风格，并被古顺人世代传承了下来。

古顺酒基本继承了宋代名酒"沙醅""金波"的工艺精华，采用优质高粱作为原料，以本地优质小麦踩制的中高温大曲为糖化发酵剂；精心选取地下 400 米无污染深井水作为酿造勾调用水，水质优良，口味甘洌，矿化度低；采用传统的续渣配料、混蒸混烧的老五甑工艺，泥窖固态发酵，掐头去尾，量质摘酒，分级贮存，经长年陈酿、精心勾调而成，甘洌爽口，醇香绵甜。

邢台古顺酒酿造技艺精湛，风格独特，是经过世代劳动人民不断探索、实践和总结而形成的独特的传统手工技艺，是中国北方地区优质大曲白酒继承和发展的典范。挖掘和保护古顺酒酿造技艺对于研究中国北方酒类和白酒的发展演变具有重要的历史价值。

（六）临西手工挂面制作技艺（传统技艺）

邢台临西的手工挂面制作技艺是一种传统手工技艺，属于省级非物质文化遗产。

临西手工挂面是临西县尖冢镇地方特产，主要分布在尖冢村。嘉靖年间，尖冢镇王氏二十八世祖王垣始创手工空心挂面，距今已有近 500 年的生产历史。

临西尖冢手工挂面制作，起源于明嘉靖三十四年（1555 年），由尖冢村王氏家族第二十八世王恒首创，之后其子——二十九世王廷铨，子承父业，使工艺日臻完善，并通过大运河运贡砖的皇差传入皇宫。据说万历皇帝食用后，十分喜欢，还吟有"宫廷玉液酒，尖冢空心面"的诗句。这样，临西王家的手工挂面即成为贡面。到清代乾隆年间，临西挂面再次被指定为贡面。经三十世王见龙，一直传到三十九世王权檀，子承父业，代代相传，将古老技艺，绵延不断传承。

临西尖冢手工空心挂面选用冀南所产的优质小麦"白芦芦头""大白芒"为原料，小麦籽粒饱满，面白细腻，加工出的挂面细腻、色白、有劲，是普通小麦所不能替代的。另外，挂面制作在很大程度上得益于当地的水源，选用穿村流过的卫运河河水，水质天然清澈、甘甜，很适宜制作手工挂面。

在制作临西手工挂面的过程中，各道工序十分讲究，如配料比例、和面手法、轧面、搓面、盘面、拉面等，没有相关的文字记载，全凭家传身教来掌握。纯手工制作，全程需 18 个小时完成。制作时还要根据空气、温度的变化调整时间。挂面直径均不超过 1 毫米，最细的只有 0.1 毫米。每道工序经过多人的细心呵护，其细腻程度和超高标准是局外人难以想象的。

临西手工挂面制作技艺，包含了物质水平、历史传统、文化心态、民族习俗等众多因素，是一项"活着的非物质文化遗产"，不仅见证了当地百姓的饮食文化，而且见证了悠悠的百姓家史与社会发展史。

如今，王敬达为王氏家族第四十世传人，是临西手工挂面制作技艺代表性传承人。（见图4-47）王敬达在家传的基础上，进一步提升传统工艺，使生产工艺到科学健康等方面都得到了很大改善。他潜心研发了贡面、福面、空心面等系列挂面。在他的苦心经营下，临西手工挂面

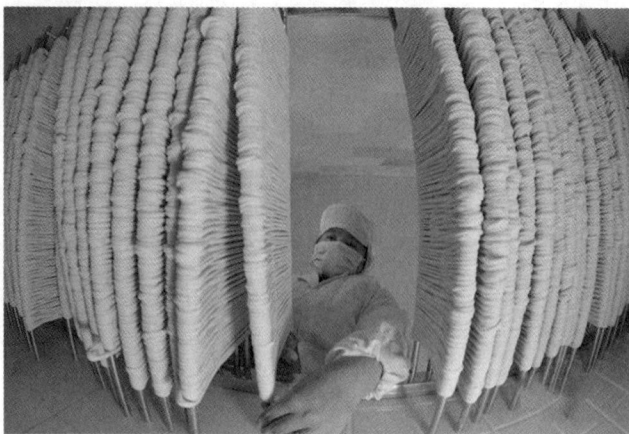

图4-47　临西王敬达在制作手工挂面

的生产规模不断扩大，技术也随着时代不断创新，一家人为这一古老技艺薪火相传、倾尽心力。不仅如此，王敬达还带动当地乡亲们参与挂面制作，亲自传授挂面制作技术，使更多人掌握这项技艺，成为乡亲们安身立命的行当，也使这项技术成为拉动当地农民发家致富的特色产业。

（七）清河中华张氏传统祭祀（民俗）

邢台清河是天下张氏的发源地，清河中华张氏传统祭祀属于省级民俗类非物质文化遗产。（见图4-48）祭祀的历史在我国源远流长，其意义是慎终追远，缅怀先人，寄望家族后裔绵延昌盛，故行事之时，严肃、隆重、恭敬、诚挚，发乎于传统的伦理思想。

黄帝时代是中华文明开始大创造的时代。黄帝被后人尊为"人文初祖"，与张姓渊源颇深。据明代嘉靖年间《张氏统宗谱·得姓郡望》记载，张姓得姓于黄帝之子挥，"吾张氏得姓者，自轩辕黄帝第三妃彤鱼氏之子曰挥，观弧制矢，赐姓张氏，官封弓正，主祀弧星，居尹城，国于青阳，后改清河郡"。挥及其后代以"张"为姓，世居清河郡，清河因此成为张姓的一大郡望，故有"天下张姓出清河"的说法。至汉代，张姓发展成蔚为壮观的大族。至唐代，清河张氏达到鼎盛状态，出现过多位宰相，声名显赫，影响极大，列十

大国姓之首。清河因此被后世谱书列为最早、最大的郡望，成为张氏绝大多数总谱认同的祖源地或发祥地。

图4-48　丙申年（2016年）清河中华张氏祭祖大典

第一个考证出"天下张氏出清河"的人是战国时期著名的纵横家、外交家和谋略家张仪。张仪是魏国安邑（战国时魏国早期的都城）人，名策鲂，是魏国贵族后裔，但他并不认同自己的出生地安邑就是张氏的祖源地。因此，借着身居秦国相位、遍访各国的机会，张仪翻检查阅了秘藏于各国宫廷的珍贵典籍，最终考证出清河才是天下张氏祖源地，于是义无反顾地将自己的祖辈、父辈的陵墓迁至清河。

据明代永乐年间张氏谱书《清河家乘》记载："策鲂公当时，坟茔诸处，立庙清河，遂以清河公为郡。"现今，张氏祠堂的准确位置已难确定，故按照《清河家乘》所载的大致位置推算，在今县城西7.5千米处复建祠堂。每年的清明节是清河张姓公祭日，各村张氏族人代表都要到张氏祠堂，供以猪、牛、羊、鸡四牲及素果，祭拜祖先。

自张氏祠堂建立以来，海内外张氏后裔也多次到清河寻根祭祖。进入21世纪，不断有海内外张氏族人组团到清河寻根问祖，祭拜祖先的越来越多。

尤其是马来西亚、新加坡等国家的张氏公会，每年都派团来清河祭祖，在清河乃至国内引起了不小反响。

清河中华张氏传统祭祀活动隆重而庄严，有敬献花篮花圈、敬香、读祭文、叩拜以及演奏道教音乐等内容。祭祀活动既体现了张姓对祖先的尊崇，也体现了百姓的民族信仰。挖掘、保护中华张氏传统祭祀对传承张氏传统文化、继续发扬中华民族尊祖敬宗的传统美德、促进社会稳定与发展极具现实意义。

五、邯郸

（一）邯郸成语典故文化（民间文学）

邯郸成语典故文化是一种民间文学形式，属于省级非物质文化遗产。

邯郸是国家历史文化名城，有 3100 年的建城史。战国时期，邯郸为赵国都城。邯郸作为我国古代五大名都之一，不仅在历史上占据着辉煌的一页，而且在文化方面也留下了丰富的遗产。2005 年 10 月，中国文联和中国民间文艺家协会联合授予邯郸市"中国成语典故之都"称号。

在成语形成的过程中，邯郸这座城市与其有着不解之缘。据专家统计，在汉语全部一万余条成语中，竟有 1584 条出自邯郸。这些成语大部分属于有历史典故的，比如"围魏救赵""胡服骑射""完璧归赵""邯郸学步""负荆请罪""刎颈之交""将相和""毛遂自荐""纸上谈兵""一言九鼎""背水一战""黄粱美梦"等。这一非常奇特的历史文化现象，映衬出邯郸这座古城厚重的文化底蕴。

邯郸成语典故苑始建于 1996 年，是一处在邯郸市西北部赵苑公园内开辟的主题文化公园。（见图 4-49）该苑以发生在邯郸的 58 个成语典故为内容，以战国时期的建筑特色为风格，以碑刻、浮雕、绘画、自然山石象形喻义等多种艺术手法为表现形式，具有丰富的文化底蕴和园林特色。

图 4-49　邯郸成语典故苑

　　成语典故文化是邯郸十大文化脉系中一颗璀璨的明珠。邯郸不仅有许多脍炙人口的历史典故，与其有密切关系的成语亦数不胜数，还有众多的成语典故遗址景观。为使成语典故文化发扬光大，邯郸市将之纳入非物质文化遗产保护工程，做了大量整理、保护、开发、利用、普及工作。专家认为，邯郸是一座露天博物馆，邯郸的成语典故集中源于边塞之风韵，蕴文化与哲理之内涵，在华夏历史文化长廊中独树一帜，堪称国之瑰宝。作为一种凝练的高品位文化，邯郸成语典故有着深厚的文化内涵，我们应做好成语典故基础性研究探讨和历史遗迹的保护开发，进一步发扬光大这一特色文化。

（二）豫剧桑派艺术（传统戏剧）

　　豫剧是我国梆子声腔剧种中极为重要的一支，又称"河南梆子"。豫剧在全国许多地区都有流传，河北邯郸是其重要的流行地区之一。豫剧桑派艺术

是豫剧中的重要流派，
被列入国家级非物质
文化遗产代表性项目
名录。（见图 4-50）它
的创始人是已故河北
省邯郸市政府艺术顾
问、邯郸市东风剧团
原副团长、著名豫剧
表演艺术家桑振君
先生。

图 4-50　豫剧桑派艺术舞台表演

　　桑振君主演的《打金枝》《投衙》《下陈州》《八件衣》《对绣鞋》《白莲花》《杨乃武与小白菜》《英雄山》等剧目的主要唱段，早在 20 世纪 50 年代就由中国唱片社制片发行。1964 年，桑振君先生应邀到邯郸东风剧团任教。40 余年的时间，在她的学生和门徒中，有获得戏曲"梅花奖"的胡小凤、牛淑贤、苗文华，还有赵贞玉、郭英丽等众多的国家一、二级演员，成为燕赵文化艺坛上的耀眼群星。桑振君先生在邯郸创造了豫剧桑派艺术，深受当地观众欢迎，在实践中长演不衰，广受赞誉。

　　豫剧桑派的声腔艺术创造了偷、闪、滑、抢及离调等技巧，有一套与之相应的"咬字、发声、行腔、用气"的唱法。其唱腔设计强调以塑造人物为中心，坚持"以字代声、以声传情、声情并茂"的理念，依据剧情和人物的需要，打破传统的板式结构，重新进行整合和构架，并博采各大流派之精华，精心吸收姊妹艺术中的有益成分，巧妙地融于桑派的声腔艺术中，使人物的音乐形象"一人一貌"，被称为"豫剧一绝"。

　　豫剧桑派艺术拓展了豫剧声腔艺术的空间和表现力度，提升了豫剧声腔艺术的品位，有着极高的艺术价值和美学价值，受到业界专家和学者的高度赞赏和评价，也受到了广大观众的认可和追捧。如今豫剧桑派艺术已成为具有燕赵文化特色的豫剧艺术，载入了燕赵文化史册。

（三）豫剧北派艺术（传统戏剧）

豫剧北派艺术是一种传统戏剧形式，属于省级非物质文化遗产。它是指以豫剧优秀表演艺术家、全国十大豫剧名旦之一、中国戏剧梅花奖获得者胡小凤与牛淑贤为代表，以邯郸东风剧团为代表群体的流派艺术。它将京剧的精美典雅和豫剧的活泼奔放相结合，形成清新、优雅、细腻的豫剧艺术。（见图 4-51）

图 4-51　豫剧北派艺术代表——邯郸市东风剧团

豫剧北派艺术是著名戏剧理论家郭汉成、中国艺术研究院原常务副院长李希凡和著名"红学"研究专家冯其庸先生于 1990 年根据东风剧团的舞台呈现提出的，当时作为一种特殊的艺术现象引起了戏剧界的普遍关注。

从地域上看，邯郸是有名的戏曲之乡，不仅拥有独特的剧种，而且是豫剧在河南之外的重镇，具有广泛的观众基础。豫剧北派的知名度和普及、影响力以邯郸为核心，辐射河南、河北、山东、山西等周边地区。2013 年，豫剧北派艺术被列入省级非物质文化遗产保护名录。

（四）邯郸东填池赛戏（传统戏剧）

邯郸东填池赛戏是一种民间传统戏剧艺术形式，被列入国家级非物质文化遗产代表性项目名录。（见图 4-52）

赛戏是在迎神赛社中形成的以娱神为主、兼以娱人的古老地方传统戏剧形式。"赛"的本意是报祭，赛戏即具仪仗、鼓乐、百戏的迎神祭祀活动；迎神的目的是敬天地，求得风调雨顺，以使民众免受饥荒之苦，寄托着劳动人民对美

图 4-52　邯郸东填池赛戏惠民演出

满生活的向往和朴素的审美情趣。

邯郸东填池赛戏传说起源于元朝至顺年间，现存剧本中最早的是清朝道光七年（1827 年）的一版手抄本，距今近 200 年。

作为一种传统民间艺术形式，东填池赛戏的一个主要程式是迎神祭神，所敬的主神是"天地神"，乃自然造物的化身，保留着对原始自然神崇拜的古遗风特征。赛戏开演前要在戏台上举行《祭露台》仪式，搭好戏台、坛棚、神棚后即展开祭神活动，行初献、亚献、终献礼，再进行献帛、献酒和叩拜礼。整个过程有序进行，吟唱不断，并有乐器伴奏，祭毕撤席送神。祭罢，鹿台大戏开演，首场为《庆八仙》，取吉祥之意。赛戏角色由村民扮演，父传子继。

邯郸东填池赛戏剧目全是军事题材的君臣戏，不演爱情故事和家庭生活戏。赛戏唱腔最初是曲牌体，现存有"小调"和"截子鼓"等，唱腔是念中

有唱，唱也似吟，类似古代书生吟诵古书的韵味。唱腔与道白结合，使赛戏在艺术上构成独到之处。赛戏的道白，一种是有节奏的以四字句为主的"韵白"，另一种是讲究平仄的以七字句为主的"念白"。伴奏乐器只有鼓和锣，节奏明快，类似古代的军乐（击鼓进军，鸣锣收兵），与表演内容相协调。开场也多用求雨时的"神鼓"套路，演出时一般用双锤两击，武打时用"三不落"鼓点。角色以须生、红净为主，丑角仅做陪衬；无旦角，或偶有旦角也是男扮，且无唱白，只有动作。

最后一场演毕，晚上将戏装、道具、乐器经一定仪式后送入库房，同时举行送神仪式。最后，全体演员和工作人员欢聚一堂吃饭，名曰"破盘"。届时还公选出主持下次赛会活动的领班。至此，全部活动结束。东填池赛戏剧目最多时达 50 多部，现存剧本 20 多部，多为三国戏，有少量汉代、宋代戏。

东填池赛戏演出时全村人都参与，戏中的所有角色分别由村民扮演，且世袭所扮演的角色。村民表演原始朴拙，没有严谨的戏曲程式，武打简单。东填池赛戏的存在和保留状态，为研究传统戏曲的历史演变，提供了珍贵的实体性资料。

（五）冀南皮影戏（传统戏剧）

皮影戏（冀南皮影）是流传于河北邯郸地区的传统戏剧艺术，被列入国家级非物质文化遗产代表性项目名录。

皮影戏是一种用兽皮或纸板剪制形象，并借助灯光照射所剪形象而表演故事的戏曲形式。其流行范围极为广泛，几乎遍及全国，并因各地所演的声腔不同而形成多种多样的皮影戏。河北地区主要有唐山皮影戏和冀南皮影戏。

冀南皮影戏源远流长，一说是由北京宫廷皮影流落冀南而形成；一说是宋代中原皮影的嫡脉，与河南皮影有着重要联系。冀南皮影戏主要分布于河北南部，并影响到冀中、冀北等地区，在邯郸涉及多个县区。

冀南皮影戏造型古朴、体制简练，雕绘结合，体现出我国皮影戏的早期风貌。冀南皮影剧目丰富，演唱没有文本，全靠口传身授，对白幽默风趣，非常口语化，表演起来通俗易懂，有鲜明的地方特色。冀南皮影戏的道具主要有皮影造型、表演幕窗、伴奏乐器等。乐队配有板胡、二胡、闷笛、三弦、唢呐、笙等乐器，如今又增加了电子琴。武场配有板鼓、战鼓、大鼓、大锣、小锣、大镲、小镲、马号、梆子等乐器。现今冀南皮影戏班社依然保持着传统的习俗，基本上体现了原生态皮影戏的表演形式。

皮影戏是我国重要的民间传统艺术。冀南皮影戏有过辉煌的历史，但时至今日却陷入十分尴尬的生存境地。大多数皮影艺人年事已高，无法演唱，中年艺人特别是年轻艺人很少。影戏箱也越来越少，有的班社只留下道具，而艺人已经没有了。据在冀南 6 个县的统计数据显示，现在尚可演出的皮影戏班社已由中华人民共和国成立初期的 100 多个减少至 10 余个，皮影艺人由过去的近千人减少到 100 余人，演出剧目从过去的 200 多个减少到 30 多个。另外，近年由于受现代影视艺术的冲击，皮影戏观众和演出市场日益减少，而且演出场次越来越少，演出范围越来越小。传统的皮影表演技艺难以得到传承，其唱腔、口传剧目、雕制方法等面临失传。

所幸的是还有为数不多的老艺人仍在坚守这份传统文化的信念，如冀南皮影戏代表性传承人、现年 88 岁高龄的申国瑞先生。（见图 4-53）他自 1949 年至今长期从事皮影演出，他的皮影戏风格古朴，掌扞技

图 4-53　冀南皮影戏传承人申国瑞在表演中

术娴熟，富于变化，生动鲜活。在资金紧张的情况下，申国瑞个人搭建演出棚和场地，传播皮影文化，并培养出三批后继人才。

（六）馆陶木偶戏（传统戏剧）

馆陶木偶戏是一种民间传统戏剧形式，为省级非物质文化遗产。

木偶戏历史悠久，据传汉朝时就已出现，在 20 世纪中期曾活跃于冀南鲁西北一带，形式独特，唱腔脍炙人口，颇受群众喜欢。木偶戏又称傀儡戏，为戏剧性的表演。现存的木偶戏形式有三种，即布袋木偶戏、杖头木偶戏和提线木偶戏。

图 4-54　馆陶县滩上村木偶戏表演

馆陶县滩上村的木偶戏属于杖头木偶戏，老艺人称为"肘大偶"。（见图 4-54）表演者用三根木杆操作木偶，主杆置于偶人后背中部，掌握身的前后仰俯；侧杆两根，分置于两臂，掌握两臂及手的动态。木偶表演动作丰富，尤其是手部动作，可细腻地表演出人物的各种情态。馆陶县滩上木偶戏，由木偶、操纵演员、配音演员和乐队四部分组成，多用戏曲曲调演出，有的用对话或歌舞表演。人们称赞说："木头人，木头人，真正像个人；木偶戏，木偶戏，活像真人在演戏。"这种用木头人虚拟表演的戏早于真人演出的舞台剧，具有表演性先于、优于文学性创作的特点；且木偶戏对演出用地、场景、戏台等的要求远低于真人演出的其他剧种，具有简易、便捷、高效的特点，是"民间戏剧""平民戏剧"的重要组成部分。

馆陶县滩上村的木偶戏在表演方式、身段、演奏乐器、唱腔、情节等方面具有很强的艺术表现力，是广泛性的文化形式，具有深远的影响；是研究华北方言在民间戏曲中运用的活例证，具有丰富、独特的民族造型艺术和服饰文化价值。其每件作品都暗含当时的历史背景，是我国民间戏曲的集中反映，为了解民间戏曲近代的发展提供了活化石。

馆陶木偶戏的代表性传承人为年近七旬的孟庆平老先生，据他介绍，现在能演的剧目缩减为《王林休妻》《吕洞宾戏牡丹》《十八相送》三个。木偶戏唱词诙谐幽默、通俗易懂；木偶动作灵活而不复杂，贴近生活。表演时多配合冀南四股弦，这是流传在冀南地区的传统剧种，同时又是乐器。四股弦发声大，拉出的声音像"手风琴"，配合木偶戏进行演出的效果很好，能吸引更多观众。正常演一场木偶戏最少需要 10 人——伴奏文场 3 人、武场 4 人，再加演唱 3 人。而如今，村子里只有 5 人能演，有时一人负责多个工种。这些传统艺术的坚守者对表演往往倾注了大量感情，称"木偶是有生命的"。多年前，老艺人们在上台演出之前，总要拿着一个个木偶喃喃细语，仿佛木偶们就是自己的孩子，或许也是他们自己。

如今，由于现代经济社会的飞速发展，喜爱木偶戏的观众越来越少，甚至很多年轻人从未听说过；而随着时间的推移，能够表演木偶戏、演奏四股弦的演员或改行，或年事已高，或一个个相继离世，这项饶有趣味的传统戏剧形式将走向何方？

（七）冀南四股弦（传统戏剧）

冀南四股弦又名"四根弦"，是河北地方戏曲剧种之一，被列入国家级非物质文化遗产代表性项目名录。（见图 4-55）

图 4-55　冀南四股弦舞台表演

　　冀南四股弦流传于邯郸市馆陶县、魏县、肥乡县等地，远播京、津、鲁、豫地区，至今已有200多年的历史。它最早是由民间的花鼓戏发展而成，19世纪中晚期从山东传入河北，在民间俚曲的基础上吸收了乱弹、京剧、河北梆子等剧种的营养，逐渐演变成今天的规模。其主要伴奏乐器大弦亦名"四胡"，上有四根丝弦，剧种由此而得名。

　　四股弦生、旦、净、丑行当齐全，早期多演绎民间家庭生活小戏，后来经过逐渐发展，也演出传统历史戏和连台本大戏。其唱腔悠长舒缓，委婉流畅，有男腔、女腔之分；角色语言含蓄幽默，通俗易懂，为广大观众喜闻乐见。冀南四股弦剧目众多，《刘金定下南唐》《贺后骂殿》《二进宫》《坐楼杀惜》是其中的代表作。

　　该剧种属于板腔体系，兼有曲牌体，唱腔优美，通俗朴实，诙谐风趣。板式有慢板、二板、三板、流水、倒板、黑红板等。义场主要用四弦胡、二胡、京胡、竹笛、笙等。四股弦因与河北梆子、京剧同台演出，蟒靠戏（朝代戏）日渐增多，一些表演艺术的唱腔、板式、音乐、脸谱、服装、道具、剧目等都渐渐渗透到这一剧种里，大量的外来营养使其在表演风格、演唱技巧上都有了很大的发展和提高。

目前四股弦保护较好的是魏县北坡头村，当地的四股弦源于山东菏泽或临清一带。约清代同治年间，山东乞讨艺人李成太路过大名，到魏县乞讨，因会拉四股弦，与魏县艺人瞎冬记、陈玉相融合当地小调，于同治九年（1870 年），创建了河北第一个四股弦童子班。经过多年的传承发展，当地四股弦有着浓厚的乡土气息和广泛的群众基础，表演生动、活泼、粗犷，道白用京白，唱腔真嗓吐字、假嗓甩腔，舒展奔放，善于塑造朴实正义的英雄形象。北坡头村现有四股弦剧团 6 个，四股弦演员 500 多人，直接从业戏剧人员 200 多人，懂戏、爱戏的村民很多。

而肥乡县四股弦保护状况则不容乐观，一些颇有造诣的老艺人因年事已高而逐步退出舞台，有的相继谢世，致使肥乡四股弦的发展举步维艰，急需抢救保护。冀南四股弦是珍贵的民间戏曲文化遗产，具有很高的艺术价值，发掘、抢救和保护四股弦戏不仅能丰富和完善地方戏种，而且对中国戏剧史的丰富和完善也有积极作用。

（八）邯郸梅花拳（传统体育、游艺与杂技）

梅花拳亦称梅花桩、梅拳，是中国传统武术拳种之一，国家级非物质文化遗产。为演练方便，梅花拳一般在地面演练，所以被称为"落地干枝梅花桩"。

关于梅花拳的渊源，说法不一。据流传在邢台平乡县后马庄的手抄本梅花拳秘本《大文底》记载，梅花拳始于南宋末年，开派祖师是朱永元；邯郸威县梅花拳相传起源于明永乐年间的张姓祖师。还有说法称，河北地区的梅花拳都是由邹宏义在清康熙年间开创于邢台平乡县，后经弟子传播到邢台、邯郸多个地区。自邹宏义开始，才有文理武功的具体记载。

邹宏义祖籍北直隶顺德府，读书数载，经明末清初家国巨变，决定弃文习武，融周易八卦于拳理，化阴阳五行于拳法，创立了梅花拳拳派。该派武术动作朴实大方，既有表演观赏价值，又有攻击制胜的实战功效，成为增强体质、磨炼意志、振奋民族精神的一个拳种，长期在民间广泛流传，成为我国文武双修的独特拳派。

梅花拳亦称梅花桩，有桩上梅花拳和落地梅花拳之分。（见图 4-56）其布桩图形有北斗桩、三星桩、繁星桩、天罡桩、九宫桩、八卦桩、一百零八桩等，桩势有大势、顺势、小势、拗势、败势等五种套路，无一定形。其招式如行云流水，变化多端，快而不乱。演练时还有乐器伴奏，激人奋进。主要器械有春秋大刀、梅花枪、单刀、双刀、剑、戟、斧、钩、叉、棍、梅花鞭等十八般兵器，还有奇古的稀有兵器一锛三枪、五虎锛、量天尺、文武棒、流星锤等 20 多种。

图 4-56　梅花拳弟子练功中

梅花拳习练者要修武德和武功两部分。武德以敬天地、孝双亲、尊师父、爱徒弟、济众生、为国争光、为民谋利为宗旨，以强身健体为目的，保家卫国，扶弱锄强。武功包括梅花桩、内外练功心法、打法、破法、擒拿法、分筋错骨法等上乘武功。

梅花拳拳法的指导思想为我国传统文化中的阴阳五行学说、八卦变易之理、浑元一气的整体观等。随着一些老拳师相继去世，部分独特的兵器套路，尤其是梅花桩，几近失传。但总体来看，梅花拳文化辐射冀、豫、京津等十多个省市区，习练者众多，20世纪八九十年代还曾发展到欧美、日本等地。2019年11月，邯郸威县文化馆（威县美术馆）获得"梅花拳"项目保护单位资格。

（九）大名佛汉拳（传统体育、游艺与杂技）

佛汉拳为少林寺内家拳，民国初年传入大名，并在大名一带广为流传，已有百余年历史，属于省级非物质文化遗产。（见图4-57）

图 4-57　大名佛汉拳会演

佛汉拳在河北大名流传最广，分布在大名县有卫运河流经的龙王庙镇、大名镇、金滩镇、红庙乡等乡镇，习练者众多，在汉族、回族中都有流传。

佛汉拳由少林祖师达摩始创于梁朝大通年间，后经少林历代掌门、高人精心研造而逐步形成，是少林历代高人集体智慧的结晶、少林拳的精华，一向秘不外传。清朝咸丰元年（1851年），原大内卫士武功教头、委任征太平军先锋之职的贾云路，因故隐退少林，拜方丈修文法师为师，研习佛汉拳。贾公三年艺成，奉师命辞刹，传扬佛汉拳。民国初年，贾云路以81岁高龄，来到冀、鲁、豫三省交界处的直隶大名府，广泛传授佛汉拳。从此，佛汉拳在大名一带广为流传。贾老师的嫡传弟子齐可权根据贾老口授，于1935年整理编辑成《少林集秘注》三卷，将佛汉拳编成拳谱，使佛汉拳完整地传留于后世，而此拳在少林寺已失传。

佛汉拳包括上盘十二路、中盘八路、底盘八路，三盘共二十八路对打锤；单练式法有九弓架子三整式、八式单练跟手法、七十二擒拿手、三十六底盘腿，共一百零八式；功法有二步功夫：平四功、铁爪功（耀步十字铁爪功、鹰爪力、盘手法）；兵器有六合枪；暗器有闭眼神抓；另有练习内功及铁手功药方。佛汉拳以擒拿跌打见长，极富实战性，拳法拳理奥妙高深，具有缜密的科学性，有养生、健身等功效。

目前佛汉拳在少林寺内已失传，唯大名一带所有，急需抢救与保护。挖掘、弘扬佛汉拳，有利于弥补少林武术，延伸佛汉拳门的传承，保护中华历史文化遗产。

（十）南宫碑体书法艺术（传统美术）

邯郸的南宫碑体书法艺术属于民间传统美术形式，是省级非物质文化遗产。

南宫碑体书法为清末书法家张裕钊所创，因其书写的《重修南宫县学记碑》为代表作品，故此书体被称为南宫碑。（见图4-58）此书字体结构外方内圆，用笔以藏锋为主，字体挺拔劲健。南宫碑体书法于1920年由张裕钊弟子——盐商王洪钧传入邯郸大名县，并定居于此，之后在大名广收门徒，随之将南宫碑体书法艺术传遍冀南大地。王洪钧弟子李鹤亭、李守诚等又培养了大批弟子，在邯郸将南宫碑字体继续传承下去。之后，南宫碑体书法李守诚（李氏）流派成为邯郸最大的、占主导地位的书法流派。

南宫碑体书法（张体）的结构特点是：外方内圆，挺拔健劲，每字横画竖画相接，和围转处，方中带圆，颇有风神，圆中见方，内藏筋骨。点画转折皆绝痕迹，撇、捺、啄、趯尤忌露锋。每笔起止皆呈圆形，潇洒自如，柔中有刚，方圆适度，苍劲有力。每一个字都显得既充实又有余韵。从整体上看，张体书法既有形象性，又有节奏感；从形体上看，凝重而俏拔；从意境上看，有淡泊中和之美，达到了刚柔相济融而化之。张体写法与其他字体写法，如"颜""柳"笔法口诀也有相似之处，都是逆锋落笔，回锋收笔，中锋行笔，而且运笔有提有按，转折处挫、顿、折三个动作同时进行，必须笔笔送到，毫不苟且。

图 4-58　南宫碑体书法家张裕钊作品

总体看来，南宫碑体书法（张体）融古代书体之长，吸取了篆隶笔法，并集魏碑之大成，结构严整，开阔舒朗，于娟秀中见雄浑，风格独特，自成一家。南宫碑体书法（李体）创出了既不失南宫碑之基本特点，又呈现出不即不离、阴阳协调，具有儒家"贵和尚中"思想的书风。李体的价值在于它突破了南宫碑瘦劲内敛的笔法、结体态势和刚健硬朗的书风，给人以端庄雄伟、恢宏宽博的新的美学观念。

由于书写工具的变化，毛笔已不是日常的主要书写工具，故如今练习南宫碑体书法者日减，书法艺术也随之黯然。在大名虽仍有一部分人喜爱书法艺术，在经济大潮的冲击下坚持练笔不辍，但习南宫碑书体者在锐减。

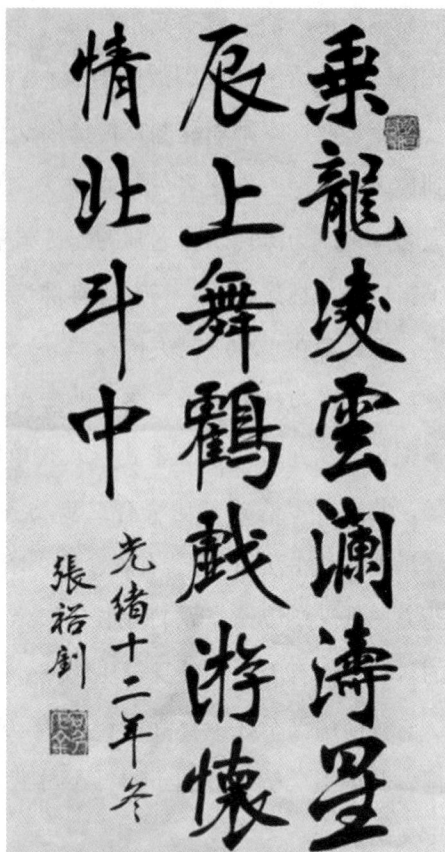

（十一）黑陶制作技艺（传统技艺）

邯郸馆陶县的黑陶制作技艺是一种民间传统手工技艺，为省级非物质文化遗产。

黑陶即黑色的陶器，最早出现于公元前2500年至公元前2000年的龙山文化，距今已有4000多年的历史。龙山文化因被首次发现于山东章丘龙山镇而得名，这是一类以精美的磨光黑陶为显著特征的文化遗存，黑陶的大量制作标志着生产力的提高和人类社会的进步。

邯郸馆陶县地处黄河下游，与山东接壤，在新石器时代属于典型的龙山文化系统，自古就有发达的制陶业。经过数千年的发展，馆陶黑陶已作为民间工艺美术品展现在世人面前，拥有深厚的历史底蕴和丰富的文化内涵，形成了独具特色的黑陶文化。

馆陶黑陶选用得天独厚的黄河古道河床下纯净而细腻的红胶土为原料，经手工淘洗、拉坯、晾晒、修整、压光、绘画、雕刻等几十道工艺，最后采用独特的"封窑熏烟渗碳"法烧制而成。它的制作工艺复杂、精细，每道工序都有严格的要求，全部是手工制作，且需要特殊的专业技术，烧制难度大，成品率较低。

馆陶黑陶种类繁多，有镂空类、挑点类、刻线类、浮雕类、雕塑类，品种达1400多种。造型设计有仿古的瓶、罐、鼎、尊、鬲、簋、垒、筒、熏、炉等几十个系列。馆陶黑陶黑如漆、亮如镜、清似水、不褪色、耐腐蚀，保持年代长久。黑陶愈黑、愈亮便愈显珍贵，

图4-59　馆陶黑陶作品及其制作技艺

而且黑色给人稳重、神秘、高贵、大方、典雅、深沉之感，渗透着浓郁的东方文化气息。（见图 4-59）馆陶黑陶艺术品位较高，是陶类中的极品，具有丰富的艺术内涵和珍贵的收藏价值。

近年来，馆陶县涌现出一批热衷于黑陶艺术的有志之士，如殷俊亭、李思月等。他们在稳定的仿古陶艺基础上，对传统技法加以创新，又创造出了具有现代韵味的馆陶黑陶新品种，使黑陶制作工艺得到了传承发展。

馆陶黑陶具有悠久的历史和丰富的文化底蕴，是中华民族源远流长的文化长河中孕育的一颗璀璨明珠，被美学家誉为"土与火的艺术""原始文化的瑰宝"。但近年来由于陶艺制作工艺复杂、技术含量高、制作陶艺品的专业人才缺少、原材料（制作陶艺所必需的红胶泥）稀缺等原因，馆陶黑陶的生存处境极为艰难。

（十二）大名小磨香油传统制作技艺（传统技艺）

大名小磨香油制作技艺发源于邯郸市大名县，是一种民间食用油传统手工制作技艺，被列入国家级非物质文化遗产代表性项目名录。（见图 4-60）

图 4-60　大名小磨香油

此技艺在明代时由大名县儒家寨村李氏香油作坊传承发展到周边村庄。明朝永乐年间，一户张姓人家从山西迁来时带来了磨香油的石磨，在大名儒家寨开办起了张家香油坊。嘉靖年间，经大名县在朝为官的吏部侍郎吕本忠推荐，"五里香"小磨香油被进贡到宫中，深得嘉靖皇帝赞赏。儒家寨张家小磨香油的出名，带动了该地小磨香油加工业的发展。传说明朝时大名一带地方，曾建有八大家小磨香油坊，分别为张家、李家、甄家、陈家、田家、刘家、申家、赵家，此盛况一直延续到清代。当地较为明晰的传承谱系为十一代。

大名小磨香油制作技艺是一种采用低温低速磨制、水代法等传统方法制作芝麻香油的技艺。大名小磨香油的原料为优质芝麻，成品的品质优良，外观晶莹剔透，食之醇厚柔和、浓郁持久、品味纯正，可长时间保持其温润的色泽和浓郁的香味。小磨香油制作技艺分十几道工序，流程相当严格。比如：选料阶段，首先炒制芝麻胚胎，以炒制好的芝麻能够用手捏碎、芝麻内部呈微黄色为宜；扬烟降温阶段，用石磨低温低速磨制，可以最大限度地保留营养元素，采用大名县特有的地下水加热至95℃左右搅拌、震荡，实现油胚分离，水的温度和水量要恰到好处；起油阶段，以天然植物纤维做介质，经恒温自然沉淀、数十层物理过滤，仔细过滤掉杂质和悬浮物。

大名小磨香油既是深受广大群众喜爱的调味品，也是常用的中药养生保健品。中医可用其与有关药物配伍，补而不燥，滋而不腻。香油可分为白芝麻香油和黑芝麻香油，食用以白芝麻香油为好，药用以黑芝麻香油为佳。

目前大名县每年生产小磨香油约4.5万吨，每年使用芝麻约10万吨，占全国香油产量的四分之一。通过家传、师带徒、培训讲座、现场指导等多种方式不断传承发展，现在大名香油制作人遍布全国各地，以及俄罗斯、新加坡等多个国家。2014年，大名小磨香油被认定为"国家地理标志保护产品"。

（十三）大名滴溜酒传统酿造技艺（传统技艺）

大名滴溜酒传统酿造技艺是一种民间传统手工制作技艺，属于省级非物质文化遗产。

大名县的酿酒历史源远流长，早在春秋时期的"五鹿城"（今大名县固城村一带）即盛产美酒，及至唐宋时期最为兴盛，酿酒作坊遍布大名境内，以金滩镇陈氏酿酒作坊和城北关玉泉酿酒作坊最负盛名。

关于滴溜酒的来历，相传武周万岁通天年间，武则天启用狄仁杰为魏州（今大名府故城）刺史，狄仁杰到职后，政通人和，原想进攻魏州的契丹军闻知狄仁杰在此，遂撤兵北归，使魏州避免了战乱侵扰。同时，狄仁杰体察民情，发展生产，振兴百业，包括酿酒业也得到了发展，而城东卫河岸边张氏酒坊酿造的滴溜酒最得狄仁杰偏爱。

张氏酒坊取卫运河河泥造池，用杂粮谷糠为料，分季填池，以木薪为火，笼屉蒸糟，蒸出的酒液一滴滴流出，故滴溜酒也称为"滴流酒"。滴溜酒以小麦制成的高温大曲为糖化发酵剂，经精心酿制，窖香浓郁，绵甜柔和，清冽净爽，余味悠长。中华人民共和国成立后，大名县的三家作坊合并成立国营大名县酒厂，1997年改制成为河北大名府酒业有限责任公司至今。其产品以优质红粮为原料，传统酿造工艺与现代化酿酒先进技术结合，含有丰富的醇、酸、醛、酯等有机物质，具有强体健身、促进血液循环等功效，深受广大消费者欢迎。大名滴溜酒的开酿仪式古朴而隆重，表达了酿酒人对传统手工酿造技艺的坚守和传承。仪式分为敬天、敬地、敬酒祖仪狄、祐吉祥等环节，第一碗寓意"赐我琼浆，滋养麒麟城"，第二碗寓意"祐我丰收，长酿椒浆"，第三碗寓意"美酒飘香，酒脉流长"，蕴含了酿酒人对酒艺的虔诚和敬意。（见图4-61）

近年来，大名县滴溜酒传统酿造工艺得到了及时的保护和宣传。大名府酒业公司多次派技术骨干到各地名厂学习取经，将优质技术及工艺应用到生产中，使产品产量、质量不断提高。如今的大名府酒业有限责任公司规模较大，产品包括滴溜酒、大名府白酒、玉麒麟白酒、卫河王白酒、狄公白酒、大名春等系列白酒，包括三个档次上百种浓香型白酒。大名滴溜酒曾荣获"河北名酒""河北省我最喜爱的金质信任奖""河北名牌"等荣誉称号，为滴溜牌商标树立了良好的品牌形象和较高信誉，使产品在省内外有较高的知名度和美誉度。

图 4-61　大名滴溜酒业开酿仪式

（十四）大名草编传统手工技艺（传统技艺）

大名草编是大名县卫河以东地区的传统手工技艺，被列入国家级非物质文化遗产代表性项目名录。

中国的草编手工艺据说已有 1500 年的历史。大名县的草编技艺大约在清代雍正年间从山东掖县通过运河船运传入，起初流传在西付集乡朱家村，后传至大名县卫河以东地区，逐渐推广到千家万户。大名草编多以麦秆为主，大名县城外、大运河边千顷良田，为草编技艺提供了充足的原材料，使得草编技艺妇孺皆能，多以麦秆编制草帽、提篮等物品。在此基础上，经过当地民间艺人的研究，又增加了诸多种类，题材丰富，所制成的物品集实用价值和艺术价值于一身，深受民众喜爱。

草编手工艺是中国民间艺术的重要内容，反映了我国劳动人民质朴、灵动的审美意识，蕴含了较高的价值。一方面，草编制品对美化家庭、丰富生活有积极作用，用麦秆制作的草帽、提篮、提袋、茶垫、坐垫、地席、门帘、果盒、纸篓、拖鞋以及用麦草制作的贴画、贴盒等物品体现了鲜明的实用价值；另一方面，草编手艺当中的麦草贴画集油画、工笔画等艺术于一身，多表现花鸟虫鱼、虎啸深山、鹿鸣翠谷、悬流飞瀑等题材，其艺术性十分突出。

在 20 世纪 80 年代以前，草编手工技艺在大名县一带普及很广，"张庄刘村大道边，男女老少编花篮"是在当地流传的民谣。用麦莛、高粱莛、玉米皮、柳荆条、马莲草、芦苇等编织的各种日用品、装饰品、玩具等随处可见。由于经济落后等原因，所制产品大部分供自家使用，部分产品如手工草帽可在市场上销售。改革开放后，大名县建立草编厂，开始从事草编手工艺品深加工，所

图 4-62　大名草编代表性传承人王群英

开发制作的草编产品约有千种，远销欧亚一些国家，为县域经济发展和农民增收曾经起到积极的推动作用。20 世纪 80 年代末，由于经济的快速发展，加上草编手工艺品制作费时、费力，没有可观的经济价值，营销渠道少，一些从事此行业的人员逐步改行，掌握此项手工技艺的人员越来越少。所幸的是，

大名草编手工技艺代表性传承人王群英女士（见图 4-62），在当地相关部门的帮扶下，成立了自己的工作室。她在传承传统草编技艺的基础上，与 26 岁修习美术专业的女儿共同创新，将草编技艺与油画相结合，创作了包括京剧脸谱系列、时装系列、成语典故系列、国画系列、饰品盒系列等在内的多种作品，深受人们喜爱。

（十五）魏县土纺土织技艺（传统技艺）

邯郸魏县的土纺土织技艺是一项古老的传统手工技艺，被列入国家级非物质文化遗产代表性项目名录。

魏县土纺土织历史悠久，自 7 世纪棉花从印度传入中国后，纺织业逐渐由麻纺织发展为棉纺织。到了元代，在黄道婆纺织机具和技术改革的影响下，魏县土纺土织业得到了发展，用土布做成的衣服、被褥已成为人们生活中的必需品。魏县土纺土织业历经明、清，到民国和中华人民共和国成立初期达到鼎盛时期，全县农村家家备有纺车、织布机，成年妇女都会纺花织布。

魏县土纺土织技艺繁杂，有搓花结、纺线、打线、染线、浆线、络线、经线、印布、掏缯、闯杼、绑机、织布等工序。决定土纺土织布条格、花纹的关键工序是经、纬色线的设计排列和缯的多少。缯有二页缯、三页缯、四页缯三种，二页缯用单梭能织白布、条纹布；经、纬色线的有序排列，能织出多样的方格布。魏县土纺土织经过广大妇女长时间的生产经验，创造出的条格、花纹布多达 200 余种；方格布有 100 余种；条纹布、三页缯、四页缯布均有 50 余种，品类繁多，令人眼花缭乱。

20 世纪 60 年代，由于国家纺织业机械化的发展，人们的穿戴被机织布和各种化纤布所代替，土布生产渐渐被冷落。20 世纪 90 年代开始，人们重新认识到棉布渗汗保暖、无毒保健的优点，穿用棉布在农村、城市重新兴起。据调查，魏县有 100 多个村、3000 多户置机生产土布，有 3 家机线、整经加工点，除手纺手织传统工艺外，又增添了由机纺线手工织布的新工序，促进了魏县土纺土织生产的发展。

为了保护非物质文化遗产，搞好手工花布的收藏、研究和开发工作，当地政府举办了"魏县土纺土织印染手工艺保护与传承专家论坛"，并建立了一座集收藏、陈列、印染表演及研究开发等多项功能于一体的魏县土纺土织、印花布收藏馆。此馆陈列着大量清代、民国时期的蓝印花布、彩印花布、土纺花格布、民间刺绣、老印花版等。在展览过程中，民间艺人还现场表演传统的印染工艺，吸引着众多观众。此外，魏县沙口集乡李家口村的纺织能手郭焕友、张爱芳（见图 4-63）被河北省文化厅评为省级传承人。

图 4-63　魏县土纺土织技艺传承人张爱芳

郭焕友成立了魏县农家土布坊郭家坊；张爱芳在李家口村挂牌成立了"魏县传统棉纺织技艺传习所"，以他们为代表的传承人正在不遗余力地使土纺土织技艺的生命力延续下去。

（十六）魏县花布染织技艺（传统技艺）

魏县花布染织技艺，是基于土纺土织技艺发展盛行起来的民间传统手工技艺，属于省级非物质文化遗产。魏县花布染织技艺始于宋代，广泛普及于明代，鼎盛于清代至 20 世纪 80 年代。

魏县的气候和地理环境非常适宜种植棉花，在农村种植棉花十分普遍，民间纺织技术十分发达，家家都有木制的纺车和织布机，户户都有织布娘。1982 年之前，全县有印染作坊 60 多家，全都传承了宋明时期的手工蓝印花布与手工彩印花布两种技艺。

现今，魏县非物质文化遗产保护中心收集的古老的花布作品有2600多件，花样达800多种。其中，明、清时代的蓝印花布作品有100多件；清代彩印花布作品有10多件。《平安牡丹》《凤凰牡丹》和《石榴寿桃图》等保存完整，色彩鲜艳、造

图 4-64　魏县蓝印花布晾晒

型完美、图案清新。当代的代表作品有《年画娃娃》《菊花和牡丹》《喜鹊报喜》《四季开泰（菊花）》等，都堪称艺术珍品。

魏县印染整体风格呈现出浓厚的"乡土气息"，以红、绿、蓝为主色调（见图4-64），这些颜色都是喜庆吉祥的象征，也是创作者对生活最质朴的期盼。

其制作步骤十分讲究。第一步，镂刻花板，需要在版纸上拓印出花样图案，用刻刀进行雕刻，雕刻中又分刻面、刻线和刻点三种手法。花版雕刻完后，刷桐油加固，并分类保存。第二步，印防染浆，用大豆面和生石灰以1∶3的比例加水调制成糊状，把刻好的花版放在白布上进行刮浆印花，刮浆和接版时要注意用力均匀、版面匀称。第三步，染色，刻彩印花版与蓝印花版相同。其底色应根据需要，将白布染成黄、粉红、淡绿或淡蓝等色，把刻好的四色花版按顺序依次放在色布或白布上，用鬃刷蘸色刷印，刷印时要套版准确、分接有别、少蘸多刷、用力均匀。四色刷印完毕，花布即染成。

魏县花布染织技艺是古代花布印染艺术的活化石，也是邯郸地区乃至全省、全国优秀传统手工技艺的重要遗存。保护、挖掘魏县花布染织技艺，对于研究我国印染史、民族风俗等情况具有重要的学术价值，也具有十分重要的文化传承意义。

第三节　河北大运河非遗传承利用的现状和问题

一、政府重视非遗保护传承，但在落实"合理利用"上存在不平衡、不充分问题

党和国家高度重视非物质文化遗产保护问题。随着国家级五批非遗名录的公布，河北省政府自 2007 年至 2021 年，陆续公布了全省五批非遗名录，各地级市也相继公布了市级保护名录，省级以上非遗共计 664 项。河北省坚持"保护为主、抢救第一、合理利用、传承发展"方针，切实做好非遗保护、管理和合理利用工作。

近年来，非遗资源得到了系统化的挖掘、整理和数字化保护，各级各地在非遗传承的资金、渠道、人才等多种资源上给予大力支持，助力非遗发展，取得了一定成效。河北省以省会石家庄为代表，推出了一些非遗展览馆、非遗文化园、非遗交流中心、非遗研习基地等；沧州市还将在"十四五"期间建设中国大运河非遗公园，全面展示大运河景观、沧州近代工业遗址、沿线省市的非物质文化遗产和浓缩沧州地域文化的特色元素。在非遗活动上，河北省民俗文化节举办了 12 届，河北省特色文化产品博览交易会举办了 9 届，京津冀非遗联展举办了 6 届。此外还有多种地区性的专题展、某项非遗技艺的赛事和展销展演等活动，如"非遗＋扶贫"手工技艺创业就业成果展、传统工艺振兴对话论坛、非遗服饰设计大赛、非遗文创展销及研学体验等，呈现了河北省非物质文化遗产在生态保护、传承、精准扶贫、文创等方面的实践和成果。

总体来看，通过合理利用，将非遗与扶贫、非遗与会展、非遗与地方节

庆、非遗与文创等事业和产业联系起来融合发展，河北省各级政府已经做出了多种路径的探索，但还存在一些问题。首先，在落实的深度、广度、影响力方面是不平衡的。属于大运河文化带体系的省级以上非遗项目约为94项（一些重要项目虽在大运河五市地域范围内，但不在大运河流经区域，或与大运河文化无关，故未统计在内），而这些项目在知名度、保护机制、传承利用效果上明显弱于张家口蔚县剪纸、承德满清民俗文化、井陉拉花、河北梆子、评剧等非大运河非遗。其次，专门针对大运河文化带的非遗节事活动十分有限，民众认同感较低。例如，就2020年9月在沧州大运河生态修复区举办的大运河非遗大展来说，根据课题组问卷调查结果显示，53.1%的被调查者表示不知道该活动的存在，15.6%的人表示知道该活动但没有亲临现场，只有31.3%的人曾经到过现场。可见，将非遗与节庆活动、文创产业、旅游业、影视动漫等结合起来探索深度融合还有待研究和落实，将非遗与大运河文化带建设、京津冀协同发展、文旅融合等政策联系起来，实现多产业整合、多角度共建共享发展的路径还有待发掘。此外，依托非遗举办的各种大型节事活动在宣传力度的加强、活动方式的丰富、大众参与度和认可度的提升上还任重道远。

二、大运河非遗分布零散，影响范围小，传承难度大，渠道窄

非遗传承的核心是依靠"人"，是按照传统的生产方式、工艺技术或艺术表达方式进行的朴素人文再造。随着我国经济的快速发展，以工业化为主要表现形式的现代生产对传统生产造成巨大冲击，使得诸多非遗的局限性、脆弱性和特殊性突显出来，其赖以发生发展的文化生态环境变化加剧，生存空间不断受到挤压，影响力逐渐缩小。

河北段大运河文化带非遗项目主要分布在乡村，在廊坊、沧州、衡水、邢台、邯郸等地零散点缀开来。随着日新月异的城镇化进程和经济发展浪潮的不断冲击，非遗传承者，特别是农村当中传统技艺类、表演类的传承人想要通过固有的传承方式获得丰厚物质回报的愿望变得越来越难以实现，他们

必须另谋出路，传承渠道越来越窄，最终出现传承乏人的结果。例如，沧州沧县的镂空木雕雕刻技艺享誉一时，在明清时期是建筑工艺中应用最广、效果最好的手段。沧州域内的很多大型建筑、室内家具、佛龛等用品都由镂空木雕艺人制作，很多艺术品还被客商从运河输入京城，成为宫廷御用品，也曾远销海外，弘扬了民族文化。但是时至今日，由于镂空木雕技艺复杂、工序烦琐、学徒时间长、材料和作品价格昂贵，目前沧县仅海旺镂空木雕艺苑一家，技艺上乘者仅有 4 人，且年事已高。这一古老的民族工艺濒临失传。

在大运河非遗中属于传统手工技艺（物品制造）类的项目，很多都有这样的问题：一门工艺或手艺往往通过师徒之间的口传身授进行传承，凭借经验和信念操作，工艺复杂，制作周期长，工作强度大，且某些材料昂贵，产量和利润低，能够掌握专项技术的传承人越来越少，年龄老化，后继乏人。如衡水传统玉器雕刻技艺、沧州吴桥线装书工艺、邯郸魏县土纺土织技艺、馆陶黑陶制作技艺等。对于此类传承难度大的非遗项目，可以借鉴衡水内画技艺的发展模式，通过选拔代表性传承人、建立研习基地、拓宽传承渠道等方式来进行改善。

相对而言，属于传统手工技艺（饮食制作）类的项目则稍好一些，如邯郸大名的小磨香油制作技艺、五百居香肠制作技艺、郭八火烧制作技艺、二毛烧鸡制作技艺、衡水老白干酒酿造技艺、沧州十里香酒酿造技艺等。传统小吃、名酒等依托产品特色和饮食风俗的相对稳定性，较容易走出创新发展之路。在坚守独有的特色文化、保持传统技艺的基础上，根据消费者偏好，研制出适销对路的多层次产品，成为一个地区的特色产业之一。需要注意的是品牌意识的形式和营销渠道的拓宽，如果将大运河文化廊道打通，打造符合运河气质的形象符号，打通不同介质之间的传播通道，构建全方位、多层次、分众化的传播体系，形成"运河非遗系列产品"的聚合效应，[①] 将有利于演示和推广这些物化的传统技艺和产品，使其获得长远发展。

---

① 秦宗财：《新时代"千年运河"文旅品牌形象塑造》，《江西社会科学》，2021 年第 1 期，第 235—243 页。

三、对大运河非遗的创造性利用方式有限

非遗是在实践中传承发展的，这个过程需要传承人有较高的能动性和创造力。但是在现实中，很多传承人没有意识、没有能力和欲望去学习新知识，他们的技术和艺术表达习惯已经定型，往往墨守成规、因循守旧。另有一些传承人不是不想接触新的知识和信息，而是没有条件或机会去接触；不是不想改进材料、提高技艺，而是不知道去哪里找更好的材料、学更好的技艺；不是不想吸引更多的受众来欣赏自己的艺术门类，而是不知道怎样才能抓住当代人的审美需求，从而做出调整。

在传统美术、传统手工技艺门类中，很多属于中国民间工艺美术，比如廊坊的烙画，是用火烧热烙铁在竹木等物体上熨烫出烙痕来作画，有火印版画、火喷烙画等形式。如今，因缺少原创人员，大部分掌握烙画技艺的人只专注于搞移植和临摹，少有真正的创作人员把烙画作为艺术、作为学术进行研究，所以在很大程度上限制了烙画的进一步发展。

又如，衡水景县的铜胎画珐琅技艺，又称"烧瓷"技艺，是在铜质胎体上涂敷釉料，经烧结、彩绘、抛光、镀金而制成多种多样的金属工艺品，工艺特殊、繁复，对技艺水平要求很高，一般通过师徒传袭制，采用家庭作坊式的纯手工制作方式来生产。近年来，受生产方式、传承观念、社会经济发展等多种因素的影响，烧瓷技艺缺乏创新和突破，生产举步维艰，面临失传的危险。

不仅如此，在传统音乐、传统戏剧等非遗项目中，该问题也已明显暴露出来。如沧州沧县的木板大鼓是土生土长的民间说唱艺术，其顿挫淋漓的大悲调彰显了燕赵悲歌慷慨的气势，表达出社会下层人民的心声，在沧州的部分农村地区喜闻乐见。但由于木板大鼓采用师徒之间口传身授的传习方式，也几乎没有系统的文字记载，且缺乏适应当代人艺术需求的创造性转化和创新性发展手段，如今，沧州木板大鼓艺人能登台演唱的仅存 9 人，这一古老的艺术形式岌岌可危，亟待抢救和保护。面临类似问题的还有漳卫南运河船

工号子、东光吹歌、冀南四股弦、落子、哈哈腔等。

在另一端，社会各界有创新创意能力的人才或机构，大多忽视对传统文化的深入学习和挖掘，文化产品的创造范式往往具有同质化倾向，文化创意产业、旅游产业经过多年的粗放式发展，形成了一种或几种固定的模式或套路，难以和真正有特色的本民族、本地区的文化精髓贯通融合起来，创造出更加深入人心、有中国气派的好作品、好项目。

基于此，非遗需要活态传承，需要在不破坏其原真性和完整性的前提下，充分挖掘和利用非遗本身所蕴含的优质资源，进行合理的开发利用，提高文化传统的活力及转化率。① 在这个过程中脱颖而出、实现创造性转化和创新性发展的，一定是把传统文化和时代特点结合得最好的。如今，随着大运河作为国家文化符号的确立、各地运河文化带的打造，民众对运河的关注度和认同感日益增强，运河已成为包容域内非遗文化的载体。如果以运河文化为轴线，找准最大公约数、最佳连接点，创造性地打造融合非遗资源的运河特色文化产品，将会极大地促进运河城市共同发展和繁荣，② 促进传统文化焕发生机与活力。

四、大运河非遗与现代生产、生活有较大脱节

非遗是世代相传并在适应环境过程中不断得到再创造的文化遗产，具有为相关社区和群体提供持续认同感的文化意义和社会功能。这种文化遗产的力量是应当强大的，并与大众生活产生密切的交流和互动。然而在实际中，效果远非如此。问卷调查显示，民众对大运河文化带的非遗项目所知甚少。在各个大类中，知名度最高的是传统体育、游艺和杂技，占比达到81.6%，知名度最低的是传统美术，占比为51.4%；在所有项目中，知名度最高的是

①肖瑱、许孟巍等：《大运河文化带江南地区手工艺非遗的活态传承与创新发展》，《轻纺工业与技术》，2020年第8期，第122—125页。

②侯兵、张慧：《基于区域协同视角的大运河文化旅游品牌体系构建研究》，《扬州大学学报（人文社会科学版）》，2019年第5期，第61—67页。

沧州武术和吴桥杂技，占比均为 86.2%，知名度最低的是邯郸的传统戏剧"东填池赛戏"，占比只有 5.6%。此外，还有 25%～40% 的民众对传统医药、传统音乐、民俗等包含的具体项目的感知力为 0。在了解大运河非遗的渠道上，60.3% 的人表示是通过电视、广播、报纸等传媒形式来了解，通过地方节庆活动、文创产品、特色旅游活动来了解的占比为 18.9%～32.4%。结果说明，在当今社会，民众由于主客观原因，在完成快节奏的日常工作之余，闲暇时间被现代多元文化挤占，对非遗的了解和接触机会较少，非遗和大众的生活内容、生产方式渐行渐远，且非遗与各种文旅活动的融合度较低。

即便是那些大众感知度较高的项目，也不代表它能够经常与社会大众的生产生活相联系，或者其内容和形式受到民众的广泛认同，能够产生强大的向心力和归属感。例如，沧州武术是古代沧州运河两岸的百姓用来防身御敌的有效手段，习练者众，影响力广，因"镖不喊沧"卓然于江湖。随着中华人民共和国成立，社会渐趋安定团结，武术在当代社会中的主要作用转化为强身健体和观赏助兴，其核心作用逐渐式微，习练人数逐渐减少，影响范围也在缩小。很多门派和套路的传承面临困境，又因特定的训练和演出环境，难以形成大的社会效应和区域品牌形象，大多数沧州市民的实际生活并不与武术产生交集，只是在观看节目或会展活动中稍有接触。虽然在国家和政府的支持下，1989 年至今，沧州国际武术节已成功举办十届，规格不断提升，但突出问题依然是如何真正融入民众的生产和生活。

又如吴桥杂技，文化底蕴丰厚，所属地区吴桥县也是闻名海内的杂技之乡。改革开放以来，吴桥在政府支持下建设了杂技人文旅游工程——吴桥杂技大世界；1987 年至今，吴桥国际杂技艺术节已成功举办 9 届。但近年来，由于经济条件、组织形式和大众审美的转变，吴桥杂技受到了冷落，很多传统节目绝招绝活已无人演习，濒临绝迹，杂技文化的传承发展面临严重威胁。毕竟杂技的社会普及性较武术更低，它在很大程度上依赖于政府的扶持，而吴桥县政府不具备专业的市场化运作经验，创新意识和能力不足，也没有与高校、企业建立联动合作机制，致使优秀文化资源的开发和转化受限，惯性的旅游圈地模式逐渐与新的市场需求和消费趋势脱节，① 所以民众参与实践、传承弘扬的积极性不高。

这种脱节，在运河文化带的其他非遗项目中也广有存在，如传统民间文学类的沧州吴桥杂技口艺、邢台清河武松兄弟传说、邯郸的成语典故文化；民俗类的衡水阜城打囤、沧州青县觉道庄老子祭奠、清河中华张氏传统祭祀、邯郸黄粱梦文化等。传统文化逐渐失去了生存和发展的土壤，人们对本地区的非遗没有强烈意识，即便有意识，有的也只存在于记忆中、书本里，或者存在于举办活动的一时。而在现实中，民众对非遗的呼唤是比较热切的，通过问卷调查，有99.1％的人愿意观赏非遗技艺；96.4％的人愿意体验非遗活动；87.4％的人愿意购买非遗文创产品；80.2％的人愿意学习某一项自己感兴趣的非遗；96.4％的人希望在新媒体平台上得到更多关于非遗的信息；99.1％的人对河北段大运河非遗创造性地保护、开发、利用表示支持。由此说明，尽管非遗资源还没有得到充分有效的利用，尽管生活在纷繁复杂的现代社会中，但广大民众依然对非遗充满渴望和向往，想要从非遗中获取传统文化的浸润和力量，以接纳的姿态期盼非遗融入自己的生活，以主动的态度随时准备走进非遗的传承世界。

如何延续运河非遗的生命力和感染力，彰显地域文化特色，为传统文化的普及做出示范，使其成为河北省大运河文化带品牌形象的一部分，或者形成一种可持续发展的产业，是今后需要解决的问题。在社会结构、生活方式等非遗存在、发展的环境发生深刻变化的背景下，不断提高非遗的当代实践水平，开辟多产业、多领域融合发展的路径，对于保护并增强非遗的生命力，维护并丰富人类文化的多样性，促进当地经济文化发展至关重要。

---

① 范周、言唱：《大运河文化活化利用的协同创新网络构建研究》，《同济大学学报（社会科学版）》，2020年第1期，第29—39页。

第五章　河北大运河文化遗产
保护、传承、利用思路

第一节　关于大运河文化遗产的指导思想

一、概述

中国大运河作为流动的巨型文化遗产，地理空间跨度大，延续使用时间长，遗产种类多，经济社会发展基础好，是具有 2500 多年历史的活态遗产，是中华民族繁荣兴盛的历史见证，也是中华民族文化基因和中国特色社会主义文化的优质载体。作为世界文化遗产的中国大运河，既是中国的，也是世界的。对于这样一条在人类文明史上凝聚了中国智慧的文化遗产河，我们没有理由不把她保护好、传承好、利用好。

然而，长期以来，大运河的保护和建设面临着诸多困境和难题，如大运河本体保护治理难度大、资源环境形势严峻、生态空间挤占严重；遗产保护压力巨大、传承利用质量不高；大运河系统性、全方位的遗产保护和文化展示不足；保护、挖掘和阐释大运河所承载的丰厚优秀文化不够，在世界上的影响力和吸引力有限；围绕大运河实体的空间管控、环境保护、产业发展、城乡建设、体制机制等工作有待完善，以文化为引领推动区域高质量发展任务仍然艰巨。推进大运河文化遗产的保护、传承、利用工作，深入阐释和生动展现大运河在推动中国历史和中华文明发展演进中的重要作用，是具有深远意义的大事。

为此，国家围绕大运河做出了一系列重大决策部署。党的十八大以来，党中央、国务院高度重视大运河文化遗产保护、传承、利用工作。2017年，习近平总书记作出系列重要批示指示，为大运河文化遗产的保护、传承、利用指明了方向。习近平总书记指出，大运河是祖先留给我们的宝贵遗产，是流动的文化，要统筹保护好、传承好、利用好，并要求把大运河文化遗产保护同生态环境保护提升、沿线名城名镇保护修复、文化旅游融合发展、运河航运转型提升统一起来。为高位推进大运河文化保护、传承、利用指明了方向。2017年，中办、国办印发《关于实施中华优秀传统文化传承发展工程的意见》，为传承发展大运河文化等中华优秀传统文化明确了指导思想、方针原则、目标任务。2019年2月，中办、国办印发《大运河文化保护传承利用规划纲要》，按照高质量发展要求，从国家战略层面为推动大运河文化创造性转化和创新性发展，建设大运河文化带、生态带、旅游带明确了总体思路和宏观愿景。2019年7月，中央全面深化改革委员会会议审议通过了《长城、大运河、长征国家文化公园建设方案》，为进一步建设大运河国家文化形象、打造大运河成为中华文化重要标志提出了具体要求。2020年7月，国家文物局、文化和旅游部、国家发展改革委联合印发《大运河文化遗产保护传承规划》，旨在全面推动新时代大运河文化遗产保护传承创新性发展，保护好、传承好、利用好大运河文化遗产。党的十九届五中全会明确提出，要坚持传承弘扬中华优秀传统文化，强化重要文化和自然遗产、非物质文化遗产的系统性合理性保护、传承和利用。

二、对《大运河文化遗产保护传承规划》的解读

（一）主要内容、总体定位和基本原则

《大运河文化遗产保护传承规划》（以下简称《规划》）将大运河沿线与其历史文化价值存在直接关联的超过1200处文物和非物质文化遗产代表性项目列为规划对象。《规划》包括序言、九个章节、四个专栏和两个附件，大致

分为四个部分：第一部分阐述了规划背景、规划范围、遗产概况、工作原则、工作目标和分期任务；第二部分提出了强化大运河文化遗产管理总体要求、文物和非物质文化遗产分类保护要求；第三部分制定了大运河遗产价值挖掘阐释和传承利用规划举措；第四部分明确了保障措施以及作为规划保护重点的368项大运河代表性文物和450余项国家级非遗项目清单。

《规划》坚持以文化和生态保护为引领，着力强化文化遗产保护传承能力建设，创新文化遗产传承利用机制，构建大运河国家记忆体系，助力大运河国家文化公园和大运河文化带建设，推动中华优秀传统文化创造性转化和创新性发展，使大运河成为新时代宣传中国形象、展示中华文明、彰显文化自信的亮丽名片。《规划》明确了大运河文化遗产保护、传承、利用的工作原则：一是坚持价值主导、核心引领，挖掘阐释大运河蕴含的爱国精神、民族精神、文化态度和思想智慧，传播社会主义核心价值观；二是坚持科学规划、突出保护，尊重大运河活态特点，以文化遗产、生态环境和景观风貌保护为重点，坚持保护治理优先；三是坚持古为今用、强化传承，提高公共文化服务供给，更好地满足人民日益增长的美好生活需要，提升国家文化软实力；四是坚持合理利用、惠及民生，构建跨部门跨地方齐抓共管、政府主导与公众参与的保护格局，优化滨河人居环境，推动区域转型发展。

（二）《规划》的突出特点

1. 重视保护，慎重开发

《规划》要求落实"共抓大保护、不搞大开发"总体原则，将大运河保护作为贯穿大运河文化遗产保护传承、河道水系治理管护、生态环境保护修复、文化旅游融合发展、城乡基础设施建设全过程的基本原则，围绕大运河价值和活态特性，提出开展资源调查、提升保护层级、推动保护立法、落实属地责任、建立规划体系、加强协调管理、强化安全监管等全面强化大运河文化遗产保护管理相关工作要求，并根据水工遗存、革命文物、工业遗产、农业文化遗产、历史文化名镇名村、历史文化街区和传统村落等各类文化遗产特点，提出分级、分类保护利用措施。

2. 各类遗产综合保护

《规划》提出以构建水工遗存等重要大运河文物为主体、以沿线地区承载城乡记忆和人民群众乡愁记忆的各类物质载体为支撑的大运河国家记忆体系，并将其作为《规划》的核心内容和目标。在实施一批重要文物保护修缮、展示阐释和环境整治项目的基础上，推动各地建立一批权责明确、运营高效、监督规范、特色鲜明的大运河考古遗址公园、专题博物馆、陈列馆、展示馆和国家遗产线路，并通过国家遗产线路串联京津、燕赵、齐鲁、中原、淮扬、吴越文化高地代表性文物和非物质文化遗产传承体验点，实现遗产保护、文化教育、旅游观光、休闲娱乐、科学研究功能的有机结合。

3. 突出特色景观风貌

《规划》强调将大运河文化遗产的保护与大运河沿线特色景观风貌的保护相结合。《规划》提出，各地要按照《大运河文化保护传承利用规划纲要》"滨河生态空间"保护的相关要求，细化大运河保护区划和管理规定，将大运河周边景观风貌作为保护对象，纳入保护范围。同时，针对大运河沿线历史城市、现代城市、乡村田园、自然风景等各类特色环境景观，明确各地保护区划内的景观风貌管控要求；细化开发建设活动分类管理规定，制定开发建设项目管控清单，加强城镇、乡村建设规划设计引导，禁止不符合大运河文化遗产保护、传承、利用要求的开发建设项目；已建成的，相关地方人民政府须限期制定整改措施并落实到位。

（三）《规划》确定的近期工作重点

"十四五"时期是我国全面建成小康社会的关键时期，《规划》提出近期在大运河文化遗产保护、传承、利用方面要重点抓好以下几项工作：

1. 在基本完成大运河文物调查的基础上，全面完成大运河各类文化遗产资源调查，并在国家文物局现有大运河世界文化遗产基础数据库和监测平台的基础上，建立健全大运河文物国家级数据库及监测预警总平台，以及大运河文化遗产数字资源国家级数据总库，实现大运河文化遗产资源、保护、管理、展示信息全覆盖，探索推进数字化、精细化管理，推动相关信息跨地区跨部门共建、全社会共享。

2. 各地尽快编制或修订大运河文物保护规划，围绕挖掘、保护、阐释大运河历史文化价值和时代精神总体目标，细化保护范围、建设控制地带范围及管理规定，重点贯彻落实《大运河文化保护传承利用规划纲要》提出的"绿色生态廊道建设"相关要求，细化开发建设活动分类、量化管理规定，制定管控清单，禁止不符合大运河文化遗产保护、传承、利用要求的开发建设项目，明确保护、传承、利用举措，做好与国土空间规划衔接。

3. 探索创新大运河文化遗产保护理念技术，借鉴国外运河遗产、线性遗产保护经验做法，针对并准确把握大运河不同于一般文物的活态特性，开展多学科参与的大运河文物保护理念、保护利用、监测管理技术研究，重点推动水利遗产，尤其是具备航运、水利功能的古代水利工程保护理念、管理策略、修缮养护策略、展示利用关键技术研究，推动出台相关标准规范。

4. 深入挖掘大运河文化遗产承载的深厚历史价值和优秀传统文化，全面提高大运河文化展示水平，建设一批大运河文化遗址公园，建设江苏扬州大运河博物馆、河北沧州大运河国家非遗公园、河南洛阳隋唐大运河博物馆、山东济宁河道总督府遗址博物馆，围绕北京、天津、沧州、济宁、扬州、淮安、苏州、无锡、常州、杭州、洛阳等地，探索推进国家遗产线路建设，打造大运河公共文化服务空间。

5. 加强大运河相关对外文化交流合作，充分发挥扬州世界运河历史文化城市合作组织、大运河保护与申遗城市联盟、扬州世界运河城市论坛、杭州大运河国际论坛等平台的作用，开展国际交流活动，继续加强与联合国教科文组织世界遗产中心的合作，向国际社会全面展示大运河的历史文化价值、中华民族的精神追求以及全面真实的古代中国和现代中国。

三、河北省关于大运河文化保护、传承、利用规划体系的构建

（一）体系构成

为统筹推进河北省大运河文化保护、传承、利用工作，河北省 2020 年先后出台 1 个实施规划、6 个专项规划和 1 个景观风貌规划，"1＋6＋1"规划体系基本建立。

"1 个实施规划"为《河北省大运河文化保护传承利用实施规划》，主要明确河北省大运河文化带建设的方向、目标和任务，推进保护、传承、利用工作。

"6 个专项规划"为国家文化遗产保护传承、河道水系治理管护、生态环境保护修复、文化和旅游融合发展、交通体系建设和土地利用专项规划。

"1 个景观风貌规划"为《河北省大运河整体景观和建筑风貌规划》，专门指导沿河各市、县、乡、村等景观和建筑风貌规划设计。

以上共同构建了河北省大运河"1＋6＋1"的省级规划体系，其中，《河北省大运河文化保护传承利用实施规划》是河北省大运河文化保护、传承、利用工作的行动纲领，也是大运河各级各类规划的总遵循；6 个专项规划是实施规划提出的重大目标任务在具体领域的细化落实；景观风貌规划是省级层面对大运河沿线景观风貌塑造的指导性文件。

（二）遵循原则

1. 科学规划，突出保护。按照真实性、完整性保护要求和大运河活态遗产特点，坚持强化顶层设计，加强合理规划，遵循科学规律，创新方式方法，推进分类施策、分步实施。

2. 古为今用，强化传承。深入挖掘大运河优秀传统文化精神内涵，弘扬和践行社会主义核心价值观，增强文化自觉和文化自信，全面提升燕赵文化软实力。

3. 优化布局，合理利用。突出大运河文化属性和综合功能，统筹考虑大运河资源承载能力，优化文化遗产、河道水系、生态环境等保护、传承、利用的空间布局，在实现保护要求的前提下，合理利用文化生态资源，促进文化旅游及相关产业高质量发展，优化城乡人居环境，重塑大运河整体形象，形成区域发展新模式。

（三）主要内容

1. 功能定位。打造特色鲜明的燕赵文化展示带、古朴自然的原真生态景观带、古今交融的多彩全域旅游带及合作典范的协同发展示范带。

2. 指导思想。按照高质量发展要求，河北省大运河文化保护、传承、利用要坚定文化自信，坚持以文化为引领，坚持以人民为中心，共抓大保护，不搞大开发；着力强化文化遗产保护传承，着力推进河道水系治理管护，着力加强生态环境保护修复，着力推动文化和旅游融合发展，着力促进城乡区域统筹协调，着力创新保护、传承、利用机制，加快形成"一轴、两廊、五区、多集群"的河北省大运河文化带总体发展格局。

3. 主要目标。到 2025 年，各类文化遗产保护实现全覆盖，大运河河道水系正常年份全线有水，河道生态水量得到基本保障，河道水生态环境明显改善，适宜河段实现旅游通航。绿化生态廊道建成，建成一批代表运河特色文化的旅游示范项目，形成河北省大运河文化旅游统一品牌。到 2035 年，河北段大运河文化遗产实现科学保护、活态传承、合理利用，大运河河道水系正常年份全线通水，河道生态水量得到有效保障，生态环境根本改善，文化旅游品牌影响力显著提升，河北省大运河文化带作为文化生态发展走廊全面建成，与大运河沿线各省（市）共同打造形成世界知名的"千年运河"文化旅游品牌。

（四）主要任务

1. 强化文化保护传承。统筹物质文化遗产保护，划定并公布保护区划与保护要求，实施文物保护工程，建立文物安全长效保护机制；加强非物质文化遗产保护，开展全面普查和抢救性保护，提高传承能力；保护周边历史风貌，严格管控要求，注重沿线绿化景观、建筑高度、建筑风貌等方面的协调；增强文化遗产传承活力，构建多层次展示体系，强化社会教育与技艺传承；阐发文化遗产当代价值，深化大运河文化价值研究，讲好大运河故事，加强大运河专题文艺创作。

2. 推进河道水系河道管护。改善通水通航条件，多措并举优化水资源配置，分段施策推进旅游通航；完善防洪排涝保障功能，提升河道行洪排涝能力，强化防洪体系建设；促进岸线保护和设施管控，加强水利设施管控，集约保护岸线资源。

3. 加强生态环境修复。建设绿色生态廊道，优化滨河生态空间，加强生态空间管控；开展生态系统保护，恢复河道水生态骨架，加大综合治理力度，开展环境监测评估；推进水环境污染防治，开展重点单元污染防治，严格管控污染排放，强化污染应急处理。

4. 推动文化和旅游融合发展。打造高质量旅游产品，培育重点旅游项目，建设旅游文化片区，打造精品旅游线路，塑造文化旅游品牌；提升基础设施和配套服务，建立完善水陆交通体系，完善旅游公共服务配套；改善旅游发展环境，规范旅游市场秩序，提高旅游产品服务质量；推动文化与相关产业融合，鼓励发展体育休闲产业，丰富休闲娱乐旅游产品，发展休闲农业和乡村旅游。

5. 促进城乡区域统筹协调。优化城镇发展空间格局，发展运河重点城市，培育和建设沿线特色小镇，打造文化高地；加快乡村振兴战略实施，完善乡村基础设施，着力推进美丽乡村建设；推动美好运河家园建设，做好大运河沿线城镇风貌规划，加快城乡公共服务设施建设；对接重大区域发展战略，积极对接京津冀协同发展，主动服务雄安新区建设。

第二节　河北大运河文化遗产
保护传承利用的思路与策略

随着 2019 年国家关于大运河文化带建设的理念提出，各级、各地、各部门关于大运河建设的方案和措施相继出台，涉及生态治理、惠及民生、协同发展的设想和愿景将进入实施阶段，沿运河各城市和乡村的面貌将发生更大更新的变化。对于河北省来说，要珍惜大运河遗产在河北境内的真实性和完整性，要做好大运河文化遗产的保护传承利用，最关键的是对人文精神的挖掘和弘扬，即人与运河、人与遗产、城市与自然、古代与现代之间的"会通通惠"、和谐共生，鼓励基层在实际工作中积极开展各种探索，树立沿线人民群众的主人翁意识。换言之，大运河文化遗产的主体应当是大运河流经区域的最广泛的人民群众。大运河的建设不应当是硬性的行政命令，也不应当是民众被动接受的强制执行，而是一个社会大众发自内心的认可、主动积极参与管理的过程，必须重视人的因素，发挥人的作用，这不仅包括运河人与运河关系的和谐相处问题，还包括运河文化遗产的传承弘扬问题。人是运河的见证者、共生者、开发者和受益者，人们的主观能动性在运河保护利用中会起到促进或阻碍的作用，社区居民的认同感和参与性的强弱是进行大运河文化遗产保护、传承、利用的决定性因素。在大运河的全面保护和建设中，不仅要向民众宣传相关知识和法律法规，促进民众积极参与，发挥运河民众的智慧与力量，而且要将大运河遗产的保护利用与民生紧密结合，使大运河保护的成果为大众共享，使民众真正成为运河遗产的保护者、传承者和受益者。

关于河北省大运河文化遗产的保护、传承、利用的思路和具体策略，可以从以下三个方面进行探索：

一、整体性保护与展示性保护相结合

（一）整体性保护

1. 大运河整体性保护的依据

线性文化遗产（Lineal or Serial Cultural Heritages）是国际文化遗产保护领域提出的理念，由文化线路（Cultural Routes）的概念衍生并拓展而来，其中文概念最早由北京故宫博物院原院长单霁翔先生提出，主要是指在拥有特殊文化资源集合的线形或带状区域内的物质和非物质的文化遗产族群，往往出于人类的特定目的而形成的一条重要纽带，将一些原本不关联的城镇或村庄串联起来，构成链状的文化遗存状态，真实再现了历史上人类活动的移动、物质和非物质文化的交流互动，并赋予作为重要文化遗产载体的人文意义和文化内涵。[①] 运河、道路以及铁路线等都是其重要表现形式。

线性文化遗产形态特征的形成基于它自身具体的和历史的动态发展和功能演变；代表人民的迁徙和流动，代表一定时间内国家、地区内部或国家、地区之间人民的交往，代表多维度的商品、思想、知识和价值的互惠与流通，并代表因此产生的文化在时间和空间上的交流与相互滋养，这些滋养长期以来通过物质和非物质遗产不断得到体现。

中国作为历史悠久的文明古国，拥有丰富的线性文化遗产资源，如中国大运河、长城、长征之路、丝绸之路、徽商兴起路线、蜀道、茶马古道等。

大运河作为中国的大型线性文化遗产之一，具有鲜明的特点。

（1）较之历史文化名城、街区、村镇等点状区域，大运河是线状或带状的文化遗产区域，范围大，包括的遗产种类多，反映的人文社会活动形式丰富。例如河北段大运河，包括隋唐大运河的邯郸、邢台段（为古代"永济渠"

---

①单霁翔：《大型线性文化遗产保护初论：突破与压力》，《南方文物》，2006 年第 3 期，第 2—5 页。

的一段），也包括京杭大运河的沧州、衡水、廊坊段，属于南运河和卫运河、北运河的一部分。邯郸段大运河长约 141.8 千米，流经魏县、大名、馆陶 3 县；邢台段大运河长约 58 千米，流经临西、清河两县；衡水段大运河长约 179.05 千米，流经故城、景县、阜城 3 县；沧州段大运河长约 215 千米，流经吴桥、东光、南皮、泊头、沧县、市区运河区和新华区、青县等县市区；廊坊段大运河主要流经香河县，长约 20.3 千米。大运河在河北的这些区域贯通蜿蜒，滋养燕赵儿女，历经沧海桑田，留下了诸多宝贵遗产。而在相互交流和交融积淀的历史进程中，各地又展现出不同的地域特色和人文景观。这些历史文化的影子在一条遗存水系的流淌中再现，形成相互关联的文化遗存范围，都是千百年来人类生活的真实记载。[①]

（2）承载物质与非物质文化遗产的联系与变化，相互影响与交流，构成文化带上文化遗存的共性与特性、多样性和典型性，衍生出丰富多彩的面貌和内在的密切关联。例如，河北省的廊坊、沧州、衡水、邢台、邯郸等地因大运河的奔流牵引而有着共同的文化身份，作为纵贯冀东南地区的水上交通要道，运河为河北省的经济发展、社会进步和文化繁荣做出了重要贡献，留下了丰富的历史文化遗存，孕育了璀璨如星的名城古镇，凝聚了政治、经济、文化、生态等诸多领域的庞大信息，促进了运河流域和跨流域的经济、科技和文化的交流、共生与发展，形成了一个以运河为纽带的文化生态廊道。

（3）涉及巨大的经济价值和复杂的自然生态系统。历经几千年发展而建设起来的大运河及其漕运，承载着农业文明的民族希望。作为通航、灌溉、防洪、排涝等综合利用的巨型水利工程，它所串联起的漕运水道、漕船、仓储、闸坝工程、码头驿站及灿若繁星的运河城镇，构筑了庞大的物质载体，囊括了纵横交织的生态系统，同时促进了南北物质文化的大交流和大繁荣。

综上，根据大型线性文化遗产的自身特点——既是完整的体系，又蕴含相互联系的多种遗产类型，同时是整个社会的有机组成部分之一，我们应当

---

① 单霁翔：《大运河遗产保护》，天津大学出版社 2013 年版，第 29 页。

将其作为一个完整的遗产族群进行整体保护。

对于大运河这样一个文化遗产极其丰富的大型线性文化遗产来说，整体性保护大运河文化，以面涵点，以现状区域内的铺开带动线上的各个点，有利于国家宏观调控、地方综合治理，有利于各种社会资源的集中使用，不失为一种经济、高效的保护策略；整体性保护大运河文化，可以根据遗产的构架与体量特点，形成行之有效的系统保护方法，较之分散的"点"状保护，效果更好、影响更大，易于摸索普遍规律，形成科学方法，不断深化保护的内涵；整体性保护大运河文化，可以将沿线的物质和非物质文化遗产保护有机结合起来，通过遗产资源和价值的调查，深入开展在文化遗产保护涉及的各个相关领域的科学研究，通过多学科领域的交叉研究，有力地推动保护工作。

2. 大运河整体性保护的管理机制

目前，在河北省大运河沿线地区，大运河整体的保护与地方区域性保护利用的矛盾较为突出，各遗产区域和遗址点存在各自为政的现象。大运河作为一个文化实体和完整的线性文化线路，对其文化及经济价值的整体性认识和利用非常必要。不将大运河放置在整个文化与经济建设的策略、规划和建设之中，就有可能出现各扫门前雪的窘境，大运河作为整体的线性文化遗产的价值和意义也无法得到体现。虽然大运河沿线某些省市和地区签订了跨区域的联合协议或合作计划，但协调管理机制运转困难、协调管理机制亟须完善。河北省大运河的保护管理工作涉及交通、水利、文物等多个职能部门，涉及5个地级市和17个县级行政单位，缺乏有效统一的协调机制。在各市县，大运河各支段基本上由所属地区的相关部门管理，各自为政，各管一段，缺乏统一协调、统一规划、统一治理的机制，处于散乱状态，统筹协调运作不流畅，从而使大运河在整体名义上说是大运河，实际上却是各段各地各自为政的"小运河"。这种状况既影响了大运河文化遗产的保护，也不利于航运建设和地方建设的协调发展。我们需要积极探索出具有可操作性的工作协调机制，统一部署，统一安排。

应当注意的是，河北大运河是一个线性共同体，整体性保护是指不同辖区须建立合作关系，摒弃"单打独斗"的思维方式，树立大运河遗产保护的大格局，建立合作协商机制，颁布激励性政策，鼓励企事业单位、社会团体、社区居民参与民主协商、共建共享，实现"内外互联互通"，明确各职能部门的责、权、利，调动公众的积极性。

基于此，应当拿出科学有效的方法，编制保护规划、制定专项法规，健全管理机制。好在从国家层面、省级层面，对大运河均制订了相应的规划方案，应当明确各个级别的规划范围、规划期限、规划目标、保护重点、保护方式。针对河北省大运河文化遗产的保护现状，加强基础工作，制定合理的保护措施，关键是要广泛动员社会力量参与保护工作，明确保护责任。对于大运河这种分布地域广、遗存众多的大型线性文化遗产而言，需要开展保护理论、保护技术、管理体制和实施方式等相关问题的研究，对重点文化遗产，应制定专项保护法规，加大依法保护的力度。建立健全跨地区、跨流域、跨部门、跨行业的保护管理体制，并确保各个组成部分协调有效。

在实际工作中，可以设立诸如"河北省大运河文化遗产工作管理中心"这样有权威的、协调有效的大运河保护的领导协调机构，采取由积极性高的重点城市牵头、其他城市和地区协助、省级行政部门指导的模式，建立大运河沿线相关区域的合作、协商和对话机制。基于沧州在河北运河体系中的重要地位和沧州在运河治理方面的先进经验，沧州应当承担更大的责任，发挥相应的带动性和号召力。建议以沧州为核心，形成一个大运河整体性保护系统，一条"一核心、五区域、多节点"的文化长廊，达成不同文化空间、资源要素的连续性统一体。

3. 关键问题

目前，河北运河整体性保护有三大问题需要妥善、合理解决：一是保持运河文化遗产的完整性和真实性问题；二是通水通航问题；三是运河自然景观和人文环境的提升问题。

第一，坚持文化遗产的完整性和真实性，对河北段大运河文化遗产进行全面调查、整理、记录。文化遗产是历史文化本质和一定的物质载体的结合物，一些物质载体一旦发生损耗和变异，以其为载体的历史文化价值的保护也岌岌可危，要坚决抵制和防止破坏文化遗产的行为，保持大运河历史文化内涵与载体的完整性和真实性。在实践中，沿线各地要建立合作机制，尊重各地文化遗产的差异性和独特性，保持原有的河道工程、建筑遗迹等的基本格局，对物质文化遗存应严格落实相关保护条例；注重恢复大运河河北段的文化记忆，弘扬沿岸非物质文化遗产，增强民众的文化认同感和整体保护动力。近年来，河北段大运河沿线各地高度重视大运河文化遗产的整理工作，当地对物质和非物质文化遗产积极进行全面细致的调查、摸排、统计、存档等工作，但进度不一。今后，在各地完成遗产种类调查整理的基础上，应当由权威部门或机构对省内大运河遗产资料建立完整的数据库，及时向社会公众公布，动员更多社会力量参与大运河遗产保护事业，并运用多种技术手段和传播媒介对大运河文化遗产进行保存、维护、展示和宣传。

第二，实现河北段大运河通水通航是备受社会关注的关键问题。20 世纪 70 年代，由于华北地区严重缺水等原因，大运河黄河以北段彻底断航。河北段大运河复航对整个大运河体系有着重要意义，对整个华北地区的经济社会发展将带来不可估量的综合效益，是关系大运河历史文化保护、传承、利用的全局性和战略性的重大问题。在《河北省大运河文化保护传承利用实施规划》当中，通水通航问题也得到河北省的高度重视。总体来看，大运河河北段实体水量少，通水通航的条件还比较复杂，各地情况不一。2021 年 6 月 26日，大运河廊坊（香河）段和北京（通州）段同步实现旅游通航（见图 5-1），水面宽度达 90～150 米，若干文旅产品应运而生，北运河至此树立通航新标杆；而南运河包含的沧州—衡水—德州段，除沧州市区、青县、泊头、吴桥等运河景观内蓄水外，其他河道内均无水，引水期最高值水面宽度 30～60米，水深 2～3 米；此外，卫运河和卫河包含的邢台、邯郸段，除临西段以外，一般常年无水，仅引水期有水，邢台、邯郸段的永济渠遗址更是已经废弃。对照《河北省大运河文化保护传承利用规划体系》提出的 2025 年河北段大运河水系实现全线有水、适宜河段实现旅游通航的前景还有一段距离。

图 5-1　大运河香河至通州段通航现场

　　河北省水利厅正在积极调查、谋划，努力实现河北段大运河的通水通航。在逐河进行现场勘测、摸清河道现状，并对河道需水量进行分析测算的基础上，河北省水利厅积极与国家水利部沟通，研究并提出了通过引调水解决水源、水源优化配置思路。北运河可满足适宜河段旅游通航和全线有水用水需求；卫运河须通过优化调度卫运河以上流域水源、引黄入冀工程等向卫运河补水；南运河在南水北调东线二期工程建成前，利用南水北调东线一期北延应急工程进行补水，非输水期利用卫运河上游来水和引黄水作为补充，南水北调东线二期工程建成后，利用南水北调东线二期工程输水期进行补水，非输水期利用卫运河上游来水和引黄水补充；赵王新河至大清河流域可通过统筹引江、引黄和上游水库水，从白洋淀枣林庄枢纽下泄水量进行补给，可以满足旅游通航用水需求。

　　第三，整个运河本体的自然和人文生态环境的修复、改善和提升是基础工作、先期工作，但这项整体性的工作并不是要求运河景观的整齐划一，而是在保证全线积极促进大运河生态景观净化、美化的同时，突显各地运河的文化特色。要通过整体性保护，逐渐构建大运河文化遗产生态体系，为社会发展提供良好的自然和文化环境。一方面，注重环境建设，恢复和营建健康、绿色、宜居的大运河自然环境，继续开展河北省文化生态保护实验区、河北省自然生态保护区示范基地的建设工作；另一方面，整体性恢复民俗文化生态环境和社会人文环境，开展区域性的文化整体保护，争取申报国家级保护区，在历史文化名城、名镇、名村、名街的保护中，既要保留其原始建筑风貌，更要保护和弘扬传统优秀文化，延续城镇的历史文脉，留住传统聚落的根和魂。

（二）展示性保护

大运河在河北流经里程长，产生了丰富的物质和非物质文化遗产。可以通过当今社会多种展示性保护手段对这些庞大、复杂、多样的文化遗产进行保护，促进大运河文化在时空范围的延展，从而使大运河文化深入人心。

1. 对各节点景观改造提升效果进行实体化展示

通过文化资源的可持续发展，实现地球环境多样性和人类文化多样性，是遗产保护的最高原则。[1] 应当承认，大运河线性共同体与各个流经区域在一定程度上存在着整体与局部的矛盾。由于大运河沿线各城市、地区经济发展、文化水平等发展状况不平衡、不统一，存留的物质文化遗产、非物质文化遗产和原有的文化积淀差异较大，应当在专门机构的统一领导下，不同区域的政府、各类管理机构和职能部门牢牢把握当地区域发展的实际情况，明确治理保护责任，根据每一处遗产点的特点进行研究和保护规划。河北运河流经区域对大运河的生态修复和景观提升工作常抓不懈，近年来成效显著。在此过程中，各地可以结合实际情况，有计划、有原则地将运河生态修复效果和景观优化建设作为公共文化成果展示给世人，聚焦大运河不同区段的特色，推广大运河整体形象，同时形成示范和带动作用。

---

①罗佳明：《中国世界遗产管理体系研究》，复旦大学出版社2004年版，第158页。

例一：沧州市大运河湾公园（大运河生态修复展示区）

沧州市近年来抓实大运河提升改造工程，开展了大运河市区段生态环境综合整治等工作。水体修复遵循"控源截污、内源治理、生态修复"的基本技术路线，通过水体治理，重塑运河水系自然岸线，构建滨水植物群落，打造滨河生态景观，增强水体自净和生态涵养能力。在城区运河两岸能够拓展成为公园绿地、休闲广场等公共空间的，优先安排建设，满足居民健身休闲和公共活动的需要。2018年10月，建成大运河生态修复与环境卫生整治工程展示区，为市民提供休闲游憩的好去处。该展示工程范围北起鲸川路、南至王希鲁闸、西至堤顶路西侧、东至清池大道。河道长约3.61千米，占地面积约1200亩，展示区整体草皮铺设面积约825亩。据介绍，在保留原有树木和地形地貌的基础上，沧州市利用运河清淤工程堆积的土方，因地制宜进行了合理改造。除了在场地内铺设大面积草皮，形成视野开阔的绿化空间外，还布设景观照明灯和公共游憩设施，在道路交叉口布设导视牌、售卖亭、移动式厕所、管理用房等设施。生态修复展示区段的大运河形成一处独特的"Ω"形大弯（见图5-2），运河河水蜿蜒曲折，河畔花草树木相得益彰，三三两两的市民或漫步或健身，轻松惬意。展示区不仅可以满足市民休闲游憩的需求，还可用于文化项目的展览展示及大型活动的举办，具有多种城市功能。

图 5-2　沧州市大运河生态修复展示区航拍图

例二：故城县大运河国家文化公园

衡水市故城县的大运河（故城）国家文化公园全长约 10 千米，以有着"运河第一湾"之称的故城运河郑口核心段为故城大运河文化带的近期建设工程，致力于打造大运河国家文化公园示

图 5-3　故城县大运河国家文化公园一角

范段、衡水市文化旅游新兴目的地、故城县城市形象新名片、故城人民休闲娱乐会客厅，成为大运河璀璨文化带、绿色生态带、缤纷旅游带上的闪耀明珠。（见图 5-3）规划构建"一核、一带、双心、三区、五园"的空间结构，形成核心引领、轴带串联、三区联动、多点支撑的策略，对道路、植被、设施、功能、风貌、文化等多要素进行整合梳理，力图在大运河流域治理、生态修复、文化传承、产业带动等多方面发挥引领带动作用，创新建设标准，形成河北省大运河文化带建设的样板区与示范段。景观节点设计融入甘陵八景中与大运河紧密相关的"卫水飞帆""南埠商舻""斜阳古渡"三景，并提取船工号子、运河架鼓等与运河文化相关的非物质文化遗产为设计元素，表达千年大运河悠久辉煌的文化，表现郑口曾经作为运河码头和商业重镇，漕运兴盛、帆席纵横、舳舻千里的盛景。

例三：清河县大运河综合文化长廊

邢台市清河县的大运河综合文化长廊位于清河县油坊镇，是县委、县政府以深入贯彻落实习近平总书记关于保护好、传承好、利用好大运河重要指

示精神为指导，以"运河文化"为主题所打造的，反映清河发展史、文化史和运河文化内涵，集交通运输、娱乐休闲、旅游形象展示等多功能于一体的大运河郊野滨河观光带。项目主要分为"一带"（大运河文化带）、"三区"（滕

图 5-4　清河县大运河综合文化长廊

小圣文化体验区、运河文化核心区、河工文化体验区）和"多点"（沿线多个文化节点）。2019 年，清河县重点打造了大运河油坊码头至朱唐口险工段的核心区域，修缮堤顶路面并建设配套的健身步道。同时，对核心区域两侧大堤进行绿化美化，并沿线打造油坊码头、断桥、百亩荷塘、芦苇荡、瞭望台、朱唐口险工等景观节点。项目建成后，达到了"观运河风光，品运河文化，看清河发展，瞻清河前景"的效果，为清河县全面建成冀东南区域亮点城市的目标增光添彩。（见图 5-4）

2. 对遗产资料进行多媒介保存、整理与传播

通过现代科技手段，建立大运河数据平台，包括大运河遗产信息数据库和文化信息名录，也包括实体景观、自然资源的影像制作。

（1）运用数字技术对非物质文化遗产进行真实、系统和全面的记录，并建立档案和数据库，是对非物质文化遗产进行抢救性保护传承的有效手段和系统工程。要以河北省文物局、河北省非遗保护网、河北省文化和旅游档案资料数据库建设为引领，带动各地文化遗产采集、数字化转换、数据存储、资源共建共享以及软件开发、设备配置等工作。河北省文物局已与山东省文物局就南运河段遗产区保护工作形成了省际部门会商机制。接下来，将充分

利用数字化技术，采集河北段大运河及相关遗存信息数据，建立较为完备的数字化信息化数据库，纳入河北省文物数字化平台。

例如，建设大运河文化理论库，数字化存储有关运河学、大运河遗产资料、大运河文化带建设等专业信息，提供文献、专著、学术期刊、影音资料等的浏览和下载功能，促进思想的交流碰撞，催生新的研究成果；专题库可以集中向社会大众宣传介绍大运河的生态治理、景观建设、城市规划、旅游发展、文化创意等项目的进展情况，提高大运河信息的社会普及度；地图库可以提供运河古籍舆图、古今运河演变图、明清漕运图、商业地图、运河旅游地图等的浏览和下载功能；资讯库可以为政府及公众提供运河生态、城镇建设、民生民情等重要资讯。

（2）利用物理模型、信息技术、传感器更新、遥感、历史文献资料等数据，集成多学科、多量化、多尺度进行仿真模拟，对遗产信息进行数据建模，形成遗产的数字化生命周期，提高文化遗产的保护效率和质量。2017 年，河北省文物局制订完善了大运河全流域文化遗产资源调查方案，组织全面开展大运河文化遗产资源专题调查，加强对大运河的河道建筑、水工设施、工业遗产、物质和非物质文化遗产的全方位调查，全面摸清底数，收集完整资料，进行科技化建设。沿线生态建设和景观改造工程可以利用 3D 模拟、VR 等虚拟信息技术，将运河文化资源制成影像，模拟运河场景，增强实景展示观感，提高运河文化资源的展出率和效果，实现运河遗产利用的可持续性和数字化保存研究。

（3）利用大众传媒展现运河自然与人文景观。广播新闻、报刊图书等传统传媒方式对大运河的宣传工作更广、更实，且愈加深入，多家省市级报纸开辟"大运河文化"专栏；关于大运河的图书出版物、文化研究成果愈加丰富；新闻报道、电视专栏等也在持续跟进大运河建设。例如，2021 年 5 月，河北省委宣传部、省发改委联合河北日报、河北电视台等单位组织了"运河今朝媒体行"活动，媒体团队深入大运河河北段各地，了解大运河文化保护、传承、利用情况以及大运河文化带建设的新成果，全方位、多角度展示河北段大运河风貌和魅力。邯郸绘制了邯郸市运河"文化地图"，建起了邯郸运河信息"电子档案"，并且全面细致摸排141.8千米的河道文化遗产，梳理出大运河历史概况及沿线文物遗存、名村名镇、非物质文化遗产、成语典故、诗词歌赋等基本情况，整理编印了《邯郸大运河》资料汇编，并完成影像化录制。沧州大运河文化研究会联合沧州建投古运河公司发起拍摄了五集纪录片《飞跃南运河》，通过无人机航拍的方式对沧州沿运河地区进行全方位的图文扫描，展示了沿河城市、乡镇、村庄的风土人情以及各地在新时代的新亮点、新变化。此外，大运河沿线一些市、县政府也陆续组织拍摄纪录片，如《我们的大运河》《中国运河两岸行》《千里运河千里行》，结合各地的地域特色和人文风貌进行宣传展示等，力图做到多视角、多维度、立体化地宣传推广大运河文化。

3. 博物馆、展览馆的专业化展陈

博物馆是专门展示人类文明成果，收藏、保管古代遗物并进行科学研究和展示传播的公共机构。这有利于让文化遗产成为用于公共事业的开放的藏品和展品，从而使之在公共性、价值、意义等方面都获得新的维度，实现文化遗产的价值赋能和传播共享。近年来，河北省建成和在建的大运河博物馆、展览馆逐渐增多，各类大运河主题展览、临展、流动展览形式繁多，十分活跃，展示手段多样，文物种类丰富，非遗项目的介绍和影像化展示开始增多，宣传效果明显，掀起了大运河保护、展示、研学的热潮。

例如，沧州市博物馆的"大运河北：河北省大运河文化展"（见图5-5），以京杭大运河的历史沿革与发展为主线，从中国大运河、河北段大运河、沧州段大运河三个截面，展现了中国京杭大运河的伟大历史成就。衡水市阜城县码头镇的"运河记忆"博物馆为全国首个以大运河文化为主要展示内容的村级博物馆（见图5-6），《运河民俗展览》用实物、图片等展陈方式，再现了北方运河文化和沿岸村庄的风土人情，多角度展示了衡水阜城县码头镇魏圈村的大运河往事和民风民俗。衡水市故城县大运河博物馆是全方位、多角度地反映和展现大运河自然特性、人文精华的大型综合博物馆。（见图5-7）该馆内展陈面积 9000 平方米，以历代绘画与书法为主，内设"水韵文华""故城故事""儒学文脉""董子降帷"等体现千年来大运河两岸艺术造诣、历史积淀、文化传承、风物遗存的专题展厅；展陈 13 件宋元时期珍贵书画作品的"国之瑰宝"展厅，携领 26 个专题展厅，通过文物实物、图文、模型、古籍史料、多媒体等多元化形式，再现了大运河沿岸丰富的自然景观和人文历史风貌，充分展示了大运河在中华民族发展进程中的地位作用，以及对衡水地域的深远影响。今后，按照《中国大运河河北段遗产保护规划》，沧州还将建造河北大运河博物馆和中国大运河非遗公园。中国大运河非遗公园是由沧州建设实施的国家级公园项目，是中国大运河国家文化公园的重要组成部分，是中国大运河沿线八省（市）非物质文化遗产的集中展示地。公园位于沧州市区北部，总面积约为 3700 亩，由园博园、中国大运河非物质文化遗产展示中心、沧州大化工业遗产提升改造区构成，划分为农耕文化、户外非遗、新潮文创、演艺区等多个功能区，全方位展示大运河非物质文化遗产。

图 5-5　沧州市博物馆"大运河北：河北省大运河文化展"

图 5-6　阜城县码头镇运河记忆博物馆

图 5-7　故城县大运河博物馆

4. 充分运用新媒体传播方式推广

无论是物质文化遗产还是非物质文化遗产，在大运河河北段都缺乏自觉的原生态传承，而且生态系统相对而言比较脆弱，根本无法面对民俗流变和现代生存环境的激荡，也不具备生态系统自我修复能力。如今，一些保护传承做得比较好的文化遗产项目，已经纷纷由传统意义上的保护方式（如人际传播）转变为大众传播，由单一传播转变为多元传播，由传统的文字传播转变为数字化传播。大众媒介凭借其数字化的技术优势，利用便捷、高效、丰富的形式，承担了传承社会文化的重任。在当今社会，随着新媒体在大众传播中的普及和影响，新媒体语境下的大运河文明既要保持古老的运河文明特色，又要发挥数字化技术对大运河进行保护与开发、传承与传播的功用，利用现代技术让古老的大运河文明继续发挥其商业价值与文化价值。新媒体的互动性、自主性、传播迅速和大容量等特征，使其传播超越了传统媒体的局限性，打破了时间与空间的限制，弥补了传统媒体的传播劣势，[1] 给大运河文化遗产的保护与传播带来新的契机。

可以通过影视、网络等传播平台，完整地记录和展现大运河文化遗产的生态环境和文化生存空间，关注过程性的文化传承方式，对尤其是非遗的文化生态、制作工艺、艺术表达、人文思想、作品或效果给予足够重视。例如一个武术门类、一项工艺美术制作过程、一种戏剧表演艺术，可以使用现代技术和设备，将它们的创作过程、表演过程、制作流程、实践程序等拍摄下来，保留下来，使大众了解非遗传承主体在一个文化活动的实践过程中以口传身授的形式承袭赖以生存的技术或艺术的细节，了解非遗主体的执着追求、专业精神和牢固信念；把历史与文化融注该项传统技艺，呈现古老民族的遥远记忆，体现民众对传统文化时空交叠的重新品鉴，发掘蕴含在形式背后那些匠心独运的生命体验。数字技术为大运河文化发展与整理提供了多元化的技术支撑，也为大运河文化的保护与传承、发展与传播带来了新机遇。我们

---

① 尚春燕：《新媒体环境下非物质文化遗产传播策略》，《青年记者》，2015 年第 26 期，第 108 页。

需要在新时代不断利用新理念、新技术把传统与现代相融合，兼顾保护与开发，不断推动运河文化的传承与保护工作。① 可以建设河北省大运河文化平台，通过微博、微信公众号或其他自媒体进行传播，涵盖内容包罗万象，如运河文化资源、运河地理、运河民俗、运河美文、运河故事、运河文化旅游线路等。

由河北大学燕赵文化高等研究院、河北省大运河文化产业研究院开发设计的网站"河北大运河"，通过基本情况、工作动态、政策文件、遗产保护、生态环境、文旅融合、交流合作等板块，全方位呈现了大运河河北段的历史概况、遗产状况、发展动向、项目进展等情况，内容十分丰富，大众能借此获取翔实的运河知识。由沧州市政府大运河文化发展带建设办公室创建的微信公众号——沧州大运河，展示大运河的前世今生，讲述大运河人文故事，记录遗产保护现状，介绍大运河发展格局和发展方向，展示大运河非遗项目表演和非遗创作成果。很多板块与《河北日报》《沧州日报》等媒体同步发布或相互借鉴，平面媒体与新媒体相互配合、相互支撑，将大运河河北段的文化体系铺陈开来，力图向世人全面展示大运河文化遗产的风采。

2020 年 9 月 24—26 日，大运河非遗大展暨第六届京津冀非遗联展在沧州举办。此次活动包括线上和线下两种展示方式。线上活动主要分为直播现场、直播带货、直播寻访、云上展览等栏目（见图 5-8），对京津冀大运河非遗联展进行全方位展示，实现文旅产业推介和公共服务案例的结合。线下活动在沧州市大运河生态修复展示区举办，包括传统技艺类非遗展销、非遗传习体验、非遗美食品鉴、非遗题材摄影作品展、"河海相济、文武沧州"沧州六大文脉展等板块内容。北京的景泰蓝、六必居酱菜、天津的泥人张、杨柳青的木版年画、蔚县剪纸、吴桥石雕影等京津冀三地的 186 个非遗文化项目在活动上集中亮相，此外还有杂技诗剧《一船明月过沧州》，六合拳、狮舞等武术，传统音乐和舞蹈类非遗的精彩演出，将大运河文化呈现在观众眼前。非

① 窦兴斌、何边：《新媒体语境下大运河（河北段）非物质文化遗产数字化保护与传承策略研究》，《大舞台》，2018 年第 5 期，第 99—104 页。

遗联展的举办，运用了多维度、立体化的传播方式，有效展示了多种运河非遗。该活动不仅满足了群众的文化需求，展现了千年运河绵延鲜活的历史文脉，而且是对激发经济发展新动能、扩大文旅消费、推动京津冀文旅协同发展的积极探索。

图 5-8 大运河非遗大展暨第六届京津冀非遗联展的直播现场

二、生产性传承与生活化传承相结合

（一）大运河非遗的生产性传承

尽管文化遗产有其依附的物质形态和载体，但其价值主要通过各种文化形式表现出来。这些文化形式离不开人的心口相传，传承一旦停止，必将导致文化中断和消亡。非物质文化遗产的一大特性就是"世代相传"，这种文化遗产强调在现代还在延续，而不是已经失传或被时代舍弃。同时，人类实践活动的能动性决定了非遗的传承必然伴随多样性和创造力。随着时代的发展和变迁，非遗在保持历史传统的同时，越来越多地融入现代生活的内容，反映出人类文化的发展和延续，大运河非遗也是如此。

1. 生产性传承的概念与实践

在政策要求、学术研究和社会实践中，对非遗实行"生产性保护"手段屡见不鲜，"生产性保护"是指非物质文化遗产通过生产过程得到活态保护和发展。即在产品的生产、流通、销售过程中，产生经济效益，并促进相关产业发展，使非物质文化遗产项目的核心技艺在生产实践中得到传承，也使非物质文化遗产的保护有了可持续传承的动力，实现非遗保护与经济社会协调发展的良性互动。作为一种理念，生产性保护多年来贯穿于我国非遗保护的相关实践中。2009 年，在北京举行的"非物质文化遗产生产性方式保护论坛"从学理上对生产性保护的概念进行了界定。2011 年和 2014 年，我国先后公布了两批"国家级非物质文化遗产生产性保护示范基地"名单，既体现了对生产性保护理念的认可，也是生产性保护在实践层面的落实。2012 年，文化部《关于加强非物质文化遗产生产性保护的指导意见》指出，借助生产、流通、销售等手段，将非物质文化遗产及其资源转化为文化产品的保护方式已形成共识，对生产性保护方针、原则、工作推进路径和机制等方面进行了详尽规定。2015 年，《上海市非物质文化遗产保护条例》又详细界定了"生产性保护"的概念，并在注重坚持非遗原真性的前提下，推动非物质文化遗产的合理利用，通过适当的生产过程，促进非遗的活态传承。2017 年，国务院办公厅《关于转发文化部等部门中国传统工艺振兴计划的通知》指出，要重视传统工艺的不可替代性和文化本身与生存民俗环境的整体性保护，强调引导非物质文化遗产生产性保护示范基地，发挥示范引领作用。2018 年发布的包含但又不限于传统技艺、传统美术和传统中医药的第一批国家传统工艺振兴目录，象征着生产性保护范围的扩大和力度的深化，实现了从横向和纵向两个层面对生产性保护的推进。从演变过程可以发现，生产性保护体现了对非遗的文化要素的利用，是一个依托于商品生产和流通的遗产价值再发现和不断增值的过程，是对遗产文化内涵的多方式、多梯度的挖掘与开发，目的是实现非遗传承和振兴。对非遗要素进行合理利用，获取一定的经济利益，反哺并推动非遗保护和传承的持续运行成为生产性保护的主旨。

本书更倾向于使用"生产性传承"一词，因为生产性保护的最终目的并不是将非遗进行静态的封存、封闭，而是希望通过生产非遗的过程，使非遗这一活态传承的资源永续流传下去，使非遗的传承力度扩大、传承范围扩大，受益人群扩大。

2. 生产性传承的内在原理

在实际的非遗生产性传承中，不同性质的非遗项目，其传承路径不同。如果非遗自身具有较好的现代经济资源潜能，则可以为其带来经济效益和传承动力；反之，不具备现代经济资源潜能的非遗，则另当别论。

从实践效果来看，凡是在当今社会仍然具有市场需求的商品或活动，所依附的非遗往往具备生产的基础。例如：孕育于传统酿造技艺的白酒类商品、依托于传统烹饪技艺的食品类商品、能够反映历史文化意蕴且贴合当今大众审美的传统美术作品，以及医疗养生效果较好的传统医术和药物，等等。而受社会经济环境和生产方式巨变的影响，依托于农耕文明的传统手工技艺及依托于乡土风情的传统戏剧、传统曲艺或民俗类非遗活动的市场需求则大幅减少，甚至有多种完全不再消费的非遗，不同程度地出现了传承积极性不断下降和不断衰退的问题。对具有生产性技艺和社会需求，能够借助生产、流通、销售等手段转化为文化产品的传统技艺、传统美术、传统医药（药物炮制）等非物质文化遗产代表性项目，可以通过扶持、引导、规范等方式，对项目进行合理开发利用，实行市场化经营，实现生产性传承。

伴随着时代的变化，人们的生活方式和审美观均处在不断变化中，传统与现代需求之间出现了较大的不一致性。我们不可能为了传承非遗而强制要求人们去购买不需要的商品。市场需要创新，传承需要念旧，这在表面上造成"生产"和"传承"之间的矛盾关系。但从现实看，二者在一定程度上呈现出更多的互补性。在原有传统文化基础上融入新的文化元素，实现创新化继承发展，成为非遗生产性传承中不可回避的问题。首先，可以通过生产过程中的适度创新，实现依托于非遗的商品与现代市场的融合，收获经济效益反哺保护；其次，通过创意理念和科学管理手段推动非遗自身价值的提升，可作为非遗产品的影响力和市场创造条件，实现生产中的获利，进而推动生产性传承的可持续发展。

3. 生产性传承的几种方式

基于非遗自身的双价值维度，可以将其划分为"高历史文化价值、高商业价值类非遗""高历史文化价值、低商业价值类非遗""历史文化价值和商业价值均不明显"三种类型。[①] 根据非遗内在的价值表达和遗产保护诉求，应当探索不同的保护传承模式。

（1）需求导向下"传统＋产业化"梯度发展模式

该模式主要适用于"高历史文化价值、高商业价值类非遗"，此类非遗既蕴含着深厚的传统文化底蕴，又具有一定的市场吸引力，实用性强，往往能够满足人们的实际生活（尤其是饮食等方面）需要。在实践中，可以将传统文化与现代生产管理理念相结合，一方面，依托非遗的传统技术和艺术魅力进行高附加值、高品质内涵商品的生产；另一方面，借助非遗中的部分要素和影响力，利用现代工艺生产方式，推出符合当代需求的、美誉度高的商品。例如：依托于传统酿造技艺的白酒类产品、依托于传统制作技艺的食用油类产品。

例一： 十里香酒酿造技艺，属于省级非遗名录中传统技艺类的代表性项目。沧州泊头的十里香酒业，是依托大运河发展起来的白酒产业，因古泊头的"一步三眼井"酿造美酒"十里香"，味美质优，远近闻名，出现了多家酿酒作坊。十里香酒几百年来历经更迭，自清顺治年间发端，到中华人民共和国成立后脱胎换骨为"国营交河县泊镇制酒厂"，进入健康发展轨道，产业不断做大做强，直到今天发展壮大为"十里香股份有限公司"。十里香的制酒工艺独特，生产过程中以中高温大曲配合窖泥发酵，而窖泥对酿酒起到至关重要的作用，所以才有了"千年老窖万年糟，老窖酿酒，格外之香"的说法。

---

① 仇兵奎、许子婵：《非物质文化遗产生产性保护的生成逻辑与实践模式》，《晋中学院学报》，2021年第5期，第26—30页。

用此等工艺酿造出的
十里香酒，再经过百
年木质酒海和特质宜
兴陶坛的长期恒温储
藏，饮前香气优雅宜
人，饮后余香不绝。
靠着传统古法结合现
代工艺的精湛酿酒技
艺，"十里香"在市场
上获得诸多荣誉，推
出系列优质产品（见

图 5-9　十里香酒业系列产品

图 5-9），受到消费者的广泛好评，成为河北地方名酒。该酿酒技艺被认定为
省级非物质文化遗产。

近年来，十里香酒业为回馈大运河的滋养，更加感念自己的运河情缘，
推出"十里香·大运河"品牌，以大运河文化为魂进行外观设计的新五星
"大运河"应运而生。十里香新五星将大运河轮廓印在包装和瓶身上，表达着
对本土文化、大运河文化的感恩与敬仰，也进一步唤起了沧州人更加强烈的
运河情怀。多年来，十里香酒业情系运河，为保护、传承大运河文化做出了
自己的贡献，将对大运河的敬仰之情落实在企业的每个决策当中。如启动了
"畅游母亲河"活动，为使沧州百姓更加了解大运河，搭建自由定制旅游线路
的网络平台，让市民们在感受大运河文化的同时，饱览运河两岸的人文风光。

例二：邯郸大名县的小磨香油制作技艺，属于国家级非遗名录中传统技
艺类的代表性项目。由卫河滋养的大名县，四季分明，气候温和，适宜种植
芝麻、加工香油。从明朝初年张家香油坊的开办，到明中期八家小磨香油坊
的竞相争妍，此盛况一直延续到清代。至今，小磨香油制作技艺的传承谱系
已经延续到第十一代。

大名的小磨香油是深受广大群众喜爱的调味品，它以芝麻为原料，用石

质小磨和独特的传统技艺加工而成，历史悠久、绿色环保、色泽枣红、晶莹透亮，以醇厚柔和、浓郁持久、品味纯正的特质而居食用油之首。大名小磨香油采用的是传统经典工艺——"水代法"取油生产。采用优质饮用水，轻松实现油胚分离，取油过程不添加任何化学溶剂，无化学残留。同时，水代法工艺使对人体有害的重金属从香油中沉淀出来，因此，制取的香油是完全健康的。

大名人在国内外开设了 7500 多家小磨香油磨坊，在大名县内形成了 40 多个香油专业村，生产规模很大。大名小磨香油每年消耗芝麻 10 万吨，年产小磨香油 4.5 万吨，占中国国内香油产量的四分之一，从业人员 3 万人，年产值 13.5 亿元，年利润 3.6 亿元。为更好地发挥"大名府香油"这一品牌效应，实现产业化经营、规模化管理、市场化营销，大名县建设了"大名县香油城"项目，总投资约 1 亿元，占地 300 亩，建筑面积约 8 万平方米，共分为四个区，分别是：物流中心区、香油产销区、粮油营销区和管理服务区。香油产销区建设两栋现代化生产车间，粮油营销区全部建成前店后厂、下店上住的商品楼，生产规模进一步扩大。2014 年，原国家质检总局批准对"大名小磨香油"实施地理标志产品保护。2018 年，大名县大名府香油调味品有限公司所持有的"大名府小磨香油"被国家商务部授予"中华老字号"荣誉称号，该品牌已逐渐做大做强。（见图 5-10）

图 5-10　大名小磨香油品牌

其他大运河非遗中的传统技艺类项目，如酒类酿造技艺、地方特色饮食制作技艺等，可以参照该模式进行规模化生产性保护和传承发展，抓住自身文化优势，依靠丰富的原材料和深厚的市场基础，使非遗的保护传承与企业做大做强同生共赢。一些优势项目在产业化发展过程中，应加强与政府、社会、专业团体、学校等的合作，承担更多的社会责任，塑造企业的良好形象，形成具有独特文化内涵和核心竞争力的优势品牌，扩大规模效益，这样有利于促进非物质文化遗产保护与社会共建共享相结合，与改善民生相结合，与建设美丽乡村相结合，从而推动区域经济效益、社会效益、文化效益全面协调可持续发展。

（2）保护诉求下"传统＋特定市场"模式

该模式主要适用于"高历史文化价值、低商业价值类非遗"，其关键是在现代社会经济环境中突显非遗的历史文化价值，培育和引导文化消费理念，维护市场需求。该模式的主要特点是秉持传统核心技艺，进行商品创新性生产，适时进行细分市场的专门推广。具体而言，一方面，可以依托非遗的高历史文化价值生产出适销对路、别具特色、具有收藏价值的艺术品类商品，实现非遗技艺在生产过程中的保护和再创造，以及获取较好的市场收益；另一方面，通过建设展览馆和传习所、进行公司化运作等方式，在宣传和推广上加大力度扩宽市场，如开展廊坊烙画的观赏性、生产性传承。

在该模式下，应注意确保非遗的原真性，思考如何抵御当代元素的冲击、如何保障非遗传承人在资本和市场面前的艺术表达和话语权等问题。基于此，政府应当从激励性政策扶持、作品认证、作品等级鉴定，以及对传承人或传承群体的权利保护等方面进行一系列规范化管理。

例一：大名草编，属于国家级非遗名录中传统技艺类的代表性项目。邯郸大名县的草编艺术历史悠久、源远流长，兴于南唐、盛于北宋，迄今已有1000多年历史。草编长久以来停留在传统工艺上，只能编制很简单的生活用具，比如草帽、竹篮等，文化性和艺术性并不突出。而在第三代传承人王群英女士手上，草编艺术则被赋予了新的生命和魅力，掀起了一场草编艺术革命，把草编工艺打造成了大名县的文化名片。

图 5-11　大名草编助力乡村振兴和群众就业创收

　　20 世纪八九十年代，王群英作为草编设计师，在大名县工贸联营草制品厂辛勤耕耘近 20 年，但由于外销链条断裂和原料短缺，该厂最终宣告破产倒闭。尽管如此，王群英没有放弃草编技艺，多次去北京拜师学艺，苦学国画、油画艺术，通过多年的打磨、研习、锤炼，她将草编技艺与传统工艺美术元素和现代艺术设计完美融合，创作了 12 个草编大系列、数千个艺术品种，重塑草编形式的美感，契合现代人的审美活动规律，营造的艺术氛围融合了东方精神中的"师法自然、天人合一"的"木文化"和"草文化"。在千禧年之后，王群英携作品多次参加展览、展演，使大名草编享誉国内外。2008 年，大名草编被列入国家级非物质文化遗产代表性项目名录。2009 年，王群英成立了大名县群英草编艺术品有限公司，使传统艺术结合现代化生产经营理念，进行更为有效的保护传承。她还在全县 5 所中小学校建立了草编传承讲习所，使草编文化走进校园；在全县 8 个村庄建立了草编传承基地，举办了数十期草编培训班，对数百名下岗职工、农民进行了草编技艺培训。大名草编采取

"传承人＋公司＋基地＋农户＋下岗职工"一条龙家庭分散型的传承生产模式，已带动数千名下岗职工、农民靠草编增收致富。（见图 5-11）经过不断发展，草编加工产业目前在大名县及周边地区已有了稳定市场，成为该县一项重要的经济来源。王群英的公司于 2012 年被省政府命名为"河北省首批非物质文化遗产传承示范基地"。

例二：廊坊烙画，属于省级非遗名录中传统美术类的代表性项目。烙画又称烫画、火笔画，是用火烧热烙铁在物体上熨出烙痕作画，成为中国传统艺术珍品。历代烙画艺人不断探索实践，在结合中国画和民间画两种风格的同时，进行大胆尝试，吸收了西洋画的表现手法，收到理想效果，制作烙画的姿势、工具、材料、技法和内容等方面都有所发展。

在制作姿势上，从"卧烙"（即侧卧床上利用烟灯加热进行烙烫加工）发展到"坐烙"，之前只能烙制一些小件工艺品，现在烙笔有了笔架支撑，"坐烙"技法灵活多变、简单易学，为研究和发展烙画艺术开辟了新天地。

在制作工具上，老派烙画艺人以铁针为工具，在油灯上炙烤进行烙绘，主要作为筷子、尺子、木梳等小件日用品上的装饰。随着生产的发展和技术的革新，"油灯烙"换代为"电烙"，先进的电烙笔可以随意调温，从而使这

图 5-12　廊坊烙画传承人赵光余在工坊中进行烙画创作

一古老的创作方式具备了前所未有的表现能力。（见图 5-12）

在制作材料上，以前仅限于在木板、树皮、葫芦等材质上烙绘，画面会产生凹凸不平的肌理变化，具有一定的浮雕效果，现在则大胆采用宣纸、丝绢等材质。宣纸和丝绢虽然较薄，但不失烙画本身利用碳化程度的不同而形

成的深浅、浓淡、虚实的变化，这使丝绢烙画、宣纸烙画成为烙画中的精品，丰富了烙画的艺术形式。

在南阳烙画和邱县烙画的带动下，廊坊烙画也做出了一系列改革和发展，成立了中国烙画艺术研究中心，艺人们逐渐创新创作思路，采用新式制作方式和材料，并创办工作室，研习、收徒，将作品推向市场。该项目可探索一种"传统＋特定市场"的模式，适合通过个体经营、分散家庭作业等小规模生产方式进行产品的制作、技艺研习展示与精准化市场营销。

根据廊坊烙画的实践成效，在河北大运河非遗中，诸如陶瓷、玉雕、石影雕、铜胎画珐琅等高历史文化价值的传统美术类非遗也可以尝试该模式，进行适度、小型的生产性传承，创办非遗工坊、非遗工作室等基地，将特定的艺术门类传承、推广到越来越多的爱好者和收藏者群体之中，逐渐扩大文化消费市场。一方面，要注意树立品牌意识，结合大运河非遗自身生产规模的实际情况，加强非遗与其他社会资源的有效整合，实现传统手工技艺相关产品品牌化。注重质与量的关系，对目前以小团体或个人为主、分散经营的传统手工技艺类项目，加强引导和扶持，形成具有独特文化内涵的品牌，针对特定的目标市场进行合理定位并精准投放。另一方面，应当因地制宜、分类指导开展非物质文化遗产的生产性开发，坚持保护非遗的真实性、整体性和传承性，以有效传承非物质文化遗产技艺为前提，坚持非遗的文化内涵不变形这一保护原则，切实维护非遗的文化软实力，不断引导和培育市场。

（3）创新驱动下"文化创意产业化"模式

该模式主要适用于"历史文化价值和商业价值均不明显"的非遗种类，其核心是利用非遗内含的优秀传统文化元素，创作符合当代社会需求的文创商品。依据各种非遗的历史文化价值的不同，在创新和创意过程中对核心文化要素的保护力度存在差异，但其最终目标是通过"创意＋产业化"的方式提高经济效益，加大对非遗传承与弘扬的力度。具体而言，既需要在产品创作中依托非遗所包含的文化元素和核心工艺，也需要在产品形式和功能上实现与当代社会需求的契合，如针对一些传统美术、传统手工技艺等非遗项目开展的文创开发型保护。

该模式的理念是在深挖非遗文化内涵的同时，推动非遗资源与现代生活的深度融合，将现代人的审美诉求很好地融入非遗物品的创意性制作和包装里。需要注意的是如何确保这种融合是适宜的、恰到好处的，如何将非遗的文化特色彰显出来，如何保障创意产业收益的可持续性。因此，在该模式下，需要构建非遗传承人、对接设计师、承接企业之间良好的合作机制，展开深度的沟通、研习和创作，深度挖掘非遗资源自身文化元素，创造出符合市场需求的创意产品，塑造特色品牌，并注重对创意产品的产权保护。

例如，沧州东光的雕花陶球泥塑工艺属于省级非遗名录中传统美术类的代表性项目，该项泥工手工艺需要将空心的小圆陶球雕刻成带有图案的精美陶艺圆球，有一定的观赏性和趣味性。

该技艺从原料的选择、工具的使用到工艺的创新，都有其独到之处。尤其是图案花样经设计与创新，已有 3000 多个不同样式。从泥球制作、图案设计、雕刻到修饰成型，直至焙烧，形成了一整套成熟的精炼模式。传承人不仅能制作、雕刻、焙烧一般陶球，而且能烧出直径 20 多厘米的大型陶球和五六层的空心刻花镂空陶球，具有较高的艺术水平。制成的陶球多呈现优美的花鸟、动物图案，以及少量的建筑、风景等装饰图案。

由于该技艺取材方便，工具设备要求简单，工艺流程简洁，基本技法容易操作掌握，所以此项活动易于普及和传承。东光县广泛开展"非遗文化启童心"教育实践活动，在幼儿园和小学开发了《幼儿印模

图 5-13　金葆政为孩子们讲解雕花陶球泥塑工艺

口才》和《少儿泥塑作文》课程，以适宜的文化传承方式将大运河泥塑工艺推广到青少年群体之中。雕花陶球泥塑传承人为孩子们讲述非遗文化故事，现场演示雕花陶球制作工艺，创作出更多适合孩子们审美情趣的陶球形状和图案，不仅使孩子们获得了美的熏陶，也使该项技艺融注了更多的创意元素，获得了更广阔的发展空间。项目传承人金保成、金葆政依托该项目成立了陶球文化有限公司，用非遗进校园、进社区、进机关等方式进行传播和传承，努力把这一非物质文化遗产发扬光大。（见图 5-13）

此种传承方式为其他大运河非遗如秸秆扎刻、泥塑、陶艺、木贴画等历史文化与市场价值均不突出的传统美术类项目树立了参照物。该类型的非遗项目可以依托大运河区域的文化创意产业园，结合非遗进校园、进社区等活动走进大众视野，不断提高自身在社会公众中的认同感、知名度和美誉度。此外，要将传统的美术技艺与现代文化创意相融合，深挖非遗内在的文化品质，精练工艺流程，生产出符合当今审美趋势的文化创意产品、赏玩休闲品或家居装饰性物品，丰富大众的休闲文化生活。目前一些所谓的非遗文创产品在市场上反响平平，原因是非遗和文创并没有很好地对接。文创型非遗产品需要考虑传统文化的精髓如何更好地彰显、如何满足和引导消费者的文化需求，这需要传承人团体和市场研发团体深度研究、创新理念、整合资源，提高策划、管理和宣传水平，从精神内涵、外在形象、实用功能三方面给非遗以全新的呈现，打造出兼具社会价值和经济效益的新产品、好产品。

（二）大运河非遗的生活化传承

1. 生活化传承的内在原动力

非物质文化遗产是一种可以创造物质文明的精神文明，很大一部分来源于古代民间的日常生活，包括了我们生命过程中的衣食住行、生老病死、婚丧嫁娶，也包括了我们生存世界中人与人、人与社会、人与自然、人与自我的所有关联。它由人们的生活传承，也丰富着人们的生活。

保护和利用非遗，并不是让生活倒退回古代社会，而是让城市化、现代化、科技化、市场化、信息化的进程有一种逆向的平衡力量，使人类同时可以回到精神家园，回到乡愁，回到传统与现代的统一，回到身与心的统一，回到山水田园的生态美学，回到创意世界，回到惬意天地，回到感性的丰富性，回到好奇心空间，回到手感和触觉，回到身体美学，回到美的生活。① 这一切都与现代人的休闲生活需求、休闲文化、休闲消费、休闲产业密切相关。

非遗的文化空间就是天然的休闲文化空间。休闲的本质就是从闲暇时光中休整自我，享受生活的满足和生命的乐趣，其对于人类的核心价值在于两个基本点：一是调整生活节奏，使生命节律和谐；二是提供幸福源泉，使生命丰富美满。在中国社会主要矛盾已经转化为人民日益增长的美好生活需要和不平衡不充分发展之间矛盾的新时代，休闲的意义则显得格外醒目。通过实现休闲价值，可以使非遗的保护传承增添更多的时代意义和生活内涵。非遗是无时不在、无处不在的文化，因而可以与任何地方的休闲文化及产业联系起来。非遗无不具有地方特色，所以又可以与任何地方的休闲经济发生标志性联系。

非遗源于民间，更要回到民间，非遗的保护传承主体应当是民众。然而，在经济飞速发展的当代社会，在河北段大运河沿线的许多非遗项目濒危的状况下，政府往往是非遗保护的先觉者和引领者。长期以来，非遗项目的认定评选、保护措施、宣传展示等工作都是由政府主导，企业出资赞助或搭建平台，民众只能被动地接受与观望。于是，政府、企业成为保护的主体，民众长期失语或游离于非遗的大政策之外，无所作为。这种异化的"保护"模式在很大程度上造成了非遗的生活性保护无法有效落实。一方面，使大运河沿线的非遗保护完全依靠政府的需要而选择，那些真正与民众生活联系紧密的传统文化却有可能被排除在官方的保护体系之外；另一方面，使真正创造和享有大运河非遗的主体——民众在非遗的保护过程中被边缘化，丧失对公共文化遗产的发言权。

①向云驹：《非遗文化的休闲意义》，《光明日报》，2021 年 8 月 15 日。

就中国的情况而言，非遗和休闲两种文化形态都有必要互相渗透、互相转化、互相融入。非遗要大力挖掘自身的休闲功能、休闲价值、休闲潜质，在闲暇时光展示风采、释放能量，发挥引领作用，促进中国人休闲回归"中国化""民族化""本位化"；同时，休闲要充分融合非遗，用创意、创造、创新的方式使非遗更具魅力、活力，搭建创造性转化和创新性发展的平台，使休闲更具人性、更加亲民、更有生活气息。

2. 生活化传承的内容

休闲生活世界不同于工作世界，它以超越现实的方式，使人们自由支配自己的闲暇时光，求得情感愉悦和身心和谐。中国的休闲文化源远流长，许多非物质文化遗产直接、间接地服务于人的休闲需要。非遗生活化传承的内容，实际上就是非物质文化遗产中贴近大众生活、具有明显生活元素的那些内容，尤其以下列三类最为突出：

（1）节日非遗和民俗活动是人们休闲生活的重要组成部分。中国传统节日历史悠久，内涵丰富。春节从腊月开始算，一直要到二月二龙抬头才算正式结束，历时近两个月，其间有腊八、小年、除夕、元宵等几个高潮。仅就汉族来说，每年大大小小的节日应接不暇，基本实现了时间上的全覆盖，串联起全年的每个季节、每个月份。春天的清明、寒食；夏天的端午、七夕、中元；秋天的中秋、重阳；冬天的冬至、社火，紧接着又到春节，开始一个新的轮回。每个节日都是各种非遗和民俗汇聚、争奇斗艳的舞台：大餐、小吃、饮酒、服饰、玩具、年画、剪纸、社火、灯会、庙会、游艺、竞技、武术、舞狮、唱戏、说书……节日和民俗中承载的休闲乐趣应有尽有，这些五花八门的仪式、习俗、活动，不仅以狂欢、化妆、社交的形式承载着人们的思想情感，而且包含着地方或民族的群体认同、文化教养、道德强化、宗教信仰等内容。（见图5-14）随着政府将许多中国传统节日规定为法定节假日，直接表征着国家对传统节日的高度尊重，这对民俗和非遗的传承产生了巨大的国家推动力和制度保障力。鼓励民众过传统节日，既保障了非物质文化遗产连绵不绝、年复一年、代代传续，又为人民的美好生活需求提供了丰富的休闲产品，调节了人们的生产生活节律和身心健康，还极大地拉动了节日经济，促进了文化旅游市场的消费增长。

图 5-14　北京通州大运河文化庙会

（2）民间美术和手工技艺类非遗是休闲产品的巨大宝库。河北运河区域物产丰富，经过劳动人民的想象和创造，制作出各式各样的生活器物和艺术品。据不完全统计，大运河河北段历史上被列为"贡品"的高品质特产有十几种，酿酒、饮食做法匠心独运，体现了各地文化的差异；有吃、穿、用、娱、器、艺等不同品类，包括织造、陶瓷、年画、剪纸、编织、雕刻、工艺美术等不同样式；民间美术样式、手工作坊、手工技艺更是花样繁多。（见图5-15）传统手工艺涉及日常生活的方方面面，其本质是生活化的。手工之物存在于人类生产、生活的始终，无论是"造物"还是"用物"，"物"在制作者与使用者之间的流动过程中会被赋予特有的意义。①传统美术和手工技艺类

①张君：《从文创设计与 IP 打造看传统手工艺进入日常生活的路径》，《包装工程》，2019 年第 24 期，第 286－291 页。

非遗是农耕文明的结晶，也是其杰出代表。美术和手工技艺不仅在培育能工巧匠上功不可没，而且对人们的审美趣味、休闲品位的提升也大有裨益，同时助推了文化创意产业的发展。它是地域文化的标志性符号，是传统文化中最具品质和丰富性的部分，也是休闲生活不可或缺、触手可及的对象。

图 5-15　面塑手艺进社区

（3）传统体育、音乐、舞蹈类非遗的观赏性、实践性、行为性可以让休闲更具快感和畅爽感，让生命增添活力，让生活更加赏心悦目。大运河河北段省级以上的传统武术、游艺与杂技非遗项目比较突出，达到 24 种，具有很强的代表性和影响力；传统戏剧和曲艺类非遗 16 种，民间音乐、舞蹈等文艺类型亦多姿多彩。如果能把体育、音乐、舞蹈、戏剧等非遗项目在民众生活中推广开来，使民众在休闲领域中多一些传统文化的选择，将会对文化多样性、非遗的生活化传承产生巨大的推动作用，也会使休闲生活的内涵和文化精神得以提升。（见图 5-16、图 5-17、图 5-18）传统文化的融入也是今天人们休闲生活的一个突出标志和休闲常态。在如今的城乡公共游憩地，广场舞风潮历久不衰，如果能有非遗传承人或非遗爱好者在这些公共活动场所推广一些传统武术、传统表演类非遗，将会带动文化复兴的浪潮。例如，邢台清河县传统武术曦阳掌太平拳传承人牛海岭，多年来在大运河畔的朱唐口村带领弟子们练习武术；沧州市群众艺术馆定期组织沧州的传统舞蹈——落子的传承人和落子表演爱好者在城乡公共文化场地表演落子舞。感官的丰富性和身心的愉悦感正在这些非遗文化的普及中得到恢复和提升；生活的舞台、舞台上的生活正在产生互补效应，它们的桥梁和媒介正是我们应该刮目相看的休闲文化。

图 5-16　大运河畔的武术

图 5-17　木板大鼓艺人与孩子们

图 5-18　冀南皮影戏艺人与孩子们

3. 生活化传承的策略

在城市化、信息化、智能化的时代背景下，非遗自身的传承规律、传统方法固然要继承，但更要探索出契合新时代的传承方法。应当充分发挥非遗主体的主观能动性，让那些美轮美奂、古风民风的非遗代代相传，变幻丰富多彩的样式，进行与时俱进的演变，保持其旺盛的生命力和创造力，让非遗在人们的积极行动中真正活得好、传下去。

（1）政府帮扶、引导与群众主动参与相结合。非遗能否传下去，关键在当地人。非遗延续的领域需要依靠拥有赤子之心的传承者，需要乐此不疲的爱好者，更需要敢于担当的引导者。非遗并不是"高大上"的代名词，相反，它是"人间烟火"的具体化。要以生活化融入为切口，让非遗真正落地，回归到民间土壤，在最大范围内普及和传承。政府在落实非遗传承政策的同时，应当以"人"的活动为核心，以传统文化的回归为重任，通过购买公共文化服务等形式，有针对性地引导传承项目，面向社会招标，使非遗的形象树立起来、鲜明起来，重返民众的生活家园。在非遗的生活化传承中，要注意民众休闲的需要，一些庙会、祭典、民族习俗、传统体育、仪式表演等的传承保护，主导者不单要关注遗产自身是什么，也要关注遗产的传承形式，充分挖掘该遗产能够世代相传的基因链，正视遗产自身的娱乐本质和狂欢效果，把握文化遗产的神圣性、娱乐化、狂欢化等特点，恰当合理地引导民众参与其中。[①] 近年来，河北省文化和旅游厅组织开展了第五批、第六批省级非物质文化遗产代表性项目传承人的申报和评审工作，扩大非遗代表性传承人的社会知名度，制定资助计划和传承人绩效考核办法，鼓励他们积极授徒传艺，与社会充分融合，有效地开展非遗传承工作，同时探索非遗特色村镇、街区的建设路径。2022年春节前后，借传统节日的东风，河北省非遗优秀实践案例评选和展示活动、河北省2022"文化进万家——非遗视频直播家乡年"展播活动、"非遗过大年——曲艺书场"展演活动得以开展。一系列卓有成效的活动在体现出河北省对非遗传承高度重视的同时，谋划了更加贴近社会大众的举措，助推了群众拥抱非遗的热情，使非遗更加深入人心。

（2）将当代人的生活理念融入非遗的创新表达。这个过程取决于年轻人。事实上，只要抓住与时俱进的精髓，富有时代色彩的创意表达就会让"活态流变性"变得更加接地气、得民心。这就需要新一代年轻的非遗爱好者和设计者用创意表达引领"非遗"生活化融入、时尚化表达、社会化普及，开发出更多的富有时代特色、地方特质、个性特点的非遗产品和服务，让人们爱上"非遗"，用上"非遗"。2022年1月，为助力北京·张家口冬奥会的举办，营造浓厚的冰雪冬奥氛围，展现河北传统文化魅力，河北省举办了"多彩非遗、激情冬奥"非遗作品主题展。展览遴选了新创作的作品200余件，其中大运河非遗中的衡水内画、吴桥石影雕、廊坊烙画、大名草编等作品巧夺天工（见图5-19、图5-20），体现了非遗项目传承人的精湛技艺和新颖构思，将传统文化的艺术魅力融入现代的冰雪运动竞技精神之中，体现了非遗文化与审美潮流趋势、社会热点、民众生活理念紧密结合的健康发展状态。

---

①梁光焰：《从观念到实践：非物质文化遗产的"生活世界"与生活化传承》，《民族艺术研究》，2019年第5期，第121—129页。

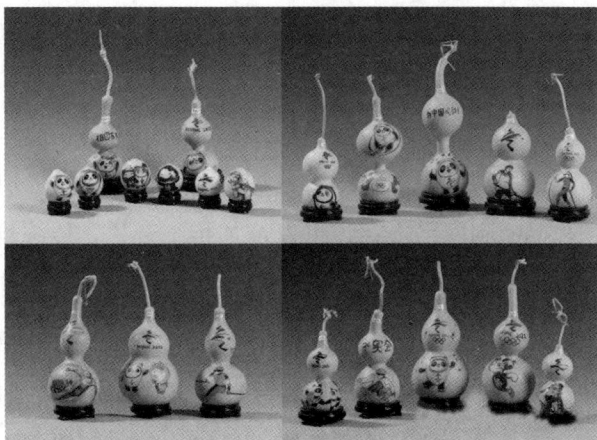

图 5-19　衡水内画笔筒《滑雪》　　　　图 5-20　廊坊市特殊教育学校学生作品
　　　　　作者杜晓卿　　　　　　　　　　　　　　《葫芦烙画》

（3）营造非遗活动新载体，让专业化传承更自然、更自觉、更自由。相当多的非遗传承人在行业中是十分珍稀的名家，他们不是不想将自己掌握的独门绝技传下去，而是苦于缺乏场地、缺乏资源、缺乏支持。基于此，政府、相关部门、社会团体应当给予传承人更大的活动空间，在社区、学校建立"非遗工作室""非遗活动中心""非遗休闲小屋"等生活化传承空间，并给予适当的工作经费或补助补贴；以非遗传承人作为领衔导师，配备若干助手，无限地吸引非遗爱好者参与进来，使看似成为任务和负担的非遗走向休闲化、生活化，也可以成为社会大众的心灵驿站和精神栖息的家园。目前，邢窑陶瓷烧制技艺、廊坊传统香制作技艺、核雕技艺、衡水剪纸、沧州雕花陶球等传统美术、手工技艺等非遗项目，纷纷进入校园、社区和机关单位，由传承人进行公益性宣传和传授，与各类社会团体展开研究合作，在弘扬传统文化、扩大非遗普及面、产学研融合发展等方面打"组合拳"，为非遗的广泛传承不断创造契机和空间。

（4）借助信息技术，建立传播新渠道，创造非遗的网络公共空间。目前，以新媒体和自媒体领衔的网络传播是时下最便捷最有效的传播方式。不少非遗传承人不再满足于口耳相传的原始方式，而是根据现代人的审美变化、生

第五章　河北大运河文化遗产保护、传承、利用思路

241

活节奏、休闲习惯，把非遗项目的全过程制作成视频放在 APP、网站、微信、微博上，由于图文并茂、音频同步、动感十足，让受众耳目一新；同时，配备醒目的标题，紧抓受众眼球，达到了出其不意的效果。因此，要鼓励非遗传承人主动接触互联网、有效利用互联网，将地地道道的非遗传承过程和非遗作品搬到网络上；还可以增加传统音乐、传统舞蹈、戏剧、曲艺等表演类非遗项目的网络出镜率，让网络世界成为非遗传播的新阵地。同时，喜爱非遗的社会大众也可以利用网络等媒介记录非遗的点滴事件，通过自己的奇思妙想赋予非遗更加生动的展示，使非遗的网络传播成为生活的一部分。

总之，非遗的传承不能仅仅依赖政府和传承人，应当让社会大众接近非遗、了解非遗，并能够享受非遗。只有越来越多的人主动参与非遗传承活动，才能实现非遗的有效传承和良性传承。手中有绝活，产品有创意，人心有文化，才能真正地做到"活态"传承。

三、场景化利用与体验式利用相结合

（一）大运河文化遗产的场景化利用

1. 场景理论的概念

场景理论研究起源于 20 世纪 80 年代，以特里·克拉克和丹尼尔·西尔为首的新芝加哥学派，对美国 1200 多个城市和 38 个国际性大都市成千上万种舒适物设施与活动进行分类统计、整理与比较研究，形成了一系列重大学术成果。

"场景"是与一定阶层、种族、性别等社会身份相适应，体现一定价值观的文化设施集群，在场景理论中指代一个地区的整体文化风格和美学特征。场景理论在传统的物理空间基础上加入了文化和美学要素，使场景成为承载文化价值、突出文化品质、彰显文化特色的社会空间。场景理论认为，一个地区的场景由公共性空间、文化设施、多样性主体、文化活动和价值观等要素构成，不同的组合方式蕴含和表达了不同的文化价值和美学意趣，赋予日常生活差异化的意义、体验和情感共鸣，同时也形塑着个体的独特认知与行为。

当一个区域变成一个场景时，它可以成为培养各类人文精神的地方。世界各地的城市和社区正在迅速变化，正在被各种各样的舒适物设施与活动所占据，如餐厅、酒吧、茶社、咖啡馆、画廊、公园、博物馆、俱乐部、沙龙……这些舒适物以组合的形式，共同创造出独特的场景，这些场景赋予城市生活以文化意义、休闲体验和情感共鸣。场景化，也正在影响着地方经济、公共政策、地域形象和人居生活。

2. 河北大运河场景现状

大运河河北段流经沧州市区和邯郸、邢台、衡水、廊坊等 17 个县（市），既是一个线性文化遗产廊道，也可视为一个巨型的水域景观。由大运河所贯穿的冀东南地区，是华北平原的核心区域，与省会、雄安新区和环渤海经济带密切相关，经济发展潜力大，文化底蕴深厚，是京畿腹地重要的战略空间，对河北省区域空间合理布局与京津冀全面协调发展有着重要意义。大运河所贯穿的河北省东南部地区，四季分明，气候宜人，地形以平原为主，地势平坦，沃野千里，自古便是中国重要的农业基地。随着现代化建设，各地经济发展迅速，城镇密集，铁路及公路网纵横交织。依托大运河流域构建场景，需要美学塑造和文化内核的充盈。现有的实体景观（景区景点、物质遗存）在多个城市、乡村中有所分布，具体情况见表 5-1。

表 5-1　河北大运河实体景观总览[①]

景观级别	廊坊	沧州	衡水	邢台	邯郸
5A	无	无	无	无	无
4A	香河天下第一城、香河金钥匙家居	吴桥杂技大世界、东光铁佛寺	无	邢窑文化旅游区	馆陶粮画小镇

①资料来源于河北省文化和旅游厅官方网站。

景观级别	廊坊	沧州	衡水	邢台	邯郸
3A	香河水岸潮白景区	纪晓岚文化园、沧州博物馆	衡水老白干酿酒公司、故城县东大洼农业休闲观光区	临西县万和宫、清河羊绒城景区	黄粱梦吕仙祠
其他	国家足球训练基地、香河杨家寨主题乐园	青县盘古庙、兴济运河美食小镇、沧州铁狮子及旧城遗址、清真北大寺、文庙、清风楼、大运河生态修复区、名人植物园、泊头清真寺、泊头大运河酒文化产业园、南皮县钓鱼台、香涛公园、马致远纪念馆、吴桥运河公园	习三内画博物馆、故城庆林寺塔、景州塔、董子文化公园、阜城县文庙	清河华夏张氏祖庭旅游区、清河武松公园、清河湖公园、临清古城遗址	馆陶公主湖湿地公园、魏县魏祠公园、神龟驮城公园、蛟龙宫、大名五礼记碑、大名石刻博物馆、天主教堂、大名府古城遗迹、鹊桥小镇

由上表可知，大运河河北段没有 5A 级旅游景区；4A 级旅游景区共 6 个；3A 级旅游景区共 8 个；3A 级以下旅游景区和其他旅游实体吸引物若干。总体来看，大运河文化带已开发的旅游项目和大量实体化景观吸引物的级别较低，规模较小，影响力和吸引力不高，市场化运营效果参差不齐；很多场景和物质遗存与大运河相距较远，分布零散，交通条件复杂；在景观的文化内涵上与大运河贴合的项目较少，主要集中在沧州及其下辖区域。这是因为，在河北段大运河五城市之中，沧州段是运河流经里程最长的区域，约 215 千米，沧州市区是省内唯一一个大运河过境的城市，且是全国大运河流经里程最长的城市，大运河文化是沧州重要的地域文化；而其他区域由于大运河流经里程较少或断流，实体化场景与大运河文化的关联度偏低。

虽然近年来沿线各区域对大运河的治理常抓不懈，大运河水质和水量得到了明显改善，生态环境持续向好（见图 5-21），但大运河沿线实体化场景规格不高，4A 和 5A 级景区比重低，其余多种景观的吸引度、知名度和美誉度都较低，无标杆型、重量级旅游产品。

图 5-21　大运河沧州青县段新华桥一角

　　场景的构建离不开物化资源、审美资源，即实体吸引物来支撑。大运河遗产的合理利用需要以大运河水体为主体资源形成一条生态廊道，打造一条有吸引力的缤纷旅游带，这也是河北省"十四五"时期的重要战略部署。基于此，河北多地重拳出击，大力度进行大运河生态治理和基础设施建设，积极推进大运河美化工程和文化场景的构建，取得了一些成绩。在建或改造提升的文旅项目有：中国大运河非物质文化遗产公园（沧州）、沧州南川楼和朗吟楼商业街区、沧州百狮园、沧州南皮县张之洞文化小镇、衡水故城县大运河国家文化公园、邢台清河县大运河综合文化长廊，以及杂粮小镇、黄瓜小镇、红木小镇等特色小镇。

　　3. 河北大运河场景化呈现的突出问题

　　（1）大运河场景廊道的构建成难题。经考察，在建项目的突出问题，一方面是除香河、沧州市区、吴桥城区的个别景观之外，大多数项目距离大运河水体较远，分布零散，各自孤立为"点"，无法形成贯通的大运河文化场景的旅游体验廊道。因此，北方运河在规划中的恢复通航对打通线性遗产廊道、促进经济社会的互联互通、激活大运河文化有着重大意义；另一方面，项目的文化特色驳杂各异，或是停留在生态修复、环境治理，或是追求休闲康养、乡村农家乐，或是呈现某一特定主题文化，与大运河文化遗产（尤其是非物质文化遗产）有效融合的项目不多，大运河文化的彰显并不突出。因此，沧州等地非遗公园或长廊的建设承载着重要使命，备受关注。

（2）大运河场景趋于同质化"打造"。河北省大运河沿线城市建设存在同质化现象，建筑设计和城市功能基本一致，往往拥有风格类似的摩天大楼和居民区、千篇一律的商业区和游憩地，缺少了自身的地域文化和历史文化根脉。大运河沿线的诸多村镇也暴露出同样的问题，乡村中的产业以传统的农业、工业、手工业为主，产业结构欠合理，新兴产业较少；生产生活方式的地域特色、民族特色不鲜明。此外，由于冀东南地区地形以平原为主，大运河水量少，水源条件较差，两岸土地多种植常见速生杨和柳树，自然遗产和名胜古迹相对匮乏，个别岸边有简单的健身器材设施，无特色景观，远不如南方运河各具魅力的景观风貌。近年来，部分城市虽然提出挖掘地域文化、发展文旅产业、打造新型城镇的愿景，但现有的一些文旅项目依然存在同质化现象，同类型、同效应的项目居多，或是在做低端模仿，特色品牌匮乏，基于自身资源优势的遗产利用路径还有待明确和优化，因此，各区域基于文化遗产传承的优质场景构建备受社会关注与期待。

（3）大运河文化遗产的整体协同利用不足。大运河作为蓄积千年势能的超级线性遗产，只有以整体性、协同性的发展理念进行保护、传承和利用，才能实现资源的互补与共享，实现跨区域的协同发展。然而，大运河文化遗产在现实中仍存在着协同利用不足的问题。

一是大运河遗产利用城市间协同不足。由于缺乏统一的大运河遗产利用的组织者，各个城市的文化遗产虽各具特色，但不成规模，难以形成品牌效应。如2018—2021年大运河河北段共举办各类大运河文化展览活动数十场，但却没有一个叫得响、传得开的大运河会展品牌。此外，大运河场景空间的构建涉及文物、水利、交通、旅游、环保、建设和国土等多个管理部门，协调难度大，再加上沿线各城市经济发展的不平衡性，一些城市在政府层面缺乏大运河遗产保护的内生激励，导致大运河沿线各城市对文化遗产的利用水平各异。

二是实体景观与文化内涵的融合度不够，物质与非物质文化遗产的契合度不够。区域人文景观、物质文化遗产和非物质文化遗产都是涵养提升大运河整体形象的重要文化标识，这就需要三者之间有机协同统一、协调发展。然而，伴随着城市更新速度的加快，大运河的生存空间遭到了不同程度的破坏。如20世纪七八十年代，随着大运河北方段的断流，楼阁、寺庙、驿站、码头、桥梁等众多能够有效反映当地文脉、承载大运河内在精神的文物古迹遭到破坏。此外，大运河沿线非遗内生价值存续的"原生"空间逐渐消失，取而代之的是现代化城市建筑和商业街区，非遗传承人赖以生存和创作的空间载体发生了明显的异化。目前，大运河河北段的本体与大运河的非遗呈脱节状态。

三是企业跨区域协同能力不足。大运河非遗的保护既需要政府的统筹引导，也需要社会多元主体特别是相关企业的积极参与。然而河北运河沿线区域的众多企业参与大运河遗产利用的主观意愿不强，特别是缺乏基于非遗衍生品的设计、生产、传播而形成的分工协作与关联互动模式，导致大运河沿线文化遗产的价值无法最大限度地呈现在经济效益和社会效益上。由于大运河遗产的综合利用开发涉及众多利益相关者以及政策的不完善，各方难以达成深度共识，整体协调意识较差，没有形成一个良性的产业集群成长环境，现有的文旅项目之间缺乏联动机制和明确分工。如何对大运河文化遗产进行统筹规划，实现多地区、多产业、多资源的协同发展目标，任重道远。

（二）大运河文化遗产场景化结合体验式利用策略

依托文化和旅游融合发展的时代背景，构建大运河场景并配备不同的体验活动项目，实现大运河物质文化遗产与非物质文化遗产的深度融合，并促进大运河文化与旅游活动的深度融合。考虑到地域文化间的流动性，无论是"核心"遗产还是"边缘"遗产，都必然在演进过程中与大运河精神内核发生某种形式的联结，并在大运河文化场景建设中发挥一定作用。近些年，大运河沿线各地在非遗生活化保护工作方面，积极进行文化遗产场景构建，取得了一些不俗的成绩。[①]

2021 年 6 月 26 日，北京通州与廊坊香河同步实现旅游通航，水面宽度达 90～150 米，若干文旅产品应运而生。至此，北运河已树立了通航新标杆，为河北段大运河遗产的综合利用注入了希望，运河船工号子和香河非遗——中幡的表演也为大运河场景融入了文化特色。新时代文化和旅游融合发展正向纵深推进，依托大运河物质文化遗产的场景化构建，和非物质文化遗产的活化传承，构建满足大众需求的场景和项目，才能使大运河文化和人们的生活相得益彰。基于运河水上游的巨大吸引力，在逐步实现河北段大运河全线通航的愿景基础上，本书着重从大运河场景体验的融合策略上提出一些建议。

Pine B. Jetson（派纳·B. 杰特森）和 Jesse H. Gilmore（杰西·H. 吉尔摩）（1998）将"体验"定义为"使每个人以个性化的方式参与其中的事件"，认为"体验事实上是当一个人达到情绪、体力、智力甚至是精神的某一特定水平时，意识中所产生的美好感觉"。非物质文化遗产是一种独特的文化旅游资源，是不同于物质文化遗产的无形旅游吸引物，具有天然的旅游体验性。非物质文化遗产的文化性与无形性决定其是一种资源品位较高、文化内涵较深、观赏价值较大的旅游资源。同时，非遗旅游产品不同于其他任何形式的旅游产品，具有较强的文化性、参与性、娱乐性，体验空间巨大，休闲功能完备。[②] 将特色化的大运河场景和大运河传统文化的体验旅游结合起来，以开放、融合的思维，形成一种对文化遗产的有效保护、活态传承、综合利用的模式。

1. 景观型场景（结合观光为主的体验）

大运河是人类与自然共同的杰作，是自然和文化共同构成的世界遗产，大运河的河道、水体、植被等自然风光是游客最先感知到的要素，因为游客

①郭新茹、陈天宇、唐月民：《场景视域下大运河非遗生活性保护的策略研究》，《南京社会科学》，2021 年第 5 期，第 161—168 页。

②徐文燕：《休闲体验视角下的非物质文化遗产旅游需求分析》，2011 基于互联网的商业管理学术会议，美国科研出版社 2011 年版，第 1000—1005 页。

在旅游活动中首先会感受到旅游目的地的整体环境，尤其是自然环境，这也与许多旅游目的地体验感知结论一致。运河自然风光、旅游身心体验、文化展示场所、运河历史文化、运河水乡氛围、建筑景观等要素是核心节点，是游客体验感知较为强烈的要素。[①] 针对河北大运河景观资源不占优势的问题，应长期坚持生态治理和环境优化；同时，基于运河本体的原真性和待开发的状态，适当打造运河旅游实景，完善基础设施，增加滨水休闲建筑，如构建带有地方特色的运河客栈、运河酒肆和茶坊、运河驿站、运河垂钓台、运河水榭等场景，也可以通过培育特色植被、繁殖特色生物等方式提升河北运河的品位与生趣，在运河全线通航的基础上形成一个水上生态长廊。当前，各地纷纷打造景观型场景，展示了各具特色的文化风韵，大运河沿线的森林公园、古街建筑景观愈加精美，燕赵文化、平原风貌、运河古意氛围也因此得以呈现，备受游客关注。

如沧州市区正在建造的百狮园，占地470亩，正在加紧施工，不久后将亮相，成为运河畔又一处古韵美景。沧州因"镇海吼"铁狮子举世闻名，百狮园中狮子雕塑的构思契合了大运河建设的沧州特色。（见图5-22）这里设计

图 5-22　建造中的百狮园

了寻狮、望狮、静狮、趣狮等形态各异、独具特色的狮子景观，101尊石狮子雕塑栩栩如生，加以雕塑、影壁浮雕、展板等形式在不同区域展现，呈现出

---

①李永乐、陈霏、华桂宏：《基于网络文本的大运河历史文化街区旅游体验研究——以清名桥历史文化街区为例》，《南京社会科学》，2021年第2期，第157—165页。

浓浓的石雕工艺文化内涵。百狮园栽种了各类乔木，并将打造一条海棠之路。此外，园中还建设多处人文景观，包括复现旧貌的渡口前街、南关渡口、木质结构的沧曲书院、缙园、野云亭、书舍、茶室等，与远处的清风楼、南川楼、朗吟楼遥相呼应，相得益彰。园中树木成荫、鲜花绽放，河岸亲水宜人，河中睡莲点点。一处处美丽的生态景观，让整个百狮园生机盎然。

图 5-23　馆陶公主湖湿地公园

又如衡水馆陶县的公主湖湿地公园景观，为打造生态园林县城、建设魅力生态馆陶起到了积极的作用。（见图 5-23）该公园总投资 3.6 亿元，占地面积 1100 亩，其中水域面积 470 亩。景区设计突出"自然＋湿地＋人文"特色，以公主湖、广场、展馆为重点，以驸马古渡、黄花故台、"竹仙苑"茶社、"长门赋"诗碑为载体，利用现有地貌和历史遗迹，依托馆陶深厚文化底蕴和人文资源，打造集文化展示和旅游观光于一体的独特风景区。当地精心规划了"一湖两广场、三馆两中心、三岛十四桥"为主线的观光节点，各节点通过环湖园路进行点状布局串联，为游客提供完整而清晰的观光游览线路。该处自然景观以湿地良好生态环境和多样化湿地景观资源为基础，开发湿地利用功能，绿化面积达到 60 余公顷，植物品类 127 种，乔木达 3600 余株，绿地系统"以线为主，点面穿插"，打造出具有坡地造型、色彩搭配、三季有花、四季有景的园林景观。

此外，香河县还编制了乡村旅游发展规划，进一步打造串联千亩紫薇园、荷花小镇等精品景观旅游线路；泊头市利用大运河景观带的花海绿廊，以运河为轴，建起展示古运河码头文化的雕塑；邯郸市不断推进漳河文化园区等多个文化产业项目；邢台市则积极谋划了贝州古镇项目和运河水镇项目。各地纷纷依托大运河资源，力图实现生态观光游、运河文化游和美丽乡村游的有机结合。

但从整体来看，河北段大运河的场景风貌目前仍然以原生态自然景观为主，处于待开发状态，而根据市场需求和民众生活需要来规划设计的场景明显不足，一些重点区域的规划方案处于起步阶段，多致力于滨水自然景观、滨水绿地或一般意义的亭台等的建造，以静态景观为主；而与人的体验密切相关的场景，如旅游公共服务设施、住宿体验、运河游船线路、运河内在文化、当地民风民俗、运河生活风貌等则为边缘节点，是游客关注度较高但体验感知最弱的要素。借鉴高夫曼（Goffman）、麦肯奈尔（MacCannell）的"前后台"和"舞台化真实"思想和理论，建议将大运河河北段原生态居民区作为"后台"，范围包括运河流经区域沿岸1千米以内的居民区。"后台"场景注重保存河北段大运河蕴含的生活方式和人文伦理，维护传统生活氛围，保持大运河景观的质量，避免过度商业化；同时，通过有机更新，不断改善居民的居住条件，将大运河"原生态居民区"建设得更加宜居，赏心悦目，经得起游人近距离观光品味，条件充足时可适度开展主客交流。城区、重点城镇可以改造建设一些商业街区、文化园区等，作为"前台"场景，即文化旅游"舞台化展演"的空间，在"前台"空间参与旅游经营与市场化表现，密切与游客的接触，积极进行主客互动。

在城市化发展模式推进、城乡建设规模空前的阶段，大运河遗产及其特色化发展十分重要。大运河滋养了各方土地的千姿百态，因运河而兴的城市也构成了大运河文化的无穷魅力。在大运河河北段景观构建的过程中，各地要避免"打造"趋于同化的现代城市景观和乡村单一景观，避免因缺乏科学态度和人文意识而使治理后的沿河景观出现雷同的、缺乏生机的水泥护坡以及千篇一律的水边广场、房地产开发项目等。要避免因盲目整治而丧失了原汁原味、风味十足的地方特色，使得大运河的景观型场景变得生硬、单调和浅薄，这也会彻底损害大运河的整体价值。

2. 游憩型场景（结合休闲为主的体验）

游憩，基本解释为游览与休息，含有"休养"和"娱乐"的意思，是指人们在闲暇时间，基于城市、乡村、景区、度假区等户外空间，将自身融入一定的场域进行的具有生态、文化、康体或游乐功能，能够内在满足自我、外在实现休闲活动的总和。有学者科学统计中国大运河 27 段遗产河道在生态环境本底、经济社会条件、旅游发展基础等各指标上的分值，将南运河的沧州—衡水—德州段遗产河道列入"游憩利用中度适宜河段"，指出生态环境本底是制约游憩利用适宜性的最重要因素。相对来说，游憩利用高适宜度的河段集中于京杭大运河北京—天津段和浙东运河沿线、通水通航且生态环境良好的河段；低适宜度河道则普遍断流或水量偏少，如卫河邢台—邯郸段，并在运河生态环境治理上起步较晚。[①] 对于河北段大运河来说，应优先对沧州—衡水段河道开展游憩利用，结合不同区位的不同条件进行适度开发，形成区域性游憩中心；其他河道应先期做好遗产挖掘保护、生态修复治理等基础工作，条件成熟后再开展游憩利用。

例如，沧州市提出将大运河作为城市精彩中轴线、建设运河文化名城的发展思路，将大运河文化遗产与城市更新有机结合，正在进行园博园、非遗展示中心、城区大运河生态廊道、南川楼和朗吟楼等片区的改造规划设计（见图 5-24），通过打通运河绿廊，构建游憩型场景，促进城河互动、人河互动，推进城市功能丰富升级，再现运河繁荣盛景。这条绿廊包括堤顶路以外边坡、河滩地、水域以及堤顶路两侧绿化，将依托武术、杂技、医药、盐运、

---

① 张飞、杨林生：《大运河遗产河道游憩利用适宜性评价》，《地理科学》，2020 年第 7 期，第 1114—1123 页。

河工、漕运等历史文化遗存，打造具有人文特色的休闲游憩型场景，串联 5 段漕运诗经长廊、12 个运河水工看台、古长芦盐运文化廊、胜利园杂技竞秀场、清风楼武术把式场及佟家湾医药百草园等。游人可以漫步于 15 千米的林田慢道，沿堤顶路行进，零距离接触丰富的植被、防护林带及观赏性经济作物，充满惬意的田园生活体验感。在运河生态廊道建设基础上，按照规划，沧州中心城区段 31 千米的大运河将于 2022 年内实现通航，届时可满足 2.5 米高的 15 人游船通航需求，市民可乘船畅游运河，悠然欣赏两岸风光。

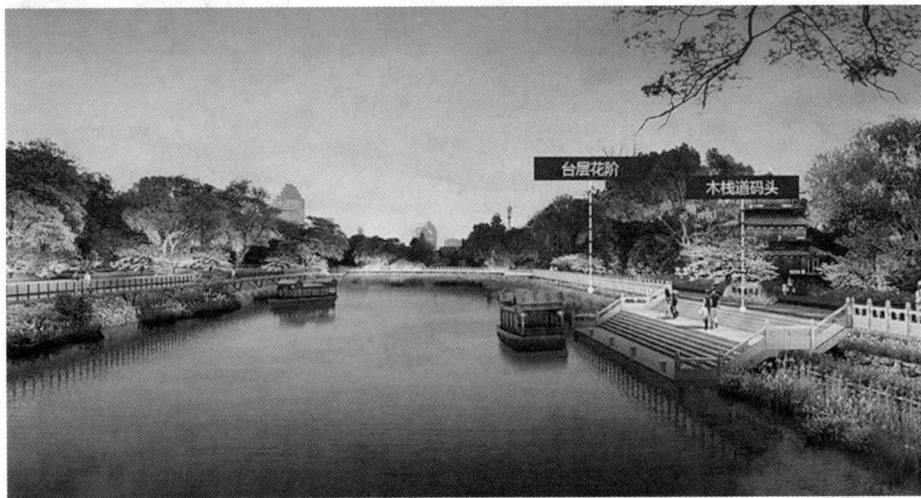

图 5-24　沧州市朗吟楼码头建设效果图

又如沧州市沧县兴济镇的运河美食小镇，依托厚重的大运河文化，集文化、美食、旅游于一身，为八方游客带来一场饕餮盛宴。兴济，以"兴复汉室，兼济天下"而得名，大运河穿镇而过，自古为重镇要地，并作为明孝宗皇后张氏故里，以皇室尊荣，同时兼济京南重要水陆码头、商贾云集而久负盛名，在历史上也留下了美妙的"乾宁八景"人文遗风。作为昔日繁盛的漕运码头，兴济的饮食文化底蕴深厚，各种美食各具风味，尤以兴济"羊肠子"的美味和背后的漕运码头文化令人津津乐道。2019 年，兴济镇打造的"运河小吃街"，汇集了沧县"特色小吃"，并融入古镇文化，形成一条长约 530 米的特色美食步行街。（见图 5-25）各方游客来到兴济，不仅可以观赏运河古镇美景，还能品尝丰盛的兴济美味、沧州美味，实现视觉、味觉双享受。

但目前从总体来看，河北段大运河的游憩型场景不足，休闲文化深度挖掘不够，某些地区对大运河单一的、肤浅的所谓旅

图 5-25　兴济运河美食小镇

游开发已经成为威胁大运河保护的最大因素之一。应当深入挖掘本地区运河文化特色，为运河游憩型场景的构建注入特色化体验内容。在实施中，一方面，可以将大运河非物质文化遗产植入运河旅游之中，充分体现大运河文化活态传承的特点，发挥人的创造力和能动性，增加休闲文化的体验内容，达到文化和旅游的融合。依托沧州、吴桥、故城、临西等运河通水段，在大运河实体的适当空间节点中创建非遗交流中心、非遗工坊、非遗表演平台、非遗体验驿站、运河文创集市、民俗文化街、运河故事会馆等文化消费场景，拓展非遗展示空间，打造文化遗产共享天地，将大运河实景游览与大运河文化体验结合起来，使运河旅游不走传统旅游的老路，转变被动灌输式的观光游模式；另一方面，由于大运河流经区域既是自然环境与大运河传统文化的共生综合体，也是承载容纳大运河文化、非物质文化遗存的容器，固有的"从生存原料中创造出来的生活模式"保留相对完整，因此，文化的挖掘和有效利用应更多从生活方式本身入手。可考虑在不影响正常生活的前提下，允许游客定时、定量地进入"运河原生态居民区"，适度开展主客互动，体验运河原住民情感、生活的原真性，实现休闲度假的深度体验旅游，营造"见人见物见生活"的游憩型场景体验氛围。当地居民和游客既可在运河中乘坐小型游船观光游览，欣赏两岸美景，又可以停船靠岸，到感兴趣的亭台楼阁休

闲小憩或走进非遗小屋、各类文化场中与文化资源近距离接触。大运河游憩型场景的构建可使现代生活因文化的充盈而有灵魂，文化在世俗中灵动而焕发光彩，在开放的大空间里促进大运河静态游憩空间与休闲体验生活的协调互补，达到一种平衡和良性的发展模式。

3. 节事型场景（结合参与为主的体验）

节事活动是节庆、事件等精心策划的各种活动的简称，国外常常把节日、特殊事件、盛事等合在一起作为一个整体，在英文中简称为 FSE（Festivals&Special Events），中文译为"节日和特殊事件"，简称"节事"。现代社会中，往往将文化庆典、文艺娱乐事件、节俗游艺、体育赛事、教育科学事件、展示交流活动、大型商贸文化活动等统统归于节事范围内。举办节事活动是为了达到节日庆祝、文化娱乐和市场营销的目的，提高举办地的知名度和美誉度，树立举办地的良好形象，促进当地第三产业的发展，并以此带动区域经济社会的发展。节事活动具有突出的聚集、交流和产业融合特色，既是一种经济载体，也是一种文化现象，应根据当地的文化特色和节事活动的主题来具体设计，结合经济规律进行有效运作。在河北大运河文化区域，可以广泛利用传统节日，依托民俗活动和现代商贸文化活动，呈现节事型场景的塑造，既可搭台唱戏，也可借台演戏；既集中展示，也可分散体验，紧紧围绕大运河文化遗产开展展示、交流、欢庆等活动。

基于河北省大运河文化产业的薄弱现状，可以依托节事活动，将文化遗产活化利用，使其转化为产业结构升级的内在原动力。将大运河文化进行再生产，需要有效借助社会各方力量，构成非物质文化遗产的运作与更新；[①] 将文化遗产资源与现代生产方式、生产工具、消费理念相结合，以政府为主导，实现资金对接、生产对接、人才对接，打造大运河城市产业集群，通过节事活动的举办形成跨界融合效应，推动大运河非遗项目产业化保护，推动"文化+"运营模式横向一体化进程，在实践中形成"文化+节事+创意+科技+

---

①王芳、黄远水、吴必虎：《传统技艺文化遗产旅游活化路径的模型构建研究》，《旅游学刊》，2021年第2期，第92—103页。

旅游＋……"多产业融合的集聚效应。

第一，运用现代科技成果提升节事活动的文化质感，丰富文化与科技的体验感。例如邢窑文化体验馆，游人可行走于空中走廊观看邢窑的制作过程。在其他在建项目中，政府可加大扶持力度，形成有利于非遗与科技、线上旅游融合的积极政策环境。大运河沿线各地可依托新科技成果，创造智慧体验式大运河文化产品，充分发挥智能化科技、5G、数字技术和新媒体平台优势，多维度打造大运河文化遗产数字博物馆和运河体验游模式。在展览展销会等物质文化展示活动中，可以将大运河沿岸具有代表性的文化遗产按照一定的比例进行还原展示，以现代虚拟现实科技进行场景化展示。如运用 VR、AR及全息投影技术还原运河漕运场景，或演示非遗工艺（表演）过程；开发交互式机器人，可以与游客进行个性化互动，进行大运河文化的趣味交流；通过文创理念设计科技感、时尚感十足的吉祥物，使大运河节事活动走向智慧化。总之，通过精心设计的节事活动，为民众奉献"远在千里之外，却如身临其境"的美妙意境，提供立体化智慧特色的大运河"微旅游""云观景""趣活动"等沉浸式体验服务。

第二，凝聚多种文化产业形态，推动资源的交互融合，培育新型文旅体验业态。节事活动的内涵非常广泛，其开展形式可多元化，开展内容可丰富多样化。例如，民俗、民间文学以及传统体育、游艺与杂技等大运河非遗项目，可以通过转化为文化符号、地域品牌形象的方式去培育，并将其融入旅游业、博物馆业、地方节庆之中；继续做大做强沧州武术节、吴桥杂技节等节事活动；合理开发黄粱梦文化、武松故里文化。节事活动实际上就是亲身经历、参与度强、大众性强的文化、旅游、体育、商贸和休闲活动，是建立在大众参与和体验基础上的，它本身必须具备强大的吸引功能，给参与者以良好的感知印象、优质的特色体验，让大众产生非去不可的愿望。

近年来，某些地区的主导者或开发商在未理解大运河文化的前提下，急于进行华而不实的商业化开发，对大运河文化开展虚假性宣传，依靠节事活动试图牟利，从而误导、破坏了民众对大运河文化的感知和对大运河文化遗产的美好体验。例如一些地区举办的"运河旗袍节""运河赛马节""运河航空展""油菜花文化节""动力伞精英赛"等,可以说与大运河文化风马牛不相及,纯粹是典型的大运河文化滥用。大运河文化遗产是大运河保护和利用的灵魂,在新开发的节事项目中,应该文化先行,结合当地的文化遗产先做深入研究、科学利用,不能本末倒置、牵强附会。

以较为优质的老牌运河节事活动——沧州国际武术节为例,其文化站位较高,历年的活动亮点十足、可圈可点。由于传统武术是沧州的鲜明文化基因,也是国家级非物质文化遗产,沧州武术节是全国举办较早、知名度较高、比赛表演项目较多的一个节事活动。当然也存在一些不容忽视的问题:虽然在国家和政府的支持下,自1989年至今,沧州国际武术节已经成功举办十届,且规格不断提升,但突出问题依然是如何真正融入民众的生产和生活,如何形成更大的社会效应和更好的区域品牌形象。

以文化为依托的节事经济,不仅可以提升城市形象、刺激经济,而且能够产生良好的社会与文化效应,推动城市全面发展。要使武术节真正发挥其应有作用,必须认清非遗文化与现代节事活动的关系。武术节真正的主角,是武术,是整个社会,而不是政府。武术节的良好状态应当是活动在民间广泛深入、高潮迭起,形成整体规模效应,而不是为节而节,横空出世,之后又回归销声匿迹的状态。政府的作用是提供平台、整合资源、有效管理,而不是包办一切。今后应当确立"政府引导、企业承办、市场运作、全社会参与"的模式,遵循节事活动市场规律。这样一来,政府可以更好地发挥宏观引导、保证服务的作用,充分调动市场和企业的力量,吸引全社会民众广泛支持和参与。民间各路豪杰各显神通,充分发挥创造精神,使节日保持广泛的参与性、足够的娱乐性和观赏性,才能使独特的传统文化得以弘扬,才能使武术节保持良好的环境和氛围。市场繁荣,商家赢利,百姓受惠,通过武术来展示沧州的人文风貌、地域特色与社会发展的潜力和前景。

图 5-26　沧州武术节展演活动

　　在武术节的人才机制上，不仅需要充分发挥武术界专业人士的智慧力量，而且需要将各相关行业的优秀人才吸引到武术节的筹办中，或者专门培养一批高素质的复合型会展人才。这样，武术节才能出新品、精品。在节事活动内容上，在保持专业竞赛类项目和武术门类展演（见图 5-26）、精英擂台赛、对抗赛等的专业性和观赏性的同时，还应该设计开发一些非专业武术人士参与的体验项目，如群众擂台赛、中华功夫争霸赛、宗师会客厅、青少年武术初体验、武术禅修区、武术研习馆、武侠角色扮演等，鼓励广大民众参与武术、了解武术、热爱武术，增强参与性和内涵性。通过出色的节事活动引领全社会对武术产生新的认识，自觉地以武术作为提升人生境界乃至区域民众整体素质的原生动力，将沧州武术文化中的侠肝义胆、公平正义、自强自立的精神传承下去。

　　4. 文化型场景（结合修习为主的体验）

　　大运河文化型场景的构建，可以借助于大运河厚重的物质和非物质文化遗产，也可以充分挖掘大运河流域的各类地方文化资源。创新河北运河非遗活化的路径，在坚持非遗的真实性、原创性，维护和完善管理系统的同时，运用动态、创新的思维，将稳定的非遗内在机制与自身的"活态"发展结合起来，与文化资源的有效开发利用结合起来。部分学者在研究大运河江苏段的景观塑造情况时发现，在静态要素的打造与开发方面，江苏段要领先于其他区段，静态要素的表现性排名均在前 30%。这说明江苏省的很多城市都很注重对园林绿化、景观营造、建筑风貌等的控制和改造提升，因为绝大多数游客都会参观文化展示场所，如扬州中国大运河博物馆、扬州水上游、扬州东关古渡、瓜洲古渡、无锡窑群遗址博物馆、运河文化艺术馆、中国丝业博物馆、清名桥历史文化街区等静态景观。同时发现，动态要素的重要性和表现性排名普遍较低，排名均在后 50%，说明当地的传统生活风貌和民风民俗等活态遗产没有被有关部门所重视，即便是少部分关注到活态文化要素的游客，其体验质量也比较低。在网络文本中有"好像看不到这里居民的生活""走马观花式的参观比较多，没有沉浸式的体验"等评论，呈现出较为负面的情绪，说明游客希望深入体验当地居民的活态文化，进一步感知文化遗产"活化"的价值。

由此可见，在大运河文化保护利用较好的江苏段，尚且存在游客体验性不佳的问题，在待开发的大运河河北段，文化的利用则更为薄弱。这种现象已经受到社会各界的密切关注。我们应当从源头开始就充分把握大运河文化遗产，整合有效资源进行文化挖掘、传承和合理利用。活态文化是以大运河的"人"为基础的，其载体是大运河沿线的传统技艺、生活习俗、体育游艺、传统节日、戏曲文艺、餐饮习惯等，当然也包括船舶文化、城驿文化、漕运文化、名人文化等，是时至今日仍在影响大运河沿线居民日常生活的文化力量。这类活态要素的展示、传承与修习，对大运河的建设来说尤为重要，对游客来说也是区别于其他旅游目的地的独特体验。在因地制宜的前提下，应合理发掘附着在活态遗产上的文化，将大运河沿线各种有特色的文化加以整理研究，发扬光大，把正在破碎的非物质文化遗产通过大运河连缀起来，成为大运河新的遗产资源。[①]

---

①姜师立：《大运河活态遗产保护与利用探析》，《中国名城》，2016 年第 9 期，第 59—65 页。

图 5-27 董子文化园

例如，衡水市景县广川镇的董子文化园是用以纪念西汉著名思想家、祖籍景县的董仲舒的，该园占地面积 16.7 万平方米，建筑面积 27180 平方米，园区分为董故园、天策园、春秋繁露园、天人合一广场、董圣殿五部分。（见图 5-27）2017 年 7 月，董子文化园建设了二期工程。景县大力推进董子故里文化旅游园区路网改造、植树造林和水系建设，并本着百姓喜闻乐见、品位清新别致、形式灵活多样、内容丰富多彩的原则，积极谋划创新载体，努力实现优秀传统文化创造性转化、创新性发展，积极开展董子故里文化旅游园区系列主题活动。目前，董子文化园在硬件打造上已具备规模，但主要仍侧重于常规建筑、展示性和观赏性设施的打造，未来在体验项目的开发上，还大有可为，可设计开发一些文化水准较高、历史体验感充足的项目，供民众和游客进行文化修习体验，如汉服文化体验、汉宫礼仪体验、儒学诵读体验、儒家六艺（礼、乐、射、御、书、数）体验等项目，结合现代人对优秀传统文化的需求，赋予文化型场景更深厚的历史文化价值。

图 5-28　纪晓岚文化园正门

　　类似的情况在纪晓岚文化园中也可见。沧州市沧县崔尔庄的纪晓岚文化园，占地 70 余亩，景区面积 5 万多平方米，是一座园林式仿古建筑。该园以实物、绘画等方式，再现了清代著名文学家纪晓岚的生平和著述，建有宦海书丛馆、阅微草堂、滦如槐姑室、九十九砚亭、文漪阁等仿古建筑。（见图 5-28）园内水榭亭台，树木环绕，外围红色长墙，清幽雅致。为契合"纪大烟袋"的绰号，纪园还特别设计了由生铁铸成、长 8.2 米、重 21 吨的"大烟袋"，堪称世界之最。另外，在藏砚阁、文漪阁内还珍藏着百方砚台和一部由商务印书馆出版的《四库全书》，被视为镇园之宝。今后，可将阅微草堂、文漪阁等扩容为明清文化修习阁、明清生活体验馆，还可以增加京作古典红木家具工艺赏玩馆、明清器物文化品鉴斋、明清小说品味茶舍等充满意趣和文化品位的体验项目，打破静态观摩游赏式的传统旅游套路。分析当代游人心理需求，多开发一些动态的、体验式的文旅项目，将会更加打动人心、深入人心。同样地，南皮县张之洞文化园和香涛公园等文旅场景也可参照成熟案例，开发一些衍生的文化修习型体验项目。

图 5-29　香海蝉林综合度假区

再有沧州市沧县姚官屯乡的香海蝉林综合度假区，它是以休闲度假为基础、融入文化体验的综合型文旅项目。（见图 5-29）2019 年以来，该度假区不断开发完善项目功能，突出文化研学特色，融入传统技艺讲授、武术文化研习、农耕文化体验、青少年文武训练区等板块，构建"四区五所十八景"，倡导文武兼修、传承运河文脉，培养勤劳智慧的美德和团队合作意识，打造文化传承的研学旅游新名片。今后，可沿着休闲和研学两大路径继续发展。一方面，增加运河垂钓、捕蝉采花、游船赏景、田园采摘、中医药健康养生等项目，对中老年群体加强宣传推介；另一方面，扩大非遗研习力度和广度，邀请大运河沿线的非遗传承人和非遗爱好者定期来到度假区讲学、传授、交流、品鉴，可涉及传统技艺、传统美术、传统体育、传统音乐舞蹈等项目的修习，对青少年群体和传统文化爱好者加强宣传推介，使大运河文化的保护、传承、利用更加精深、到位。

四、总结与展望

千百年来，大运河生生不息，滋养着广袤大地，是燕赵、京津、齐鲁、吴越、中原等文化交融互动的重要纽带，是大运河两岸人民的致富河、幸福河。如今，大运河又成为沿线城市复兴历史荣耀的重要支撑之一。大运河在河北省蜿蜒530多千米，穿越廊坊、沧州、衡水、邢台、邯郸等市，为运河儿女留下了丰富的河道遗存和文化遗产。大运河河北段作为中国大运河的重要段落之一，汇聚了多元文化精华，孕育了独具特色、内涵丰富的燕赵大运河文化。如何在保护好祖先遗产的同时，充分用好大运河的价值和资源，正考验着沿线一座座满怀梦想的城市。

立足于河北省大运河文化保护传承利用规划体系，首先应当对"大运河文化遗产"的内涵和外延进行清晰的界定，明确保护主体、保护对象和保护机制，建立系统化的大运河保护、传承、利用实施规划。全面推进大运河河北段文化遗产普查工作，加快挖掘和整理与大运河关系密切但尚未充分发掘的重要非遗项目，推动大运河文化遗产的数字化采集、存储、管理、展陈和传播，建立动态的资源数据库和现代化管理服务平台。

在大运河遗产的整体性保护和展示性保护方面，要着重解决河北运河整体性保护面临的突出问题，要坚持大运河文化遗产的完整性和真实性，有计划地实施运河通水通航措施，注重大运河本体的自然人文生态环境的提升。通过展示性保护手段，促进大运河文化在时空范围的延展。可以在各节点对大运河生态治理和自然景观改造效果进行实体化展示，推广大运河整体形象，同时形成示范和带动作用。对庞大复杂的大运河文化遗产资料进行多媒介保存、整理与传播，通过现代科技手段，建立大运河文化综合宣传推广网络。

在大运河非物质文化遗产传承方面，对于可采取生产性传承的非遗项目要引入市场经营理念，即在产品生产、流通、销售的过程中，产生经济效益，并促进相关产业发展，实现遗产保护与经济社会协调发展的良性互动。具体分为需求导向下"传统＋产业化"梯度发展模式、保护诉求下"传统＋特定市场"模式和创新驱动下"文化创意产业化"模式。对于那些可采取生活化传承的非遗项目，要大力挖掘自身的休闲价值，融入民众的休闲生活，充分运用非遗中的节日礼俗、传统美术、传统技艺、传统体育和音乐表演类非遗，促进中国人休闲生活的"中国化""民族化""本位化"；同时，休闲要充分融合非遗，创新理念和方式，使非遗更具魅力、活力，充分发挥非遗主体的主观能动性，让那些美轮美奂、古风民风的非遗代代相传、与时俱进，保持旺盛的生命力和创造力，让非遗在人的行动中真正活得好、传下去。

在大运河文化遗产的利用方面，将特色化的运河场景和运河传统文化的体验旅游结合起来，以开放、融合的思维，既探索文旅融合的新路径，又形成一种对文化遗产的有效保护、活态传承、综合利用的模式。创建四类场景体验旅游的模式，即景观型场景，结合观光为主的体验；游憩型场景，结合休闲为主的体验；节事型场景，结合参与为主的体验；文化型场景，结合修习为主的体验，通过整合资源、创新思维，适度、有效地利用待开发的河北段大运河文化遗产。

这样，建立起一套整体性保护与展示性保护相结合、生产性传承与生活化传承并举、场景化利用与体验式利用共融的系统化、动态化、可持续性的机制，在保护的基础上进行合理的开发利用，促进大运河河北段文化遗产的综合保护、活态传承与创新发展。

时至今日，各地对大运河文化的价值已经达成共识，深入阐释和生动展现大运河河北段的丰厚文化底蕴，对于提升沿线地区人居环境，推进文化旅游和相关产业融合发展，促进经济高质量发展，打造燕赵大运河文化高地等具有重要意义。河北省有关地区和部门严格落实国家和河北省关于大运河保护传承利用的系列规划，综合考虑灌溉、生态、旅游等功能，高标准、高质量推进大运河保护传承利用工作，深入推进河道水系治理管护，加强沿线生态保护修复，带动城乡在规划布局、产业发展、公共服务等方面协同推进，正在努力践行各项措施，让古老的运河焕发新的生机活力。

随着《河北省大运河文化保护传承利用实施规划体系》《大运河国家文化

公园（河北段）建设保护规划》等省级政策的发布，大运河沿线通过建设管控保护、主题展示、文旅融合、传统利用四大功能分区，着力实施数字保护、环境配套、活态传承、研究发掘、文旅融合等各项大运河建设工程，努力将大运河河北段打造成为满足人民日益增长美好生活需要的美丽运河、魅力运河、多彩运河。今后还将精准对接京津市场需求，加快产业结构调整，做强做优大运河特色产业集群，巩固拓展大运河文化带建设同乡村振兴有效衔接，持续改善农村基础设施、公共服务，助力美丽乡村建设，全面推进乡村振兴。到 2025 年，特色鲜明、功能完备的大运河河北段国家文化公园体系将建设完成，为助力新时代全面建设经济强省、美丽河北，为新时代展示中国形象、弘扬中华文明、彰显文化自信，做出河北贡献。

参考文献

（一）古籍文献

[1]（西晋）陈寿：《三国志》，中华书局 1959 年版。

[2]（唐）魏征等：《隋书》，中华书局 1973 年版。

[3]（北魏）郦道元：《水经注》，线装书局 2016 年版。

[4]（五代）刘昫等：《旧唐书》，中华书局 1975 年版。

[5]（元）脱脱等：《宋史》，中华书局 1985 年版。

[6]（明）宋濂等：《元史》，中华书局 1976 年版。

[7]（清）张廷玉等：《明史》，中华书局 1974 年版。

[8]（清末民初）赵尔巽：《清史稿》，中华书局 1998 年版。

[9] 廊坊市志编修委员会：《廊坊志》，方志出版社 2001 年版。

[10] 沧州地方志编撰委员会：《沧州市志》，方志出版社 2006 年版。

[11] 衡水地方志编纂委员会：《衡水市志》，方志出版社 2002 年版。

[12] 邢台地方志编纂委员会：《邢台市志》，中国对外翻译出版公司 2001 年版。

[13] 邯郸地方志编纂委员会：《邯郸市志》，线装书局 2003 年版。

（二）学术著作

[1] 朱偰：《大运河的变迁》，江苏人民出版社 2017 年版。

[2] 严耕望：《唐代交通图考》，北京联合出版公司 2021 年版。

[3] 潘镛：《隋唐时期的运河和漕运》，三秦出版社 1987 年版。

[4] 史念海：《中国的运河》，陕西人民出版社 1988 年版。

［5］费正清：《中国：传统与变迁》，世界知识出版社 2001 年版。

［6］单霁翔：《城市化发展与文化遗产保护》，天津大学出版社 2006 年版。

［7］单霁翔：《大运河遗产保护》，天津大学出版社 2013 年版。

［8］安作璋：《中国运河文化史》，山东教育出版社 2006 年版。

［9］张秉政：《运河·中国：隋唐大运河历史文化考察》，北京时代华文书局 2019 年版。

［10］姜师立：《京杭大运河历史文化及发展》，电子工业出版社 2014 年版。

［11］姜师立：《大运河文化的传承与创新》，江苏凤凰科学技术出版社 2021 年版。

［12］高春利、李萍、曹彦生：《漕运文化研究》，学苑出版社 2007 年版。

［13］董文虎：《京杭大运河的历史与未来》，社会科学文献出版社 2008 年版。

［14］顾建国：《运河名物与区域文化考论》，上海三联书店 2014 年版。

［15］李学通：《运河与城市》，河北人民出版社 2012 年版。

［16］吴欣主编：《中国大运河发展报告（2019）》，社会科学文献出版社 2019 年版。

［17］夏锦文主编：《大运河文化研究》，江苏人民出版社 2020 年版。

［18］顾希佳：《杭州运河非物质文化遗产》，杭州出版社 2013 年版。

［19］李德楠：《大运河》，江苏凤凰美术出版社 2019 年版。

（三）学术论文

［1］李泉：《中国运河文化及其特点》，《聊城大学学报（社会科学版）》，2008 年第 4 期，第 8—13 页。

［2］李伟、俞孔坚、李迪华：《遗产廊道与大运河整体保护的理论框架》，《城市问题》，2004 年第 1 期，第 28—31＋54 页。

［3］阮仪三、王建波：《京杭大运河的申遗现状、价值和保护》，《中国名城》，2009 年第 9 期，第 8—15 页。

［4］郑民德：《明清运河城市的历史变迁——以河北沧州为中心的历史考察》，《河北工业大学学报（社会科学版）》，2012 年第 2 期，第 1—8 页。

［5］张帆、邱冰：《大运河物质文化遗产属性的再认知与实践反思——基于文化公共物品的视角》，《学海》，2021 年第 5 期，第 146—151 页。

［6］徐苑琳、孟繁芸：《后申遗时代运河文化遗产的保护与开发》，《山西档案》，2018 年第 2 期，第 154—156 页。

［7］姜师立：《论大运河文化带建设的意义、构想与路径》，《中国名城》，2017 年第 10 期，第 92—96 页。

［8］朱季康：《大运河文化带沿线城市非物质文化遗产保护与传承工作的现状分析和提升策略》，《地域文化研究》，2020 年第 4 期，第 52—62＋154 页。

［9］李德楠：《文化线路视野下的大运河文化遗产保护》，《中国名城》，2012 年第 3 期，第 42—45 页。

［10］吕卓民：《运河文化遗产的保护与开发》，《西北大学学报（哲学社会科学版）》，2008 年第 3 期，第 59—63 页。

［11］范周、言唱：《大运河文化活化利用的协同创新网络构建研究》，《同济大学学报（社会科学版）》，2020 年第 1 期，第 29—39＋59 页。

［12］言唱：《大运河非物质文化遗产的活态保护与活化利用》，《海南师范大学学报（社会科学版）》，2020 年第 3 期，第 136—140 页。

［13］肖瑱、许孟巍：《大运河文化带江南地区手工艺非遗的活态传承与创新发展》，《轻纺工业与技术》，2020 年第 8 期，第 122—125 页。

［14］侯兵、张慧：《基于区域协同视角的大运河文化旅游品牌体系构建研究》，《扬州大学学报（人文社会科学版）》，2019 年第 5 期，第 81—92 页。

［15］张慧、侯兵：《基于空间结构理论视角的大运河江苏段遗产旅游协同发展研究》，《四川旅游学院学报》，2020 年第 4 期，第 72—75 页。

［16］姜师立：《文旅融合背景下大运河旅游发展高质量对策研究》，《中国名城》，2019 年第 6 期，第 88—95 页。

［17］张秉福：《京杭运河非物质文化遗产保护与旅游开发互动机制研

究》，《中州学刊》，2019 年第 8 期，第 91—96 页。

[18] 王立君、李永乐：《京杭大运河杭州段非物质文化遗产旅游开发适宜性评价》，《无锡商业职业技术学院学报》，2017 年第 4 期，第 28—33 页。

[19] 秦宗财：《新时代"千年运河"文旅品牌形象塑造》，《江西社会科学》，2021 年第 1 期，第 235—243 页。

[20] 窦兴斌、何边：《新媒体语境下大运河（河北段）非物质文化遗产数字化保护与传承策略研究》，《大舞台》，2018 年第 5 期，第 99—104 页。

[21] 吴秋丽、李杰：《河北省大运河文化带的内涵及建设路径》，《沧州师范学院学报》，2020 年第 3 期，第 21—24 页。

[22] 徐宁、张丽云：《河北大运河文化旅游资源保护与开发对策研究》，《中国集体经济》，2020 年第 9 期，第 116—117 页。

[23] 张朝枝、邹统钎、孙业红、张捷、苏明明：《"重新认识遗产旅游"系列对话连载》，《旅游论坛》，2021 年第 1 期，第 1—9 页。

[24] 苏俊杰：《文化遗产旅游中的真实性概念：从分离到互动》，《西南民族大学学报（人文社会科学版）》，2021 年第 11 期，第 44—51 页。

[25] 李永乐、杜文娟：《申遗视野下运河非物质文化遗产价值及其旅游开发——以大运河江苏段为例》，《中国名城》，2011 年第 10 期，第 42—45 页。

[26] 李永乐、陈霏、华桂宏：《基于网络文本的大运河历史文化街区旅游体验研究——以清名桥历史文化街区为例》，《南京社会科学》，2021 年第 2 期，第 157—165 页。

[27] 梁光焰：《从观念到实践：非物质文化遗产的"生活世界"与生活化传承》，《民族艺术研究》，2019 年第 5 期，第 121—129 页。

[28] 郭新茹、陈天宇、唐月民：《场景视域下大运河非遗生活性保护的策略研究》，《南京社会科学》，2021 年第 5 期，第 161—168 页。

[29] 王芳、黄远水、吴必虎：《传统技艺文化遗产旅游活化路径的模型构建研究》，《旅游学刊》，2021 年第 2 期，第 92—103 页。

［30］仇兵奎、许子婵：《非物质文化遗产生产性保护的生成逻辑与实践模式》，《晋中学院学报》，2021年第5期，第26－30页。

［31］邹统钎：《世界遗产保护与旅游利用的自然与文化解决方案》，《世界遗产》，2014年第4期，第22－26页。

［32］张飞、杨林生：《大运河遗产河道游憩利用适宜性评价》，《地理科学》，2020年第7期，第1114－1123页。

［33］冷南羲：《文旅融合视域下大运河文化带遗产资源开发研究》，《江南论坛》，2021年第10期，第10－12页。

［34］徐文燕：《休闲体验视角下的非物质文化遗产旅游需求分析》，2011年基于互联网的商业管理学术会议，美国科研出版社，2011年9月。

［35］吴欣：《大运河文化的内涵与价值》，《光明日报》，2018年2月5日。

［36］向云驹：《非遗文化的休闲意义》，《光明日报》，2021年8月15日。

［37］肖潇、窦兴斌等：《河北运河文化带非遗传承利用的现状和问题研究》，《沧州师范学院学报》，2021年第3期，第22－26＋84页。

［38］肖潇、窦兴斌等：《河北省运河文化带发展"旅游＋非遗"的制约因素和对策研究》，《河北科技大学学报（社会科学版）》，2021年第3期，第90－97期。

（四）外文文献

［1］卢卡斯·格瓦尔：《文化遗产：管理、认同与潜力》，泰勒与弗朗西斯出版社2015年版。

［2］布莱恩·加罗德、阿兰·费亚：《文化遗产旅游管理》，《旅游学刊》，2000年第3期，第682－708页。

［3］蒂莫西·加德纳：《我们的遗产和我们的未来》，《文化遗产》，2002年第4期，第82－102页。

［4］布莱恩·加罗德：《历史的快照：旅行者在遗产旅游规划管理中的效

用》，《遗产旅游学报》，2007 年第 1 期，第 14—35 页。

　　[5] 大卫·韦佛：《旅游文化遗产与文化遗产旅游的关系》，《旅游研究》，2010 年第 1 期，第 56—68 页。

　　[6] 明格兹·芭芭拉：《文化遗产在城市灾后重建中的作用研究》，《地理科学进展》，2017 年第 6 期，第 711—716 页。

　　[7] 霍利·多诺霍：《可持续遗产旅游营销与加拿大里多运河世界遗产》，《可持续旅游学报》，2012 年第 1 期，第 121—142 页。

　　[8] 图罗、卡弗、曼贡：《游船旅游市场细分分析——巴拿马运河流域生态旅游发展的机遇》，《生态学报》，2007 年第 1 期，第 1—18 页。